EMBROUILLES FAMILIALES DE L'HISTOIRE DE FRANCE

DU MÊME AUTEUR :

Histoires d'os et autres illustres abattis, Lattès, 2007.
Grands Z'héros de l'Histoire de France, Lattès, 2010.
Le grand quiz des histoires de France, avec Laurent Boyer, Lattès, 2011.

www.editions-jclattes.fr

Clémentine Portier-Kaltenbach

EMBROUILLES FAMILIALES DE L'HISTOIRE DE FRANCE

JC Lattès

Couverture : Bleu T
Illustration : Karim Friha, d'après Caran d'Ache.

ISBN : 978-2-7096-4246-0

(Première édition : avril 2015)

À mes parents, Jeannette et PPK,
mes enfants, Marjolaine, Benjamin, Myrtille,
and my beloved cabbage-cabbage…
pour toujours.

«Ne te fie pas à ton prochain, n'aie point confiance en l'ami. Devant celle qui partage ta couche, garde-toi d'ouvrir ta bouche. Car le fils insulte le père, la fille se dresse contre sa mère, la belle-fille contre sa belle-mère. Chacun a pour ennemis les gens de sa maison.»

La Bible, *Michée* 7, 5-6.
Ancien Testament.

«Aimez-vous les uns les autres.»

La Bible, *Jean* 15, 12.
Nouveau Testament.

Introduction

On ne sait rien de Madame Vercingétorix.

Comment se prénommait-elle? Fut-elle mère d'autres enfants que son célèbre rejeton? Quelles furent ses relations avec son fils? Et Vercingétorix lui-même? Trouva-t-il seulement le temps de fonder une famille avec toutes ces légions romaines qu'il lui fallait bouter hors de son oppidum?

Certes, on connaît vaguement Celtill, son père, dont César nous dit quelques mots dans *La Guerre des Gaules* (Livre 7, chapitre IV) : « Vercingétorix, fils de Celtill, Arverne, jeune homme dont la puissance était fort grande et dont le père, qui avait exercé le principat sur toute la Gaule, avait été mis à mort par ses compatriotes parce qu'il convoitait la royauté, convoque ses clients et les enflamme facilement. »

À en croire ce récit, ce serait donc pour venger son père, trucidé par ses collègues gaulois, que Vercingétorix se jura de réussir là où son papa avait échoué ; dans ce règlement de comptes, il devra tenir tête à son oncle Gobanition, propre frère de Celtill, hostile à toute révolte contre les Romains.

Récapitulons : après la mort de son père, Vercingétorix est chassé de Gergovie par son oncle. Il recrute alors des partisans dans la campagne et chasse de Gergovie le parti aristocratique par trop frileux auquel appartient l'oncle en question. Le commandement suprême de la rébellion lui est donné. Bientôt, il inflige à Jules César la seule défaite militaire essuyée par ce dernier pendant toute la durée de la guerre des Gaules.

Venger et surpasser son papa, prendre sa revanche sur un tonton pusillanime. N'est-ce pas là « le » ressort psychologique qui explique le dynamisme exceptionnel du bouillant Vercingétorix ? La guerre des Gaules, une saga familiale ?

Je plaisante, bien sûr ! Quoique, tout bien considéré... qu'est-ce que l'histoire de France sinon une longue, très longue, très embrouillée et très sanglante histoire de famille ? N'y suivons-nous pas les tribulations de dynasties – Mérovingiens, Carolingiens, Capétiens, Valois, Orléans, Bourbons ou Bonaparte – dont nous connaissons les noms comme s'ils étaient nos propres aïeux ?

De ces grandes familles et des personnages illustres qui les constituent, tout ou presque nous a été enseigné à l'école. Nous connaissons leurs réalisations politiques, économiques, architecturales et artistiques, leurs batailles, leurs territoires conquis ou perdus. Mais, jusqu'à présent, nul ne les avait examinés sous le seul angle de leurs démêlés familiaux.

Par « démêlés familiaux », nous n'entendons pas « secrets d'alcôves » ou, selon la formule de Michel Audiard, « fluctuations de la fesse ». Ces histoires-là ont déjà fait l'objet de centaines de livres, entre les *Histoires d'amour de l'histoire de France*, l'*Histoire des passions françaises*, *Les Battements de cœur de l'histoire*, *Les coups de foudre qui ont fait la France*, etc. Autant de succès éditoriaux, tant il est vrai que nous, Français, prisons particulièrement les récits des turpitudes et galipettes en tout genre de nos compatriotes passés et présents. Le nom que nous portions jadis comme peuple, Gaulois, n'a-t-il pas d'ailleurs donné un mot intraduisible dans d'autres langues : le terme « gauloiserie » désignant cette forme d'esprit leste et grivoise qui n'appartient qu'à nous ?

Eh bien, au risque de me répéter, ce livre ne s'intitule pas « Nos ancêtres les Grivois », mais *Embrouilles familiales de l'histoire de France* car, à mes yeux, les histoires les plus intéressantes sont sans hésitation les histoires de famille : père absent, mère abusive, famille recomposée, rivalités, jalousies, frustrations, manque d'amour, chouchoutages… Peu importe l'époque, quel souverain, quel empereur, quel président n'a pas traversé l'une ou l'autre de ces souffrances universelles ?

Or, dans l'enseignement de l'histoire, ces embrouilles familiales de toutes natures sont toujours négligées : vous souvenez-vous d'avoir entendu dire que le futur Louis XI, rejeton de la première « famille royale recomposée », quitta la cour après avoir giflé publiquement la maîtresse de son père ? Que Blanche de Castille, mère possessive de Saint Louis, pouvait surgir en pleine nuit dans la chambre de son fils pour l'empêcher de convoler avec son épouse ? Saviez-vous que Catherine de Médicis chouchoutait outrageusement l'un de ses fils, le futur Henri III ? Que Louis XIV était jaloux de son petit frère Philippe, pourtant élevé comme une fille afin de ne pas lui faire d'ombre ? Que le Régent, Philippe d'Orléans, eut un grand-père bigame, un père homosexuel, une mère garçon manqué, un précepteur pervers et des filles alcooliques, nymphomanes ou lesbiennes ?

Nos professeurs d'histoire n'ont guère de temps à consacrer à cet aspect des choses alors que, de toute évidence, la situation familiale de chacun des personnages illustres de notre histoire influença leur personnalité et leur manière de régner, lorsqu'il s'agit de rois. Pourquoi ces influences, sous prétexte qu'elles ne furent pas identifiées, verbalisées, auraient-elles été moins notables ? Peut-on comprendre un Louis XVI si l'on ignore tout du traumatisme qu'il vécut enfant, lorsque âgé de six ans on lui imposa de passer ses journées auprès d'un frère moribond dont il devint le souffre-douleur ?

Soyons clairs ; dans les pages qui vont suivre, on ne cherchera pas à allonger ces personnages historiques sur un divan, autrement qu'avec le sourire, en ne se prenant nullement au sérieux. L'auteur de ces lignes n'est ni psychologue, ni psychanalyste ! Il s'agira juste de découvrir des particularités familiales souvent méconnues qui eurent une influence déterminante.

Présenté sous la forme d'un jeu des sept familles, ce livre passera en revue les familles « Tontons flingueurs », « Pères indignes », « Mères abusives », « Frères ennemis », « Démon de midi et famille recomposée», ainsi qu'une «Bonne pioche» où l'on retrouvera dans notre passé quelques exemples des situations familiales les plus caricaturales et les plus inattendues, dont le plus mauvais père de l'histoire de France; enfin, notre jeu comportera un «Mistigri», carte brûlante, encombrante, incarnée dans ces pages par un président de la République unique en son genre!

Ce voyage dans les embrouilles familiales de notre histoire constitue aussi une belle leçon de modestie. À une époque où l'on croit avoir tout inventé en matière de modèles familiaux, on sera fort étonné de découvrir au fil des pages la modernité et l'esprit de tolérance de certaines familles des siècles passés, ainsi qu'en témoignent les exemples étonnants de certains de nos rois et de nos grands hommes.

Moderne la famille du XXIe siècle? C'est ce que nous allons voir…

Dans la famille « Tontons flingueurs »…

« Où peut-on être mieux qu'au sein d'une famille ? Partout ailleurs ! »

Hervé Bazin

Chez les « Tontons flingueurs », appartenir à une même famille est la garantie de voir abréger à coup sûr son espérance de vie. Dans l'histoire de France, les premiers à pouvoir entrer dans cette catégorie sont les Francs en général, les Mérovingiens et les premiers Carolingiens en particulier. Leurs relations familiales ultraviolentes sont générées par un mode très spécifique de transmission du pouvoir. En effet, à la mort d'un roi franc, son royaume doit être divisé en autant de « sous-domaines royaux » que le défunt avait de fils. Le domaine initial est amputé, morcelé à chaque passage d'une génération à l'autre. Les nouveaux rois sont donc à la fois parents et rivaux, et chacun n'a qu'un but : restaurer l'intégralité du royaume à son bénéfice. Pour ne rien arranger, en plus de ce mode de transmission égalitaire, il existe chez les Francs une tradition de vengeance privée dite « Faide » assez proche de la Vendetta encore pratiquée de nos jours dans certains pays méditerranéens. Entre partages à répétition, rivalités et vengeances, la monarchie des origines a donc des allures d'arène sanglante où seuls survivent et se taillent la part du lion ceux qui, au sein d'une même famille, ont eu la présence d'esprit de dégainer les premiers.

Avant d'évoquer ces familles à couteaux tirés qui fondèrent le « Regnum Francorum », royaume des Francs qui deviendrait un jour le royaume de France, rappelons brièvement comment les Romains, leurs prédécesseurs sur notre territoire, échaudés par les ravages de la primogéniture mâle (transmission du pouvoir à l'aîné des fils), en vinrent à expérimenter une solution inédite en choisissant soigneusement leurs empereurs en dehors de tout lien du sang.

Je demande Caligula et Néron…

Les Romains étaient payés pour savoir que la transmission du pouvoir au sein d'une même famille pouvait mener à la catastrophe. Ils en avaient eu quelques exemples édifiants avec la toute première dynastie impériale romaine, la dynastie julio-claudienne qui avait dirigé Rome de 27 avant J.-C. à l'an 68 de notre ère. Tous les empereurs qui la constituèrent étaient apparentés.

Bien sûr, les choses avaient plutôt bien commencé entre Jules César, puis son neveu Auguste, qui régna plus de quarante ans, et Tibère (beau-fils d'Auguste), qui régna vingt-trois ans. Mais après ces brillants éléments, la famille julio-claudienne se mit à filer un mauvais coton avec deux charmants garçons nommés Caligula et Néron.

Caligula, qui portait pourtant un prénom attendrissant signifiant «petites sandales» (allusion à la tenue de légionnaire romain que lui avait fait confectionner son père Germanicus, lorsqu'il était enfant), allait se révéler l'un des plus terribles empereurs de toute l'histoire de Rome. Tyrannique, mégalomane, schizophrène et pervers, il fit bannir, torturer ou assassiner la plupart de ses proches. Un «Tonton flingueur» de la plus belle espèce qui, à en croire Suétone, exigeait de son bourreau qu'il fît en sorte que ses victimes se sentissent mourir. Sa célèbre devise, «*Oderint, dum metuant*», «Qu'ils me haïssent, pourvu qu'ils me craignent», résume assez bien sa conception de la famille. Lorsqu'il est assassiné par sa garde prétorienne, en l'an 41, en même temps que sa femme et sa fille, Caligula sévissait tout de même depuis près de quatre ans. Son oncle Claude lui succède. Seul survivant de la famille, il s'était caché derrière un rideau pendant que son neveu se faisait massacrer.

Claude, devenu empereur, épouse en quatrièmes noces sa propre nièce, Agrippine la jeune, déjà maman d'un autre chic garçon prénommé Néron. C'est à ce dernier qu'échoira le pouvoir, après que sa mère aura écarté Britannicus, le fils légitime de Claude.

La vie de famille de Néron (dont Claude était donc à la fois le grand-oncle et le beau-père!) est du genre compliqué, et il faut vraiment s'accrocher au bastingage pour en suivre les soubresauts. Selon Suétone et Tacite, il aurait eu des relations incestueuses avec sa mère, et fait empoisonner son demi-frère Britannicus. En 32, il divorce de sa première épouse Octavie, qui est également sa sœur adoptive, et l'exile afin d'épouser sa belle maîtresse Poppée. Il fait porter à Poppée la tête d'Octavie, mais, en 65, il la tue à son tour en la rouant de coups de pied dans le ventre, alors qu'elle est enceinte. Il épouse ensuite Messaline en 66, mais s'en détourne rapidement pour un certain Sporus, un garçon qui ressemble à Poppée. Il le fait castrer et l'épouse. Sporus ne sera d'ailleurs pas le seul homme avec lequel Néron se livrera à une parodie de mariage ; toujours d'après Suétone et Tacite, il aurait eu deux autres maris nommés Doryphore et Pythagoras. On ne rit pas ! Ajoutons pour finir que Néron, après avoir tenté de faire noyer sa mère, dont l'influence l'indisposait, la fit assassiner chez elle par ses gardes. Elle aurait prié ceux-ci de la frapper au ventre, ce ventre d'où était sorti un fils aussi ingrat que dénaturé.

Dans une dynastie julio-claudienne, où les relations familiales étaient aussi « tendues », on ne s'étonnera guère qu'à l'exception d'Auguste, pas un empereur ne soit mort paisiblement dans son lit. Tous décèdent de mort soit violente, soit suspecte. Ainsi Claude meurt-il empoisonné, sa jeune épouse lui ayant servi une poêlée d'amanites tue-mouches, et Néron demande-t-il à Phaon, son fidèle affranchi, de le poignarder à la gorge plutôt que de connaître la mort honteuse que lui promettait le Sénat (9 juin 68).

On le voit, la Rome antique eut à subir douloureusement la folie de ces princes porphyrogénètes, autrement dit de ces princes « nés dans la pourpre » (couleur de l'Empereur), complètement dégénérés. L'élite romaine en vint à se méfier de cette transmission familiale du pouvoir et à se dire que, pour changer, les rênes pourraient en être confiées non plus « aux fils de », ou « aux neveux de », mais à l'homme du moment qui serait jugé le plus méritant. C'est en tout cas ainsi que l'historien de la Rome antique Lucien Jerphagnon présente la situation à la mort de Néron : « Les sénateurs en avaient soupé des avanies subies sous des princes de hasard. Et donc, ils ne voulaient plus d'un porphyrogénète, car il n'est jamais certain qu'un fils ressemblera à son père ; [...] ce dont rêvaient les sénateurs, c'était d'une bonne entente avec un prince convenablement choisi et qui déciderait avec eux de son successeur. La formule qu'avait trouvée Galba[1] parut s'imposer : l'adoption saurait à chaque fois désigner le plus digne. »

Et de fait, cette solution va prévaloir pendant un siècle, une parenthèse enchantée durant laquelle, à côté de trois empereurs qui compteront un peu pour du beurre, régneront six grands empereurs, à commencer par Nerva, choisi non seulement parce qu'il est âgé et malade, mais aussi justement parce qu'il n'a pas d'enfants. Puis suivront Trajan, Hadrien, Antonin (empereur pendant vingt-trois ans), Marc-Aurèle et Commode. Ils vont se succéder sans heurts ni crise, ce qui montrait que ce système de désignation était judicieux. Qualifiée de « siècle d'or des Antonins », cette période désigne le siècle

1. Successeur de Néron désigné par le Sénat.

où l'Empire romain connut son apogée aussi bien dans sa puissance et son rayonnement que dans son expansion territoriale (qui trouvera sa limite, « le limes », au nord, avec le mur d'Hadrien en Écosse). « Avec Nerva et ses successeurs, écrit Jerphagnon, l'Empire allait connaître ses plus beaux jours. » Les cinq premiers empereurs du siècle d'or des Antonins allaient d'ailleurs entrer dans l'histoire sous le nom des « Cinq bons empereurs ». En résumé, c'est au moment où, se méfiant le plus de la famille, l'Empire romain abandonne la transmission familiale du pouvoir pour la transmission au mérite, qu'il atteint son apogée. Voilà qui aurait dû donner à réfléchir aux successeurs des Romains sur notre territoire.

Je demande les Mérovingiens…

En 476, le dernier empereur romain est déposé par Odoacre, un chef barbare. Cinq ans plus tard (481), Clovis, un jeune chef païen appartenant au peuple franc, devient roi. La Gaule se trouve alors à un tournant de son histoire. Sera-t-elle païenne ou chrétienne ? Barbare ou romaine ? En tout cas, une chose est sûre, si seulement ils avaient eu la bonne idée de s'inspirer du mode de désignation « au mérite » des Antonins, ou même seulement du principe de primogéniture mâle, nos aïeux mérovingiens auraient coulé des jours plus paisibles. Au lieu de cela, lotis du système égalitaire de transmission du pouvoir évoqué plus haut, ils se condamnaient à s'entre-tuer à qui mieux mieux, faisant de la France des origines un bain de sang dont on hésite à évoquer les atrocités, moins d'ailleurs pour ménager la sensibilité du lecteur, que pour éviter de le lasser par la description fastidieuse et indigeste d'abominables meurtres en série.

Car chez les descendants de Mérovée, on « disperse » et l'on « ventile » à tour de bras. Et n'allez surtout pas croire que cela ne dura que sur deux ou trois générations. De Clovis à ses petits-fils, en passant par tout une ribambelle de rois fainéants, du roi Dagobert jusqu'à Pépin le Bref, les Mérovingiens vont régner deux cent soixante-cinq ans, soit une période aussi longue et riche en événements que celle qui sépare les premières années du règne de Louis XV de la présidence de François Mitterrand ! Deux cent soixante-cinq années à pratiquer la politique familiale de la table rase, sur l'air de « Si je t'aime prends garde à toi », ou encore : « Tu es de ma famille ? Alors numérote tes abattis. »

Comment croyez-vous que Clovis constitua son royaume ? Tout simplement en exécutant les uns après les autres les autres rois francs saliens ou rhénans qui lui étaient apparentés : Ragnacaire et ses frères Rigomer et Richaire, les rois Clodéric et Cararic. Puis, il passera toute la fin de son règne à « clarifier » ses rapports familiaux en éliminant tous ses proches parents et alliés membres de sa famille encore en vie. Autour de lui, tout le monde disparaît, frères, neveux, fils... Un jour, raconte le chroniqueur Grégoire de Tours, Clovis pleura devant ses sujets, se lamentant de ne plus avoir aucun membre de sa famille en vie. « Ce n'était pas par affliction pour leur mort qu'il disait cela, mais par ruse, pour savoir si par hasard il pourrait en découvrir d'autres qu'il tuerait. »

Clovis laisse quatre fils qui, ayant hérité d'une portion de son territoire, vont tous s'intituler « roi des Francs ». Pratique pour apprendre ses leçons d'histoire ! Avec eux, nous dit Grégoire de Tours, la barbarie se déchaîne, les instincts sauvages n'ont plus de bornes. Leurs vies et leurs règnes ne sont qu'une longue suite d'atrocités, souvent inutiles et accomplies avec des raffinements de perversité. « Personne n'est à l'abri du poignard des assassins : le frère tue le frère, l'oncle fait massacrer ses neveux sous ses yeux[1]. » Clotaire, l'un des fils de Clovis, fait tuer son fils Chramm et ses enfants en les enfermant dans une cabane à laquelle il met le feu, puis manque à son tour de se faire assassiner par son frère Thierry. Tout cela est monnaie courante, nul ne s'étonne de voir frères et sœurs s'entre-tuer pour une femme ou pour une province, ou par peur d'être tués s'ils ne frappent pas les premiers. Les sentiments humains sont inefficaces pour maintenir la concorde familiale. Seul l'intérêt peut commander de rester unis. Ainsi les fils de Clovis installeront-ils leurs capitales respectives non loin les unes des autres, histoire de pouvoir se venir en aide en cas d'attaque d'un ennemi commun.

Appliquée aux Mérovingiens, la phrase d'Hervé Bazin, « Où est-on mieux que dans sa famille…

1. Marcel Brion, *De César à Charlemagne.*

Partout ailleurs», prend vraiment tout son sens. Avec Clovis et ses descendants, nous sommes face à des familles si divisées que le meurtre est vraiment ce qu'il y a de plus commode pour se débarrasser de ses parents gênants, et qu'il vaut mieux prendre les devants et s'enfermer dans un lointain couvent si l'on veut avoir une petite chance de dépasser la quinzaine!

Citons encore un certain Clodoald, l'un des petits-fils de Clovis : à la mort de son père, ses deux frères sont assassinés sous ses yeux par des sbires de ses oncles. Il se réfugie dans un monastère, fonde un couvent près de Nogent et devient illustre dans l'hagiographie chrétienne sous le nom de saint Cloud. Eh oui, le brave saint Cloud, dont une ville de la banlieue parisienne porte aujourd'hui le nom, fut l'un des trop rares survivants de la barbarie familiale chez les Mérovingiens. Où donc trouvera-t-on un peu de douceur dans ce monde de brutes? Peut-être avec Sigismond, ce roi burgonde qui, après avoir fait exécuter son fils Sigéric en 523, se retira dans le monastère d'Agaune-en-Valais, pour y pleurer et prier? Même pas, car ses ennemis viendront l'en extirper et il sera exécuté à son tour avec femme et enfants. Enfin, pour «achever» cette énumération, on est prié de verser une larme émue sur le scrupuleux roi Dagobert qui, lorsqu'il jeta son dévolu sur une blonde pulpeuse nommée Berthilde, fit assassiner son mari séance tenante, afin de ne pas paraître mauvais chrétien en commettant l'adultère.

Si les fils de Clovis étaient égoïstes, féroces les uns envers les autres, indifférents aux liens du sang, au moins avaient-ils agrandi le royaume de leur père, achevant le rassemblement de tous les territoires gaulois sous le gouvernement des Francs. Mais, après eux, leurs descendants se livrent à une boucherie indescriptible. « Ni la parenté, ni l'hospitalité, ni la reconnaissance, ni les sentiments d'humanité les plus naturels, les plus élémentaires, ne mettent un frein à la sauvagerie de ces rois », écrit Marcel Brion. Le sentiment familial n'existe pas chez ces êtres. Génération après génération, les descendants de Clovis vont s'arracher des lambeaux de royaume. Brutes incapables, sadiques et débauchées, ces petits-fils de Clovis, saint Cloud mis à part, auront bien trop à faire à se battre entre eux pour pouvoir étendre les conquêtes de leur grand-père.

Et les Mérovingiennes dans tout ça ? Sont-elles un peu moins brutales que leurs maris ? Hélas, elles ne valent guère mieux dans l'ensemble. Frédégonde, cela vous dit-il quelque chose ? On ne peut évoquer ses crimes sans être saisi de haut-le-cœur ! Simple servante, elle fut la concubine puis l'épouse d'un petit-fils de Clovis, Chilpéric, roi de Neustrie. Dévorée par l'ambition, Frédégonde était d'autant plus vindicative qu'elle était complexée de n'être qu'une servante alors que sa belle-sœur Brunehaut, mariée à Sigebert, roi d'Austrasie, autre petit-fils de Clovis, était fille du roi des Wisigoths et donc princesse.

Frédégonde sera non seulement le plus abominable assassin de toute la dynastie mérovingienne, mais sans doute aussi de toute l'histoire de France.

Cela étant, il me faut lui rendre justice et reconnaître ici que c'est elle qui m'a donné l'idée d'un livre consacré aux embrouilles familiales de l'histoire de France. Examinant son palmarès de sérial-killeuse pour les besoins de mon précédent livre, je restai abasourdie par un tel déchaînement de cruauté et de haine et en même temps fascinée que cette femme abominable ait laissé son nom dans l'histoire, quand les noms des rois qui se succédèrent sur le, ou plutôt sur «les» trônes des royaumes francs lorsqu'elle commit ses nombreux crimes, étaient pour leur part passés aux oubliettes.

Quant au palmarès qui vient d'être évoqué, qu'on en juge plutôt : après avoir convaincu son concubin Chilpéric de répudier sa première femme Audovère, Frédégonde le persuade de se débarrasser également de la seconde, Galswinthe, sœur de Brunehaut, retrouvée morte dans son lit. Pour venger sa sœur, Brunehaut incite son mari à entrer en guerre contre son frère; mais avant que celui-ci n'ait eu le temps de dire «ouf», Frédégonde l'a déjà fait assassiner par ses sicaires à coups de skramasax empoisonnés (longs couteaux utilisés par les Mérovingiens); dans la foulée, elle fait supprimer les enfants que son mari avait eus avec Audovère. Ensuite, elle fait abattre son propre mari par Landry, maire du palais devenu son amant. Vous suivez toujours? Après quoi, elle fait occire l'évêque de Rouen, tente d'assassiner sa propre fille Rigonde en fermant le couvercle d'un lourd coffre sur son cou, emprisonne Brunehaut dont elle fait empoisonner l'un des fils, Childebert, «au cas où», puis pousse au suicide son propre beau-fils, Mérovée, parce que celui-ci avait eu le malheur d'épouser sa tante Brunehaut sans lui demander son avis !

Dans ces années-là, la justice divine devait être en vacances, car la sympathique Frédégonde, après avoir passé le plus clair de son existence à occire ses prochains, mourra paisiblement dans son lit en 597, à l'âge de cinquante-deux ans. Entourée de l'affection des siens ? Pas sûr ! Car avec tous ceux qu'elle avait tués, il ne devait pas rester grand monde pour s'apitoyer sur son sort. Sur ses six enfants, il n'y en avait plus qu'un seul, le petit Clotaire II, âgé de treize ans.

Sachez que si l'envie vous prenait d'aller dire une petite prière pour le repos de l'âme de la sanguinaire Frédégonde, vous pouvez vous rendre à l'église Saint-Germain-des-Prés où ses ossements achèvent de se dissoudre six pieds sous terre, ou encore à la basilique Saint-Denis, dans le 93, où l'on peut admirer sa magnifique dalle funéraire.

Quant à Brunehaut, elle sera mise à mort une quinzaine d'années plus tard dans des conditions tout à fait atroces par Clotaire, dernier fils de son inexpugnable rivale : attachée par les cheveux, un bras et une jambe à la queue d'un cheval sauvage, après avoir été exposée nue au dos d'un chameau, sa dépouille informe, réduite en lambeaux, sera brûlée.

Sympa les week-ends en famille chez les descendants de Mérovée !

Cette brève évocation des crimes de Frédégonde est écœurante et suffit largement à se faire une idée d'une «Famille Tontons flingueurs» dont chaque membre poursuivra peu ou prou la tradition mérovingienne de «faide» ou dézingage familial tous azimuts. Il nous semble inutile d'en dire davantage, car cela reviendrait à énumérer *ad nauseam* des rois assassins inconnus au bataillon. Or, savoir que Childebert IV assassina Dagobert III n'offre pas grand intérêt dans un livre, où nous nous sommes fixé pour objectif de dévoiler à notre lecteur les souffrances intimes de personnages historiques qui lui sont familiers.

Mais, au fait, comment nos premiers rois finirent-ils par s'extirper de cette longue nuit de barbarie familiale? Eh bien, à la mort de Charlemagne, son fils Louis le Pieux, en rupture totale avec la tradition mérovingienne et carolingienne, va promulguer en 817 la loi dite «*Ordinatio Imperii*» instituant le principe du droit d'aînesse. L'empire irait à Lothaire, l'aîné de ses fils, et les frères de ce dernier, Pépin et Louis, ne recevraient que de modestes apanages. Une telle mesure constituait alors une véritable révolution. Pour mieux conforter cette réforme, Louis le Pieux fait sacrer son fils aîné de son vivant.

Être les premiers à faire les frais de l'*Ordinatio Imperii* était déjà assez difficile à avaler pour les deux cadets, quand Louis Le Pieux, revenant sur ses intentions initiales, décide en 829 de détourner la nouvelle loi au profit de Charles, quatrième de ses fils, né en 823 d'un second mariage. Cette fois, c'en était trop! Les trois frères issus du premier lit se révoltent contre leur père qu'ils font prisonnier (en 833) et le font déchoir de son titre impérial par l'archevêque de Reims. Mais bientôt, Pépin et Louis se brouillent avec Lothaire, délivrent leur père et le rétablissent sur le trône. De brouilles en réconciliations nous voici en 838, année où l'un des frères, Pépin, trouve la mort, suivi de près par son papa Louis le Pieux en 840.

En vertu de l'*Ordinatio Imperii*, Lothaire s'arroge alors la succession. Les frères restant, Charles et Louis, pourtant adversaires naguère, refusent catégoriquement de se voir spolier de leur héritage et de devoir reconnaître leur aîné comme suzerain. Le 18 juin 841, les trois frères s'affrontent dans une mêlée générale à Fontenoy-en-Puisaye. Lothaire Ier, l'aîné, est écrasé. L'année suivante, 14 février 842, à Strasbourg, Charles le Chauve et Louis le Germanique s'unissent et font le serment de rester désormais alliés contre leur frère aîné. « Pour l'amour de Dieu, pour le salut du peuple chrétien, et pour notre salut à tous deux à partir de dorénavant [...] je soutiendrai ce mien frère, comme on doit selon l'équité secourir son frère, à condition qu'il en fasse autant pour moi, et je n'entrerai avec Lothaire en aucun arrangement qui, de ma volonté, puisse lui être dommageable. » En vertu de ce serment de Strasbourg dont nous avons tous entendu parler à l'école, Charles, selon l'équité et au nom de Dieu, secourt son frère Louis et combat son frère Lothaire. Allez comprendre !

Ces rivalités entre petits-fils de Charlemagne auraient pu durer longtemps, mais, comme chez les fils de Clovis en d'autres temps, c'est le surgissement d'une ennemi commun qui va permettre de sortir par le haut de ces luttes fratricides : le danger des invasions normandes va pousser les trois frères à se réconcilier et à signer un traité encore plus fameux que le serment de Strasbourg, le traité de Verdun de 843, qui partage l'empire de Charlemagne en trois royaumes distincts. Avec ce célèbre traité, on revient à un partage égalitaire à la franque ; Lothaire conserve le titre d'empereur et ses frères sont rois. Tout le monde est content, mais c'en est bien fini de l'idée impériale.

Progressivement, le principe du partage systématique du domaine sera abandonné par les Carolingiens au bénéfice d'un mode de désignation assez proche de celui des Antonins : le principe électif. Dès 888, les grands du royaume se désignent un roi et le fait que ce roi soit élu rend impossible le partage du royaume entre ses enfants. Disons, pour faire vite, qu'à l'approche de l'an mille, c'en est fini du principe de partage égalitaire entre fils du roi et que l'on alternera désormais entre principe électif et désignation du fils aîné. En 987, à la mort accidentelle du roi Louis V, dernier des Carolingiens, Hugues Capet est élu par ses pairs. En même temps que lui-même devient roi de France, il fait sacrer son fils Robert, assurant ainsi le pouvoir héréditaire de sa propre maison. Il devient ce faisant la souche des trois dynasties capétiennes, Valois et Bourbons qui vont se succéder plus ou moins paisiblement durant plus d'un millénaire sur le trône de France.

En définitive, l'évocation de la famille « Tontons flingueurs » réconforte peut-être ceux qui pensent avoir une vie de famille compliquée, mais fait plus sûrement froid dans le dos à la plupart d'entre nous ! Gardons-nous bien cependant de la juger trop hâtivement ; que cela nous plaise ou non, tous ces gens-là sont nos ancêtres à vous et moi ! Diverses études généalogiques ont en effet établi que, depuis au moins cinq générations, tout Français de souche descend de Charlemagne et neuf Européens sur dix auraient un peu de son sang dans les veines. Tous les inconnus qui vous bousculent dans le métro le matin sont, tout comme vous-même, des descendants de Charlemagne. Alors, de grâce, même après avoir lu le récit de leurs violences domestiques, quand vous évoquerez à l'avenir nos aïeux francs, sachez leur manifester un peu de cette indulgence qui leur fit cruellement défaut et refusez poliment de les accabler… Comme le disait la reine Victoria à son fils Edouard VII, « *Never complain, never explain!* », « ni jérémiades, ni excuses ! ».. Tante Frédégonde appréciera !

DANS LA FAMILLE « PÈRES INDIGNES »...

« En fin de compte, la vie de père ne tient qu'à un fils... »

Vincent Roca

« Mon fils est le seul problème qui demeure sans solution. »

Albert Einstein

Au cours de notre histoire, il y eut quelques parenthèses enchantées durant lesquelles régnèrent des rois « au poil » de père en fils, des souverains qui furent aussi des pères comblés : prenez par exemple Pépin le Bref, brillant fondateur de la dynastie carolingienne. Son père, qui entra dans l'histoire pour avoir repoussé l'armée d'Abderrahmane à Poitiers en 732, n'était autre que le célèbre Charles Martel ; quant à son fils, il fut le grand Charlemagne, empereur d'Occident et plus illustre souverain de la dynastie inaugurée par son papa.

Heureux Pépin qui, du haut du ciel, participant à des repas de famille peut décliner crânement son identité devant des cousins de province admiratifs : « Bonjour à tous, je suis Pépin le Bref, mon père est Charles Martel et mon fils Charlemagne ! » À quoi Louis XIII rétorque probablement du tac au tac « Mon père à moi fut Henri IV, et mon fils, beau comme un astre, Louis XIV, le Roi Soleil. Qui dit mieux, messieurs ? » « Pas mal, en effet, plastronnera

Louis VIII, mais j'eus quant à moi pour géniteur Philippe Auguste, vainqueur de Bouvines et pour fils, un saint, un vrai, dûment canonisé en 1297, et entré dans l'histoire sous le nom de Saint Louis, excusez du peu, messieurs ! »

Quand on vous dit qu'il y eut chez nos rois des parents heureux !

Mais notre histoire compte aussi nombre de souverains qui, pour ne s'être pas montrés totalement nuls dans la conduite de leur royaume, furent en revanche en dessous du niveau de la mer dans leur vie de famille.

Quels sont ces rois de France susceptibles à nos yeux de figurer au palmarès des « pères indignes » de notre histoire ?

Eh bien, pour ne point accabler tout de go les piteux pères de famille de notre douce France, entrons sur la pointe des pieds dans notre chapitre en optant diplomatiquement, pour ne pas dire lâchement, pour un exemple étranger, un Russe dont le caractère particulièrement gratiné justifiera pleinement la mention dans ces pages. Il s'agit d'Ivan le Terrible.

Davantage encore que certains Mérovingiens, dont nous venons de voir qu'ils ne se privèrent pas d'éradiquer à tour de bras leur progéniture, il peut être considéré comme le saint patron des pères indignes pour la bonne et sinistre raison que, contrairement à ces barbares de rois fainéants, qui confièrent la sale besogne à des sbires, Ivan, lui, assassina son fils de ses propres mains. Admettez que son exemple est suffisamment exceptionnel pour mériter d'être évoqué ici.

Ivan le Terrible (1530-1584), premier grand prince de Moscou à prendre le titre de tsar. Immense et épouvantable personnage dont le règne durera trente-sept ans. Un tsar capable du meilleur, puisqu'il mènera d'importantes réformes administratives et religieuses dans son pays, mais aussi un pervers aux sautes d'humeur imprévisibles, et capable du pire. Or, il avait un fils aîné prénommé Ivan lui aussi, héritier du trône, dont il se sentait très proche.

Henri Troyat nous décrit ce chic garçon tel qu'il se présente en 1581 : c'est alors un jeune homme de vingt-sept ans, à l'intelligence vive, violent comme son père. Ensemble, père et fils participent à des orgies nocturnes et des séances de torture. « À travers les expériences de stupre et de cruauté, écrit Henri Troyat, il voulait en faire un autre lui-même. » Entre autres facéties, Ivan père fait rôtir ses ennemis à la broche ou sur d'immenses poêles à frire, les fait dévorer par des ours, organise des décapitations massives et, d'une manière générale, recherche toute innovation susceptible de venir enrichir son registre des tortures possibles.

Partageant un même goût pervers pour le spectacle de la souffrance humaine, père et fils raffolent de ces séances. Seulement voilà, avec le temps, Ivan père devient de plus en plus paranoïaque !

Quand son fils a le malheur de lui reprocher sa pusillanimité dans la guerre qu'il mène à la Pologne, Ivan en déduit que celui-ci complote contre lui et veut le détrôner.

Dans un premier temps, plutôt qu'à son fils, Ivan s'en prend à sa belle-fille, alors enceinte. Le 15 novembre 1581, la croisant dans sa résidence, il constate qu'au lieu des trois robes traditionnelles que doit porter toute femme enceinte elle n'en porte qu'une. Considérant cette tenue comme indécente, il se jette sur elle, la rue de coups (façon Néron avec Poppée), si bien que sa malheureuse bru fait une fausse couche.

Au désespoir, le tsarévitch vient crier son indignation chez son père. Mauvaise idée, car le tsar ne supporte pas que son autorité soit mise en cause pour la seconde fois en quelques jours. « Envahi d'une rage démente, raconte Henri Troyat, Ivan bondit de son siège, se saisit de son long bâton ferré et frappe son fils, au hasard, sur les épaules et sur la tête. » Il frappe, et frappe encore, comme possédé, et lui perce la tempe. Ivan, hirsute, demeure un moment debout son pieu à la main, frappé de stupeur, puis il se précipite sur le corps de son fils, le couvre de baisers et tente d'arrêter le sang qui s'écoule de la blessure. Hélas, le tsarévitch est trop mal en point. Il succombe en baisant les mains de son papa et en murmurant « je meurs comme ton fils dévoué et le plus soumis de tes sujets » (le 19 novembre 1581).

Chez les « Terrible » on est pervers peut-être, mais pas du genre rancunier !

Ivan reste assis plusieurs jours devant le cadavre de son aîné. Il refuse de s'alimenter. Pendant l'office, il pousse des cris déchirants tout en se frappant la tête contre le cercueil de son fils.

Dans les jours qui suivent, il va bien faire torturer quelques soldats, puis son propre beau-père, histoire de se changer un peu les idées ; mais c'est à peine s'il regarde. Il n'a plus goût à rien, torturer ne l'amuse plus si son fils n'est pas là pour jouir avec lui du spectacle.

Rongé par le remords, il va faire des dons démesurés à tous les couvents dont il a martyrisé les moines, afin que l'on y dise des prières pour le salut de son âme et il entreprend de dresser la liste de toutes les morts dont il est coupable. L'aumône et les prières n'y suffiront pas ; c'est finalement en se vouant au bon Dieu, plutôt qu'à ses saints, que ce père infanticide finira par trouver la justification de son acte abominable et même une certaine consolation.

Après tout, se dit-il, « Dieu lui aussi est comptable du sang de son enfant, le Christ ». N'a-t-il pas laissé Jésus périr sur la croix ? « Tout compte fait, écrit Troyat, tous deux assassins de leur fils respectif, Dieu et le tsar étaient faits pour se comprendre. »

Le cas d'Ivan le Terrible présenté sous forme de zakouski (hors-d'œuvre russe) n'avait bien entendu d'autre but que de conditionner notre lecteur à manifester toute l'indulgence possible envers les rois de France que nous allons évoquer maintenant. Tous furent de mauvais pères, sans doute, mais aucun d'entre eux ne commit d'infanticide. On verra peut-être dans cette manipulation liminaire la manifestation d'une mauvaise foi parfaitement chauvine... et on aura bien raison !

Je demande Charles VII et Louis XI…

La relation entre Charles VII et Louis XI offre sans nul doute l'exemple le plus édifiant de mésentente père-fils de toute l'histoire de la monarchie française. Paul Murray Kendall, l'un des plus éminents biographes de Louis XI, n'hésite pas à définir celui-ci comme « l'un des enfants les plus récalcitrants qu'ait connus l'histoire ». Son cas constitue même une caricature, car il fut tout à la fois le fils ingrat d'un père absent, et un père indigne lui-même.

Il faut dire qu'il voit le jour, le 3 juillet 1423, dans les heures sombres de la guerre civile entre Armagnacs et Bourguignons, sur fond de guerre de Cent ans. Son père, Charles VII, âgé de vingt ans, roi depuis le mois d'octobre précédent, touche alors le fond de la détresse. Sa mère, Isabeau de Bavière, épouse du pauvre roi fou Charles VI, ne l'a-t-elle pas spolié, dépossédé du royaume de France qui devait lui revenir de droit ? En effet, le « honteux traité de Troyes », du 21 mai 1420, prévoit que Charles VI aura pour successeur sur le trône de France, non pas son fils aîné, le dauphin Charles, mais son gendre, le roi d'Angleterre Henri V.

Être désavoué par ses propres parents au profit de son beau-frère, roi d'Angleterre, voilà de quoi plomber définitivement les réunions de famille ! Et de quoi se mettre à détester sa maman. Détester. L'étymologie même de ce mot que nous allons bien souvent retrouver au fil de ces pages mérite d'être évoquée ici, car elle est tout ce qu'il y a de plus éclairante.

Dé-tester, du latin «*de testare*», signifiait tout simplement, à l'origine, ôter de son testament, déshériter…

On comprend fort bien comment ce mot a progressivement acquis son sens actuel : je te dé-teste – autrement dit, je te raye de mon testament – est devenu je te hais !

Mais revenons-en au malheureux dauphin Charles, futur Charles VII déshérité – donc dé-testé ? – par sa mère Isabeau de Bavière. Le royaume de France étant morcelé entre possessions bourguignonnes, anglaises, et provinces restées fidèles au roi, son futur royaume se trouve réduit à la portion congrue. Lui-même réside à Bourges. Par mépris, on le surnomme d'ailleurs à l'époque «le petit roi de Bourges». Une comptine intitulée *Le Carillon de Vendôme* est parvenue jusqu'à nous qui décrit la peau de chagrin dont Charles, couronné à Poitiers en 1422, devient le souverain : «Mes amis que reste-t-il à ce dauphin si gentil ? Orléans, Beaugency, Notre-Dame de Cléry, Vendôme. Les ennemis ont tout pris, ne lui laissant par mépris qu'Orléans, Beaugency…»

C'est là tout le royaume de France, un royaume dont le roi est sur la paille ; à tel point que lorsque les Anglais mettront le siège devant Orléans, Charles en sera réduit à vendre ses derniers joyaux pour financer quelques gens d'armes. Lui-même est vêtu d'un mauvais pourpoint aux manches raccommodées, et il ne parvient même pas à obtenir qu'un cordonnier lui fasse crédit d'une paire de chaussures. Cette impécuniosité est une humiliation supplémentaire pour ce roi peu « reluisant » qui n'inspire guère l'enthousiasme et se voit progressivement abandonné de la plupart des grands seigneurs.

Autant dire que Charles n'a guère le temps de se soucier d'un fils aîné, qu'il aura toutefois à cœur de mettre à l'abri des Anglais. Confié à sa marraine, placé sous la tutelle d'un précepteur, Louis va donc passer une enfance solitaire entre les grandes murailles du château de Loches, un lieu de séjour sinistre où, une fois roi, lui-même fera incarcérer ses prisonniers. « Et c'est peut-être ainsi, écrit Murray Kendall, qu'enfant il se voit lui-même prisonnier de la misère de la France et de la faiblesse de son père. »

Certes, son éducation est prise en main par des hommes de qualité, entre un certain Jean Gerson, ancien chancelier de l'Université de Paris, et le juriste et théologien Jean Majoris. Mais le jeune dauphin Louis ignore absolument tout de l'amour qui lie généralement un enfant à ses parents ; en sa prime jeunesse, il ne les verra guère et a certainement éprouvé un douloureux sentiment d'abandon. Il trouvera un exutoire à ce manque d'affection chez les animaux, chiens, chats, oiseaux, pour lesquels il aura toujours une passion.

En 1433, il va quitter Loches pour rejoindre ses frères et sœurs à Amboise. Dans ces années-là, père et fils ne se voient guère, leur relation est placée sous le signe de l'indifférence. Pour Charles, son fils est insignifiant. Quant à Louis, il n'éprouve pour l'auteur de ses jours ni tendresse ni respect ; à distance, il est humilié pour ce père qu'il juge faible, qui se laisse guider par des favoris cupides et ne représente plus rien. Dans une terminologie plus contemporaine, on dirait qu'il considère son père comme un *loser* indigne de sa fonction !

Mais voilà qu'en quelques années à peine tout va changer. Ragaillardi par les victoires de Jeanne d'Arc, légitimé par son sacre à Reims le 17 juillet 1429, Charles, le petit roi falot, effacé, va devenir comme par enchantement Charles VII, dit « le victorieux ». « Le triste névropathe qu'était le petit roi de Bourges devenait un prince sage au conseil, et intrépide au combat[1] », écrit Philippe Erlanger.

Depuis l'âge de cinq ans, Louis est fiancé à Marguerite Stuart, de deux ans sa cadette, fille de Jacques Ier Stuart, roi d'Écosse. En grandissant, Louis s'est mis à détester cette future épouse que lui a imposée son père, puis à s'en désintéresser totalement. Puisque c'est ce père indifférent qui l'a choisie pour lui, elle ne peut pas lui plaire. Pour Murray Kendall, c'est avec le mariage de Louis, que les relations entre père et fils vont vraiment dégénérer.

Le jour même de la noce, le 24 juin 1436, les choses prennent un tour injurieux. Louis a alors treize ans ; pour l'époque, il n'est donc déjà plus un enfant, mais un jeune homme. Charles va commettre l'erreur psychologique d'organiser ce mariage à l'économie. En temps normal, même pour un petit vicomte, on « brisait quelques lances », en d'autres termes, on organisait un vague

1. « Le renard dans le poulailler », *L'Histoire*, n° 42, août 1983.

tournoi. Mais là, rien ! Pour son propre fils, futur roi de France, Charles « compte ses sous comme un vulgaire boutiquier ». Pis encore : non seulement il ne se déplace même pas pour rencontrer Louis avant la noce, mais il ne se présente à la chapelle que quelques minutes avant la cérémonie, et ne s'est même pas changé pour venir. Il est vêtu de l'habit gris qu'il porte pour monter à cheval et a gardé aux pieds ses bottes crottées et ses éperons. Bref, il donne à son fils le sentiment que ce mariage, qu'il a pourtant lui-même arrangé, est une formalité barbante dont il se serait bien passé et qu'il convient d'expédier le plus rapidement possible, entre une partie de chasse et le prochain souper. En cette occasion qui aurait pu les rapprocher, le roi Charles VII ne manifeste ni affection ni intérêt, et ne respecte pas le service minimum qu'un roi doit au dauphin, qu'un père doit à son fils.

Bien sûr, nous avons tous en tête des anecdotes de la même eau : des histoires de parents traitant les jeunes mariés avec désinvolture, quand ils ne refusent pas purement et simplement d'être présents à la noce. Dans ces circonstances, on peut toujours compter sur le soutien moral de son conjoint, ou bien consulter un bon psy. Mais pour le futur Louis XI, il n'est nulle oreille où s'épancher, nul divan où s'allonger pour soulager ses tourments intimes. Un confesseur ? Sans doute, mais des pensées de cette nature pouvaient-elles lui être dévoilées ou bien étaient-elles condamnées à macérer dans les replis obscurs d'une âme tourmentée ?

Quoi qu'il en soit, il ressort clairement des différentes biographies de Louis XI consultées à l'occasion du présent ouvrage, que Charles VII était envieux de ce fils trop volontaire, déjà plein de force et d'assurance. Et comme Louis, de son côté, n'était pas du genre à garder sa langue dans sa poche, il ne se priverait pas, à l'avenir, de dire ce qu'il pensait, et d'afficher ouvertement le mépris que lui inspirait son père. « Le dauphin et le roi, écrit Murray Kendall, se trouvaient d'ores et déjà séparés par un abîme de préventions et d'irrespect. »

Dans un premier temps, le dauphin se comporte en fils obéissant. Peut-être même, à défaut d'affection, éprouve-t-il une certaine reconnaissance envers son père, lorsque celui-ci, semblant soudain se souvenir qu'il a un fils de seize ans, lui confie, en 1439, la mission d'aller mater les Écorcheurs, ces troupes armées qui ravagent alors le Languedoc. Dans ces années d'instabilité du pouvoir, de guerre et de désorganisation générale liée notamment à l'opposition entre Bourguignons et Armagnacs, les allégeances sont multiples et changeantes. Lorsque leurs suzerains n'ont plus besoin d'eux pour se battre, ces groupes de soldats désœuvrés pillent pour leur propre compte, plutôt que de se débander.

Bientôt, le dauphin Louis se rend compte que cette mission est en fait un cadeau empoisonné : si son père lui a bien conféré le titre ronflant de lieutenant général pour le Languedoc, il ne lui a donné ni soldats ni argent ! Qu'à cela ne tienne, usant d'une volonté et d'une intelligence hors du commun héritées non de son grand-père fou à lier, Charles VI, mais de sa brillante grand-mère Yolande d'Aragon, Louis va parvenir à convaincre les villes menacées de payer leur écot dans la lutte contre les Écorcheurs. Sa mission est donc une vraie réussite dont la nouvelle se répand dans tout le royaume. Aussitôt, Charles VII prend ombrage de ce succès et ordonne à son fils de rentrer sur-le-champ à la cour. Cette nouvelle humiliation a des conséquences immédiates. Louis va rejoindre sans hésiter la ligue factieuse constituée par des grands seigneurs. Hostiles à la réforme de l'armée engagée par Charles VII et inquiets de voir l'autorité royale se renforcer au détriment de la leur, ils proposent au dauphin de prendre la tête de la rébellion et de placer son père sous sa tutelle. Louis s'engage sans état d'âme dans une révolte que l'histoire retiendra sous le nom de « Praguerie », en référence à la révolte, à Prague, des Hussites (eux aussi des grands seigneurs pour la plupart), au début du XVe siècle.

Charles mate cette conspiration sans difficulté, en isole, en écrase, puis en gracie les meneurs et accorde privilèges et pensions à ceux qui ont fait preuve, même in extremis, de loyauté à son égard. Va-t-il punir son fils ? Mollement ! Il se contente de le priver de ressources. D'abord, il démet tous ses serviteurs de leurs fonctions, à l'exception d'un cuisinier et d'un confesseur. Puis, tandis qu'il ne lui verse plus un sou vaillant, il fait don de deux mille livres à sa belle-fille Marguerite avec laquelle il s'entend à merveille, pour qu'elle puisse s'acheter des fourrures et des étoffes. Louis enrage, lui qui en est réduit à emprunter de l'argent aux gens de sa maison.

Entre père et fils la crise va finalement éclater pour de bon, dont la fameuse Agnès Sorel sera l'élément déclencheur.

D'après le chroniqueur Georges Chastelain, qui vécut un temps à la cour du roi Charles VII, la reine Marie d'Anjou avait « un visage à faire peur aux Anglais eux-mêmes ». Les portraits qui en sont parvenus jusqu'à nous lui donnent malheureusement raison. Marie d'Anjou était fort laide, plutôt du genre austère et effacé, et partageait son emploi du temps entre prière et quenouille. De plus, la malheureuse était enceinte en permanence. En 1443, année où son époux rencontre Agnès Sorel, elle a déjà eu treize enfants (un quatorzième naîtra en 1446). Ces accouchements à répétition l'ont fait vieillir prématurément, si bien qu'avec le temps, c'est là un grand classique du genre, son mari ne la désire guère et la regarde davantage comme une sœur que comme une amante.

Pour Charles, qui vient d'avoir quarante ans (mais un « quadra » à l'époque est déjà un vieux monsieur …), la rencontre d'Agnès Sorel est une révélation. Née en 1422, cette jeune femme de vingt et un ans est d'une éblouissante beauté. Hyper sensuelle, elle a un charme et une plastique exceptionnels : teint marmoréen, front immense, yeux en amande, sourcils soigneusement épilés, cheveux très blonds et taille de guêpe. Pour mieux exposer à la convoitise masculine des seins qu'elle sait fort jolis, elle lance la mode du décolleté ; et puis, elle n'hésite pas à montrer ses épaules et à porter des robes extravagantes dont les traînes peuvent faire jusqu'à huit mètres de long. Dans cet appétissant tableau où Chastelain ne voit que « ribaudise et dissolution », Charles VII ne voit, lui, que sensualité et tentation ; une tentation à laquelle il va céder sans résister, avec jubilation.

L'esprit libéré par la trêve conclue récemment avec les Anglais, Charles, grâce à Agnès, va enfin pouvoir découvrir ce qu'est la joie de vivre. Alors qu'il était bien souvent renfermé et triste, il va s'ouvrir, prendre confiance en lui, devenir un « joyeux luron ». Il est littéralement métamorphosé. Les chroniqueurs de l'époque, écrit Philippe Erlanger, observent que aussi bien à Nancy qu'à Châlons, Charles se met à danser, participe à des joutes et s'en va même cueillir des fleurs… Bref, l'ancien petit roi de Bourges est amoureux.

Pour avoir sa bien-aimée sous la main, Charles VII fait d'elle l'une des dames d'honneur de son épouse. Agnès va donc devenir suivante de la reine, mais une suivante d'un genre particulier, chez qui l'on peut admirer « meilleure tapisserie, meilleurs linge et couvertures, meilleure vaisselle, meilleure cuisine et meilleur tout ! » Le roi la comble en effet de faveurs. En 1444, il lui offre des milliers d'écus de bijoux, dont le premier diamant taillé connu à ce jour. Il lui fait aussi cadeau du château de Beauté-sur-Marne, dans le bois de Vincennes, château auquel Agnès devra son surnom de « Dame de Beauté ».

Pour la première fois dans l'histoire de France, une maîtresse du roi occupe la place officielle de favorite. Cette liaison adultère affichée au grand jour constitue un scandale ahurissant que nul roi très chrétien n'avait encore assumé. Charles sera le premier. Agnès et lui vont constituer véritablement un second ménage, à côté du ménage royal. Ils vivront cinq années de bonheur, abritant leurs amours dans de petites demeures bourgeoises, ou de petits châteaux comme Razilly, Roberdeau, Loches, ou encore Bois-Trousseau, près de Bourges. Cela vous rappelle-t-il quelque chose ? Si l'on changeait les noms et les dates, on pourrait être en train d'évoquer non Charles VII et Agnès Sorel, mais la famille cachée du président Mitterrand.

Ainsi, comme si Louis n'avait pas essuyé suffisamment de vexations et de rebuffades de la part de son père, voici maintenant que celui-ci s'affiche publiquement à la cour avec la ravissante Agnès.

Tout dévoué à sa mère, reine irréprochable, effacée et docile, qui subit en silence l'humiliation d'un scandale jusqu'alors inédit à la cour de France, Louis juge tout bonnement insupportable le spectacle de son père roucoulant béatement avec une donzelle en âge d'être sa fille ; d'autant que celle-ci s'enhardit jusqu'à lui donner des conseils politiques.

On imagine sans peine le dauphin rongeant son frein, remâchant sa haine et son mépris envers un père enamouré, totalement inféodé à sa dulcinée. Un père trop occupé à jouer les jolis cœurs pour se soucier des enfants nés de son mariage, mais qui aura quatre filles de sa jeune maîtresse (en comptant celle que portait Agnès, lorsqu'elle mourra à Jumièges, le 14 février 1450, à l'âge de vingt-cinq ans). La naissance de toutes ces demi-sœurs doit être dure à avaler pour Louis et ses frères et sœurs, qui découvrent à contrecœur les joies de la famille médiévale recomposée !

Au cours de l'été 1445, Marguerite Stuart, dite aussi Marguerite d'Écosse, meurt à Châlons, à l'âge de vingt ans. La pauvre petite épouse de Louis aurait prononcé sur son lit de mort une phrase restée célèbre, qui en disait assez long sur son envie de poursuivre son agréable expérience matrimoniale avec Louis : « Fi de la vie, qu'on ne m'en parle plus ! » Un souhait exaucé aussitôt que prononcé.

Débarrassé d'une épouse dont, par chance, il n'avait pas encore eu d'enfant, Louis se retrouve veuf à seulement vingt-deux ans. Pour un jeune homme qui, depuis un certain temps, ne fait qu'accumuler les contrariétés, ce veuvage ferait presque figure de bonne nouvelle.

À la cour, dans une situation difficile pour lui-même et ses proches – Agnès et ses alliés (à commencer par le sénéchal Pierre de Brézé) exerçant sur le roi un pouvoir absolu – le dauphin Louis s'efforce de faire bonne figure. Son père lui est hostile, il le sait, mais il sait surtout que, n'étant pas fils unique, il n'est pas irremplaçable. Il essaie donc de se montrer aimable avec sa « belle-mère » qui, rappelons-le, n'a jamais qu'un an de plus que lui. Dans un livre intitulé *Aventuriers et favorites*, l'historien Philippe Erlanger prétend que Louis aurait été jusqu'à tenter de la séduire, et qu'il lui aurait fait de splendides présents dans ce but. Mais la belle l'aurait envoyé sur les roses, faisant de lui son ennemi mortel. On comprend un peu Agnès, car même si Charles VII est un peu âgé pour elle et loin d'être séduisant, Louis XI pour le coup est particulièrement moche, c'est du moins ce qu'écrit son proche conseiller Philippe de Commynes : « Il était laid, bavard, disgracié, débile, superstitieux, avait un nez bossué, démesurément long. Ses jambes étaient grêles et déformées, sa démarche embarrassée. Il était nerveux, impatient et il lui fallait de grands efforts de volonté pour dissimuler le désir et la haine qui le rongeaient. » Cette description de Louis XI doit remonter à l'époque où Commynes était encore chroniqueur officiel des ducs de Bourgogne. Passé en 1472 au service de Louis XI, qu'il admirait profondément, il deviendrait, on s'en doute, un peu plus élogieux à l'égard de son nouvel employeur.

Ayant échoué dans sa tentative de se concilier les bonnes grâces d'Agnès, Louis se met alors à comploter ; il ourdit toutes sortes de plans, rêve de se débarrasser d'elle, de tuer le sénéchal de Brézé, de faire enlever le roi… il ira même jusqu'à recruter quelques hommes de main. Ces mini complots n'ont pas de suite, mais l'ambiance se tend ; entre

Louis et son père l'abcès est mûr et ne va pas tarder à crever…

Il existe différentes versions de l'incident qui entraîna le bannissement du dauphin. Pour les uns, Louis, ému aux larmes par sa mère, aurait insulté Agnès Sorel, puis se saisissant de son épée, l'aurait suivie jusque dans sa chambre, prêt à la pourfendre. Pour les autres, il l'aurait « seulement » souffletée en public.

Quoi qu'il en soit, l'incident provoque un joli scandale à la cour. Un beau-fils qui gifle sa belle-mère, ou manque l'assassiner dans un accès de rage… c'est un peu comme si, de nos jours, le fils aîné de François Hollande giflait Valérie Trierweiler ou Julie Gayet à la sortie du Conseil des ministres, ou bien les coursait dans les couloirs de l'Élysée armé d'un cran d'arrêt… du caviar pour la presse people !

Mais revenons à nos moutons. Dans le récit qu'il fait de l'altercation entre Louis et Agnès, Murray Kendall nous livre un détail croustillant : après cet incident fâcheux, Louis, furibard, se serait rendu dans les écuries de son père et aurait coupé la queue de tous ses chevaux, sous prétexte qu'il fallait « les écourter, tout comme l'avait été leur maître ». Puis, après avoir illustré magistralement, cinq cents ans avant Freud, le principe du complexe de castration dont souffrait à son avis l'auteur de ses jours, il déclare à qui veut l'entendre qu'il préfère « jeter son père la tête devant dans un puits », plutôt que de rester à attendre la succession. Au moins cela avait le mérite d'être clair.

File dans ta chambre…

Las d'héberger sous son toit un fils aussi déplaisant et hostile, Charles VII prend la décision non pas de l'expédier dans sa chambre, comme on le ferait aujourd'hui d'un ado rebelle, mais de le bannir dans son apanage, c'est-à-dire en Dauphiné, terre qui, depuis le traité de Romans de 1349, revient toujours au fils aîné du roi et dont ce dernier tient le beau nom de dauphin. En somme, Charles exige de son fils qu'il aille se faire cuire un œuf dans ce fief lointain où il pourra librement s'ébrouer. Au départ, ce bannissement ne devait durer que quatre mois.

Le 1er janvier 1447, Louis quitte donc précipitamment la cour sans dire au revoir à personne et prend la route du Dauphiné. « Il était tête nue. Au moment de franchir le pont-levis, il cria : par cette tête qui n'a point de chaperon, je me vengerai de ceux qui m'ont mis hors de ma maison[1] ! »

Louis a vingt-trois ans. Il part pour quatorze années d'exil et ne reverra jamais son père.

Charles sentira désormais peser sur lui le poids de l'impatience et de la haine filiale. Désormais, écrit l'historien Philippe Erlanger, « sans que la responsabilité du prince apparût clairement, attentats, trahisons, conspirations, morts subites, scandales, ne cesseront d'empoisonner l'atmosphère de la cour ».

---

1. Philippe Erlanger, « Le renard dans le poulailler », art.cit.

Quant à Louis, de la minute où il met le pied dans son petit État du Dauphiné, il va le diriger comme s'il s'agissait d'un vaste empire. À Grenoble, où il a pris ses quartiers, il crée une cour, un parlement, une université et lève même une armée. Bientôt, l'Europe entière sera informée des merveilles que le fils de France réalise en Dauphiné. Là encore, retrouvons Philippe Erlanger : « L'histoire des neuf années passées en Dauphiné est un résumé de ce que sera le règne de Louis XI : rien ne manque ; ni les réformes, ni les féodaux domptés, ni les évêques contraints à l'hommage, ni la création de la poste, ni l'ouverture des routes et des foires, ni l'impulsion donnée au commerce et à l'industrie, ni la fondation d'une université (Valence), ni les lettres de noblesse répandues à foison. »

Pendant ces deux premières années dauphinoises, père et fils, qui ne sont pas mécontents d'être débarrassés l'un de l'autre, s'apaisent quelque peu et tentent de donner à leurs relations à distance les apparences d'une certaine cordialité. On se fait des petits cadeaux : en janvier 1449, Louis offre à son père… un léopard !

Mais en janvier 1451, l'affaire Jacques Cœur va venir tout gâcher. Il faut rappeler qu'Agnès Sorel est morte dans des conditions étranges un an auparavant (février 1450) et que Jacques Cœur, mais aussi Louis, ont été suspectés de l'avoir empoisonnée. Que Louis, depuis sa lointaine province, prenne la défense du grand argentier qui vient d'être mis en accusation, voilà qui est un motif d'irritation supplémentaire pour Charles VII. Sur ces entrefaites, le dauphin va précipiter la brouille en demandant à son père l'autorisation d'épouser la fille du duc de Savoie.

La Savoie est toute proche du Dauphiné. Une alliance avec elle ferait bien les affaires de Louis et celles de cette province, coincée entre les cantons suisses et le puissant roi de France. Louis adresse lettre sur lettre, émissaire sur émissaire à son père ; en vain ! Charles fait la sourde oreille. Il ne veut pas d'une alliance entre Savoie et Dauphiné à la frontière de son propre royaume. Et puis, n'a-t-il pas déjà proposé à son trublion de fils une épouse portugaise ou anglaise ? Il finit par lui faire savoir qu'il est formellement opposé à cette alliance qu'il juge inopportune.

Puisque c'est comme ça, Louis se mariera sans son autorisation. Or, une telle chose est non seulement inadmissible, mais absolument impensable ! Une fois de plus, Louis va beaucoup trop loin.

Tentons un instant de nous représenter le tour tragi-comique que prennent alors les événements : un père, roi de France, rendu furieux par le mariage de son fils décidé sans son accord, n'est pas convié à la noce et envoie sur place l'un de ses fonctionnaires, un « héraut d'arme » chargé d'empêcher coûte que coûte la cérémonie qui doit avoir lieu à Grenoble le 9 mars 1451. L'émissaire arrive un jour trop tard. Cette alliance injurieuse pour le roi de France est nouée, à défaut d'être consommée. (Rappelons que le marié a vingt-huit ans et que la mariée, Charlotte de Savoie, n'en a que neuf !)

Pour se venger de cet affront, Charles VII, comme il l'avait fait à l'époque de la Praguerie, supprime la pension de Louis, confisque les derniers territoires que celui-ci possédait en France et fait pression sur le duc de Savoie pour qu'il prenne ses distances.

Le roi est tellement furieux de voir se constituer à ses frontières une alliance hostile, qu'il envisage, dit-on, de déshériter Louis au profit de Charles, son frère cadet.

Louis sent passer le vent du boulet. Dans les mois qui suivent son mariage, il adresse à son père plusieurs lettres obséquieuses dans lesquelles il se déclare prêt à lui présenter des excuses circonstanciées, ce qui ne l'empêche pas d'ailleurs de faire circuler au même moment des libelles accusant Charles VII d'avoir des mœurs dissolues. Entre père et fils, on est constamment dans un double jeu.

De toute façon, il est trop tard. Charles a déjà entrepris d'expédier des troupes en Dauphiné et en Savoie.

Le 27 octobre 1452, le duc de Savoie signe un traité par lequel il se met sous la protection du roi de France et se désolidarise de Louis. Décidément, voilà un beau-fils qui a vraiment du mal à établir des relations harmonieuses avec ses beaux-parents !

Sous l'impulsion de Louis, Grenoble est devenu un foyer d'intrigues et de sédition, le point de ralliement de tous les adversaires de Charles VII. Il n'est pas un ennemi juré de son père dont Louis ne se soit fait l'allié. Ainsi, il est l'ami d'Armagnac, l'allié des ducs de Bretagne et de Bourgogne. Il s'acoquine, contre son père, avec le fameux Sforza de Milan, un homme qu'il aimera sincèrement, comme un père, au contraire du sien. Charles VII réagit en publiant une proclamation par laquelle il désavoue publiquement les « folles entreprises de son fils ». Au cours des années 1453 et 54, il contraint la Savoie et Milan à renoncer à tout contact avec lui. En août 1455, les grandes villes reçoivent une circulaire énumérant les quatorze cas qui peuvent entraîner la déshérence d'un fils rebelle. La conduite de Louis mériterait dix fois cette sanction. Enfin, au début de l'été 1456, poussé par ses conseillers Dunois, Chabannes et Brézé, Charles se décide enfin à écraser ce dangereux foyer d'agitation et de complot attisé par un fils aîné qui pourrait bien embraser le royaume tout entier. Il fait citer Louis sous l'accusation de rébellion, s'établit lui-même en Bourbonnais et envoie sur le Rhône une armée qui, après s'être emparée de Lyon, s'apprête à franchir la frontière du Dauphiné. Cette fois, papa se déplace en personne pour administrer une correction à son fiston !

Louis ordonne une levée générale des hommes de dix-huit à soixante ans, mais il n'est pas de taille à lutter contre l'armée de son père. Soudain pris de panique, il court les sanctuaires, s'use les genoux à force de prier, adresse au roi d'humbles suppliques, mais, cette fois, Charles exige une soumission totale. Louis est mort de peur, il est persuadé que, s'il se fait prendre, son père le fera coudre dans un sac et jeter à l'eau.

Alors il fuit à bride abattue. Mais pas n'importe où. Il va chercher asile auprès d'un prince « qui était l'homme que son père et les amis de son père haïssaient le plus dans l'univers entier ». Cet homme, c'est Philippe le Bon, duc de Bourgogne, le plus riche des souverains de la chrétienté, qui lui attribue un château (Genappe en Brabant), au risque de créer une crise diplomatique avec son suzerain, le roi de France. Entre-temps, Charles s'est emparé du Dauphiné et, ce faisant, comme un père confisquerait son jouet préféré à un fils turbulent, il prive Louis du royaume modeste mais exemplaire qu'il avait contribué à développer. Sur place, l'oiseau s'étant envolé, «Chabannes n'aura qu'une noix creuse, le Dauphiné sans le dauphin»; même s'il a maintenant trente-trois ans, Louis n'est qu'un fugueur honteux et confus qui vient d'être corrigé par son papa.

L'héritier en puissance de la couronne de France est à présent réfugié chez le pire ennemi du roi de France. Peut-on imaginer situation familiale plus inextricable et plus désagréable? Ainsi qu'il est en droit de le faire, en tant que suzerain, Charles exige de Philippe le Bon qu'il livre le fugitif. En vrai faux jeton, celui-ci refuse bien sûr, au nom du respect qu'il doit au fils de son roi, ce qui inspire à Charles cette considération désabusée, mais prophétique : «Mon cousin de Bourgogne nourrit là un renard qui mangera ses poules.» Il voit juste. Louis qui, pour l'heure, cherche à nuire à son père par tous les moyens, n'aura de cesse une fois devenu roi que de parvenir à annexer le prospère duché de Bourgogne, mordant ainsi sans état d'âme, la main qui l'avait nourri naguère.

Pour l'heure, les troupes françaises se massent en Picardie, tandis que le duc de Bourgogne, de son côté, bat le rappel de ses vassaux. Va-t-on se battre ? Finalement pas, car chaque camp aurait bien trop à perdre dans un tel affrontement. Un statu quo s'établit, au grand dam du dauphin qui rêvait de voir les troupes de son père se faire ratatiner ! « Il se délectait à un travail de rongeur, qui sapait à la fois sa maison et celle où il avait reçu asile. »

Laissons Louis livré à l'impécuniosité et à l'ennui de ces mornes années d'exil, rançons de sa trahison. Tapi dans son château bourguignon, il attend patiemment son heure...

Et son heure vient. Début juillet 1461, une dent mal arrachée cause à Charles un grave abcès qui va dégénérer en mastoïdite, une complication de l'otite sous forme d'infection purulente. La mâchoire à moitié paralysée, la gorge obstruée par le pus, le malheureux roi souffre mort et passion. À la douleur physique va s'ajouter la faim, car il est persuadé que l'on veut l'empoisonner et refuse obstinément de s'alimenter. Il connaîtra donc une longue et très douloureuse agonie, dans les souffrances conjuguées de l'infection et de l'inanition.

Dans la matinée du mercredi 22 juillet 1461, celui qui fut à la fois le pauvre petit roi de Bourges et Charles le victorieux meurt à cinquante-neuf ans, au château de Mehun-sur-Yèvre.

Louis se trouve toujours en Bourgogne, où la nouvelle de la mort de son père lui parvient, le 25 juillet. On a raconté qu'il ne put s'empêcher de laisser éclater sa joie, ce qui scandalisa les Bourguignons. Vrai ou faux ? Ce qui est en tout cas avéré, c'est qu'après avoir fait célébrer pour son père une messe de requiem, il partit à la chasse l'après-midi même. Après tout, son père ne venait-il pas lui aussi de la chasse, lorsque, vingt-cinq ans auparavant, il avait fait acte de présence à son mariage ? Eh bien, Louis ne serait pas plus royaliste que le roi et se contenterait à son tour de faire simple acte de présence au service funèbre de son père. Dans la famille « Service minimum », je demande le père et le fils, Charles VII et Louis XI…

Dès le lendemain, Louis se met en route pour la France. Il n'assistera pas aux obsèques de son père, mais fera assurer un second office funèbre en son hommage, juste avant son propre couronnement, le 15 août 1461.

Voilà ! L'ennemi juré de Louis XI vient de mourir. Impossible de ne pas céder à une certaine tristesse en songeant à ce père et à ce fils qui jamais ne parvinrent à s'entendre, qui vécurent chacun dans leur coin, quatorze années durant et ne se revirent jamais. Tous ceux à qui il est arrivé de s'embrouiller avec leurs parents, un jour, un mois, un an, savent bien de quoi il retourne. On survit fort bien à l'éloignement, mais on chemine dans l'existence, un caillou dans son soulier.

L'ombrageux dauphin devient à trente-huit ans le très chrétien roi de France Louis le onzième. Sa première décision consiste à destituer les hauts dignitaires qui ont servi son père. Il s'entoure ensuite de ministres choisis dans la bourgeoisie, triple les impôts, va encourager le commerce et l'industrie, créer des routes, multiplier les foires, et annexer des territoires qui créeront la France moderne. Il va étouffer dans l'œuf la rébellion des cités qui croient pouvoir protester contre la pression fiscale à laquelle leur nouveau roi entend bien les soumettre. Dans ces conditions, les postulants à la fonction de « nouveau pire ennemi de Louis XI » ne vont pas manquer : à commencer par son petit frère Charles, duc de Berry, auquel il confisquera la Normandie. Charles, homme de paille des seigneurs mécontents, prendra la tête d'une « Ligue du Bien public » opposée aux décisions de son frère aîné, avec un certain duc de Charolais, mieux connu sous le nom de… Charles le Téméraire.

Mais ceci est une autre histoire.

Louis eut-il vent des dernières paroles de son père ? Elles avaient été terribles : « Je remets à Dieu la vengeance de ma mort. » Disant cela, n'exhortait-il pas Dieu à le venger de son propre fils ? Comme si Dieu avait pour vocation d'exaucer des dernières volontés aussi peu conformes à sa parole !

Restait une grande question : après avoir été lui-même le fils ingrat d'un père médiocre, quel père de famille allait faire Louis XI ?

Je demande Charles VIII…

On pourrait croire qu'ayant lui-même beaucoup souffert de l'indifférence de son père, Louis XI aurait à cœur de ne pas reproduire les mêmes erreurs et de se montrer meilleur père que lui. Pensez-vous ! Il va tout au contraire se révéler bien pire !

Dans ses *Mémoires historiques* publiés en 1782, Jean-François Dreux du Radier nous résume la situation par cette impitoyable formule : « Mauvais fils, mauvais père, mauvais frère, mauvais sujet, mauvais roi, ennemi dangereux, mauvais allié, Louis XI fut aussi un mauvais mari. »

Un tableau accablant qu'il convient toutefois d'adoucir en précisant qu'au XVIIIe siècle, Louis XI, considéré de nos jours comme l'un de nos plus grands rois, était par excellence « le » souverain qu'il convenait de stigmatiser en réduisant notamment son action politique à l'utilisation des fameuses « fillettes », ces cages où, selon la légende, il laissait pourrir ses ennemis. La réputation de cruauté de Louis XI est telle qu'une légende noire plane sur tous ses faits et gestes. Le 7 janvier 1477, Jacques d'Armagnac, duc de Nemours, est condamné à mort pour « faction, conspiration, machination, grands et énormes crimes, délits et maléfices par lui commis et perpétrés contre le roi ». La sentence est exécutée le jour même dans le grenier de la halle à Poisson. Revu et corrigé par le temps, l'événement sera raconté bien différemment : Louis XI aurait fait élever un échafaud sous lequel on place les enfants du duc revêtus de chemises blanches afin qu'ils soient maculés du sang de leur propre père. Après quoi, on les enferme dans d'étroits cachots qui ont été biseautés afin qu'ils ne puissent s'y tenir ni debout, ni couchés. Deux fois par semaine, ils sont battus et, tous les trois mois, on leur arrache une dent. Six ans après l'exécution de leur père, ils se trouvent encore à la Bastille.

De toutes ces atrocités, il n'existe aucune trace écrite. Elles sont donc probablement fausses et inutiles car point n'est besoin d'aggraver le tableau pour reconnaître que Louis XI est capable d'une cruauté révoltante envers ceux qui ont mis sa vie en danger. Point n'est besoin non plus d'évoquer les fils du duc de Nemours, pour savoir que Louis XI n'a pas vraiment le sens de la famille !

Il est vrai qu'il est constamment en déplacement et sans cesse accaparé par des affaires en cours, ce qui ne lui laisse guère de temps pour sa vie de famille. Mais ni sa femme, ni ses enfants ne l'intéressent. Il perd ses deux premiers-nés, deux garçons, et se montre ensuite furieux d'avoir deux filles d'affilée (Anne en 1461 et Jeanne en 1464). Il en est même tellement déçu qu'il fait interdire les réjouissances habituellement organisées à la cour pour saluer la naissance d'un enfant royal. Sa fille Jeanne, élevée dans un lointain manoir, est bossue, boiteuse et souffre de la petite vérole ; mais comment Louis pourrait-il le savoir, lui qui ne demande jamais de ses nouvelles. Le jour où la châtelaine de Linière la lui présente, Jeanne a sept ans et son père ne l'a pas vue depuis son baptême. Évidemment, pour Louis, c'est la surprise du chef : « Dès qu'il la vit, ce père dénaturé s'écria : "Je ne l'aurais jamais crue si laide." Et quand elle se jeta dans ses bras, il la repoussa brutalement. » Il acceptera toutefois que la petite Jeanne demeure à la cour, car elle a de nombreux dons artistiques et d'indéniables qualités de cœur qui la font apprécier de tous.

Enfin, le 30 juin 1470, Charlotte accouche d'un fils, son cinquième enfant. Cette fois, Louis XI quitte son air sinistre habituel et ordonne des cérémonies d'action de grâce et des réjouissances dans tout le royaume. Comment va-t-il se comporter ? Va-t-il bichonner son héritier ? Demander à ce que lui soit dispensée une éducation perlée ? Que nenni, nous dit Yvan Gobry, auteur d'une biographie du futur Charles VIII : « Après avoir tremblé pour sa succession, maintenant qu'il tenait le successeur, il retournait à sa vie quotidienne d'isolement et de méfiance. Il avait cloîtré sa femme, il cloîtra son fils unique. »

Louis XI assigne son fils à résidence au château d'Amboise, avec interdiction absolue de quitter les lieux. Il se passe ici un phénomène de transfert absolument fascinant sur le plan psychologique. Alors que le futur Charles VIII n'est encore qu'un tout jeune enfant, Louis XI l'imagine déjà en train de se comporter envers lui comme lui-même le fit envers son père. À ses yeux, cet enfant, c'est sûr, le déteste déjà. Attribuant a priori à son fils les dispositions d'esprit et de cœur que lui-même avait nourries envers son propre père, il l'imagine déjà complotant contre lui et mijotant de l'assassiner.

Pour neutraliser la menace potentielle que représente ce fils, il commence par le priver de précepteur. Louis n'agirait pas autrement s'il voulait délibérément faire de son fils un crétin des Alpes doublé d'un ignorant ! Le dauphin est donc confié à la garde exclusive de sa mère et de ses gouvernantes et l'on va jusqu'à ordonner à la garde de ne le laisser approcher par aucun homme ! Avec ça, interdiction absolue de parler de lui à la cour. C'est comme s'il n'existait, pas, comme s'il n'était jamais né. Après avoir été tant espéré, ce garçon est nié, ignoré ! À tel point qu'il se dira sous cape que sa naissance est un mythe, une fable que Louis XI fait courir pour juguler l'ambition des seigneurs qu'il soupçonne d'en vouloir à son trône et à sa vie. Il est vrai qu'en matière de haine et de convoitise, il sait de quoi il parle !

Injuste autant qu'absurde, l'attitude de Louis XI est manifestement pathologique. Certes, son propre père ne s'était pas beaucoup occupé de lui lorsqu'il était enfant ; mais tout au moins lui avait-il affecté les meilleurs précepteurs possibles et c'est Jean Gerson en personne, alors chancelier de l'Université de Paris, qui fut chargé d'établir son programme d'étude. Par ailleurs, Louis était libre d'aller et venir dans le château de Loches comme bon lui semblait ; il pouvait chasser, faire des promenades à cheval, apprendre le maniement des armes, indispensable à un futur chef de guerre, se procurer des livres… Rien de tout cela ne sera autorisé à Charles qui sera cantonné dans ses quartiers comme un prisonnier d'État.

Si Charles ne reçoit aucun enseignement, sa mère dispose tout de même de quelques romans qui vont nourrir son imagination et développer cet esprit romanesque qui le conduira en Italie, sur les traces des héros dont il aura entendu les exploits entre les quatre murs de sa prison.

À douze ans, alors que le dauphin ne sait toujours pas lire, Louis XI s'avise enfin de lui faire enseigner les premiers rudiments de lecture. La raison de ce brusque revirement ? À cinquante-sept ans (nous sommes en 1480), il vient de faire une crise d'apoplexie qui aurait pu lui coûter la vie et lui a fait réaliser qu'il était peut-être temps de s'intéresser à ce fils inconnu qui lui succédera.

Louis se déplace en personne à Amboise pour porter à son fils un exemplaire des *Grandes Chroniques de France*, afin qu'il commence à connaître un peu l'histoire du royaume qu'il est appelé à diriger. Mieux vaut tard que jamais ! « Louis XI se souvient enfin, au seuil de la mort, qu'il est père, nous dit Yvan Gobry, et qu'il a un fils et héritier confiné à six lieues de lui. »

Cette première entrevue, brève et empruntée, entre deux êtres qui ne se connaissent pour ainsi dire pas, sera suivie le 21 septembre 1482 d'une autre rencontre, plus officielle, au cours de laquelle le roi se dira frappé par la juvénilité du dauphin, qui lui semble faire bien plus jeune que son âge, et par sa pâleur maladive. Après quoi, Louis adresse à son fils un pensum sur l'histoire du royaume de France, sur la façon dont lui-même l'a agrandi et sur la manière dont Charles devra le gérer. Il présente en quelque sorte à son fils son propre testament politique. Puis, Louis demande avec insistance à Charles de conserver auprès de lui tous ses conseillers. Évidemment, Charles n'en fera rien ! Sentant leur dernière heure arriver, les rois de France exigent toujours ce genre de choses de leur fils, mais jamais ils ne sont obéis. Il est d'ailleurs touchant de voir avec quelle opiniâtreté tous persistent à donner in extremis des directives qu'eux-mêmes, en des circonstances similaires, s'étaient empressés de faire passer à la trappe.

À l'occasion de cette cérémonie, le dauphin fait à son père une émouvante déclaration de fidélité. Peut-être Louis XI eut-il alors un semblant de remords de s'être désintéressé à ce point de ce gentil garçon, d'avoir voulu le maintenir captif et d'avoir délibérément négligé son éducation. Pourtant, le roi ne tentera même pas de nouer une relation un peu plus intime avec son fils. Il aurait pu lui proposer de faire un petit tour avec lui dans le jardin, d'avoir un moment de complicité à deux. Trop tard ! Le roi est déjà trop faible et de toute façon, il ne sait pas faire !

Louis XI meurt le 3 août 1483. « Après vingt ans de règne, écrit Murray Kendall, il se sera taillé en France une autorité telle qu'aucun de ses prédécesseurs n'en avait connu jusque-là. »

Trois mois après sa mort, le 1er décembre 1483, son épouse Charlotte de Savoie le suit dans la tombe. Charles VIII se retrouve donc orphelin à treize ans, et va devoir passer un an, sous la tutelle de sa sœur aînée Anne de Beaujeu, avant d'être en âge de régner. Il a passé ses jeunes années à rêver d'Italie plutôt que d'apprendre à lire et à écrire, et son règne de quinze ans sera presque uniquement consacré à la conquête du royaume de Naples et, pour y parvenir, à la domination de l'ensemble de l'Italie. À son sujet, Murray Kendall est sans appel : « C'est un benêt inoffensif, amoureux des plaisirs. » Contrairement à son grand-père et à son père, Charles fut pourtant un homme de cœur, très affectueux et jouissant d'un heureux caractère, ce qui lui valut d'ailleurs le surnom de « Charles l'affable ».

Sans doute, mais ce n'est pas de cette étoffe-là que l'on fait les grands rois !

Louis XI sur le divan…

Dans la jeunesse de Louis XI, tous les éléments sont réunis pour réaliser un bon psychodrame familial : une enfance solitaire, un père faible qu'il méprise et qui contrecarre par jalousie tout ce que son fils peut faire de bien, une mère effacée, une jeune belle-mère à la beauté éclatante, des demi-sœurs à jalouser, lui-même étant bien plus intelligent et plus ambitieux qu'un père qu'il piaffe de remplacer. C'est plus fort que lui : Louis ne peut pas se contenter de la seconde place. « Ou bien il dirige, ou bien il complote et il nuit. »

Avant que de quitter l'« Universelle aragne », ainsi que le surnommèrent ses ennemis, une ultime anecdote attestera assez bien de la complexité du personnage. Ainsi que nous l'avons déjà évoqué, il y eut bien un homme que Louis aima comme un père : le duc de Milan, Francesco Sforza, l'un des hommes les plus brillants et les plus puissants d'Italie. Né en 1401 (Charles VII est né en 1403), il était donc en âge d'être le père de Louis. Il fut pour lui un véritable substitut de père, une autorité que Louis respecta, admira et aima. Quand on lui apprit la nouvelle de sa mort, le 8 mars 1466, Louis fut si triste qu'il fit raser le coin de forêt où lui-même se trouvait quand il avait appris cette disparition.

Quatre ans plus tard, lorsque la reine Charlotte accouche d'un fils, Louis va-t-il le prénommer François, en hommage au grand seigneur italien qu'il aimait comme un père ? Ce serait mal connaître ce grand roi si étrange. Placé devant le choix si important d'un prénom pour le fils aîné qui lui succédera sur le trône de France, un nom, un seul, s'impose à lui : et ce nom, c'est… Charles !

Je demande François Ier et Henri II…

Force de la nature en perpétuel mouvement, roi bâtisseur munificent, chevaleresque et poète, aimant passionnément la beauté, les arts et les femmes, François Ier bénéficie dans notre mémoire collective d'une place à part et d'une image exceptionnellement positive, sans doute parce que nous ressentons comme « très français » ce monarque qui, dans l'art de célébrer la vie, semble avoir épuisé le champ du possible.

En cette année 2015, qui marque le cinquième centenaire de son règne, une multitude d'ouvrages lui sont consacrés dont la plupart ne font que conforter sa légende dorée, quand d'autres, plus rares, tentent au contraire de nous en livrer un portrait plus réaliste et de ce fait, hélas, bien moins reluisant. Malheureusement, si l'on en croit la démonstration très argumentée de Franck Ferrand dans son *François Ier, roi de chimères*, ce monarque fut loin d'être un « grand » roi autrement que par ses mensurations (près de deux mètres !).

En tout état de cause, dans le domaine qui seul nous intéresse ici, des faiblesses de nos grands hommes dans leur cercle familial, force est de constater que François Ier fut loin d'être irréprochable. Non seulement, il livra ses fils aînés à son ennemi juré en échange de sa propre liberté, mais il eut par ailleurs pour son aîné une prédilection excessive et criante que vécut très douloureusement son cadet.

François Ier en membre de la « famille pères indignes ». Voyons si cela tient la route ?

Passé la déception qu'engendre pour François Ier la naissance de deux filles, Louise (née en août 1515) et Charlotte (née en octobre 1516), son épouse la reine Claude de France donne enfin naissance à un garçon le 28 février 1518. Ô joie, la succession royale est enfin assurée ! On envoie la bonne nouvelle dans toute l'Europe, et, dans toutes les bonnes villes de France, ce ne sont que feux de joie et réjouissances. Quel parrain pour l'héritier d'un si grand roi ? Pourquoi pas le pape en personne ? C'est décidé, le parrain sera le pape Léon X. Quant au prénom ? La coutume voudrait que le nourrisson prenne celui de son parrain, donc Léon, mais François se projette tant dans ce nouveau-né qu'il lui donne son propre prénom. L'enfant se prénommera donc lui aussi François.

Pour le roi de France, la naissance de ce fils survient au moment idéal. Le royaume de France est en paix avec ses voisins, et le pape a désigné son monarque comme chef de la future croisade, prérogative dont seuls jouissent normalement les empereurs. Empereur ? Eh bien justement, François Ier s'y voit déjà ! Lors de la prochaine élection impériale, ce serait bien le diable si, moyennant quelques sacs d'or, il ne parvenait pas à acheter les voix de la majorité des sept grands électeurs allemands, membres de la Diète.

Finalement, ce ne sera pas François Ier mais Charles de Habsbourg, roi d'Espagne, futur Charles Quint, qui sera élu empereur du Saint Empire romain germanique le 23 octobre 1520. Mais pour l'heure, tout à la joie de la naissance de son premier fils, François peut encore faire des châteaux en Espagne.

Dans un tel contexte, le second fils qui lui naît, treize mois après François, le 31 mars 1519, apparaît moins comme une cerise sur le gâteau que comme la cinquième roue du carrosse. En voilà un qui n'a aucune chance d'avoir le pape pour parrain ! Cela étant, le sien sera tout de même prestigieux, puisqu'il s'agira du roi Henri VIII d'Angleterre, dont François pense qu'il pourrait lui être utile dans l'élection qui doit avoir lieu en juin. À la demande d'Henri VIII, le nourrisson portera son prénom. Après tout, peu importe si ce n'est pas du tout un prénom de roi de France, puisque Henri n'est pas appelé à régner.

Alors que l'aîné des deux fils fait l'objet de toutes les attentions – on établit son thème astral, on lui promet gloire et félicité, on prophétise qu'il offrira à son père toutes les couronnes de tous les empires et établira la paix universelle (ce qui va lui faire du pain sur la planche !) –, Henri, lui, n'intéresse personne. Aux yeux de tous, et en particulier aux yeux de son père, il n'est déjà « que » le frère du dauphin.

À côté de ce frère aîné promis par les astrologues à une gloire interplanétaire, le cadet semble à tous un peu falot. L'historien Didier Le Fur, qui lui a consacré une biographie, constate qu'aucun poème ne lui fut dédié dans ses premières années (là où les poètes se bousculèrent au portillon pour évoquer son frère aîné) et que les *Chroniques d'Anjou* et les *Annales d'Aquitaine* ne mentionnèrent même pas sa date de naissance. La seule trace de cette enfance, remarque encore Le Fur, semble être un ravissant portrait de Clouet représentant Henri à l'âge de deux ans.

Les deux garçons vivent au château d'Amboise où ils reçoivent de temps à autre des visites de leur mère et, beaucoup plus rarement, de leur père. Si leurs parents ne sont pas très présents, ce qui est d'ailleurs la règle à l'époque, près de cent personnes placées sous l'autorité de M. de Cossé Brissac, ont été affectées à leur entretien. Les deux garçons reçoivent, au même titre, une formation religieuse, intellectuelle, morale et sportive.

En 1524, alors qu'Henri et François ont respectivement cinq et six ans, ils perdent leur mère, la douce reine Claude, âgée de vingt-quatre ans seulement. La pauvrette, mariée à quinze ans, a donné sept enfants en neuf ans à François Ier. Sa mère Anne de Bretagne en avait elle-même eu quatorze (dont deux seulement avaient survécu), mais Anne, contrairement à sa malheureuse fille, avait été assez solide pour supporter les grossesses et les accouchements trop rapprochés.

François Ier n'est pas plus affecté que cela par cette disparition, car il n'était pas amoureux de son épouse, une petite femme qui, non contente d'être plutôt boulotte, boitait et louchait. D'ailleurs, trois ans plus tard, quand seront organisées les funérailles officielles de Claude (6 novembre 1527), François jugera plus urgent d'aller à la chasse. Décidément, c'est tout de même curieux cette manie chez nos rois d'aller chasser les jours d'enterrement !?

Tandis que les deux petits se remettent de la perte de leur maman, leur père guerroie en Italie où ses troupes sont à la veille de subir la plus belle déculottée qu'ait connue l'armée française depuis Azincourt. Trop sûr de lui, François a dégarni son armée, qui assiégeait Pavie, pour envoyer une partie de ses troupes marcher sur Naples. Mal lui en a pris. Le 24 février 1525, jour anniversaire de Charles Quint, les troupes espagnoles encerclent les Français à Pavie et battent l'armée de François à plate couture en moins de trois heures. La catastrophe ne s'arrête pas là : François Ier, blessé au visage et à la jambe, a été fait prisonnier.

Happy Birthday to you, mister Charles Quint ! Le roi de France est en effet le cadeau d'anniversaire rêvé pour les vingt-cinq ans d'un jeune empereur qui compte bien « rapporter » à Madrid sa précieuse prise de guerre.

Avec Pavie, c'en est bien fini du rêve italien des souverains français. C'est une terrible humiliation, une défaite à la fois militaire et politique qui fera date dans l'histoire de France. Fort heureusement, pour la popularité posthume de François Ier, la date n'en était pas aussi facilement mémorisable que celle de son éclatante victoire de Marignan de 1515 !

Pour les ennemis de la France, « rois ivres de sang et d'orgueil », la défaite et la capture du roi de France sont une excellente nouvelle. Henri VIII d'Angleterre, pourtant parrain du jeune Henri (c'était bien la peine de le choisir dans le but d'obtenir son aide !), se verrait bien faire valoir ses droits sur le trône de France en l'absence de François Ier. Il renoue avec Charles Quint par l'intermédiaire de Thomas Wolsey, son conseiller, pour lui proposer d'envahir la France… Les absents ont toujours tort !

De son côté, Charles Quint ne tarde pas à exposer ses exigences exorbitantes à son prisonnier. Il réclame le duché de Bourgogne, exige l'abandon du droit de suzeraineté de la France sur la Flandre et l'Artois, et le renoncement de toute prétention française sur Naples, Milan et Gênes. François Ier devra aussi lui donner la Provence et concéder à Henri VIII des droits sur les duchés de Normandie, de Guyenne, et d'Aquitaine. Si le roi de France venait à refuser, Charles Quint envahirait aussitôt son royaume avec l'aide du roi d'Angleterre qui n'attend que ça…

Transféré de forteresses en citadelles, de geôles en cachots, entre Gênes, Barcelone, et Valence, pour finir dans une tour de l'Alcazar de Madrid, François Ier tente de gagner du temps et de céder à un minimum de revendications. Depuis la France, Louise de Savoie, sa mère, qui assure la Régence en son absence, est prête à tout pour sortir son fils adoré d'Espagne. Il faut signer n'importe quel engagement que François réfutera une fois libéré.

En plus de ses revendications territoriales, Charles Quint exige aussi des otages, en contrepartie de la libération du roi de France. Il réclame que lui soient livrés soit le dauphin et douze des plus grands généraux du royaume, soit les deux fils aînés du roi. Avec l'aval de son fils, Louise de Savoie choisit sans hésiter d'expédier ses petits-fils en Espagne. Mais comme cette décision pourrait choquer ses sujets, il est décidé de mentir sur l'alternative proposée par Charles Quint. On va prétendre qu'il n'a pas donné d'autre choix aux Français que de lui envoyer les deux garçons en échange de la liberté du roi. Ainsi, c'est lui qui aura le mauvais rôle et passera pour un roi cruel qui prive son noble ennemi de deux fils qui sont la prunelle de ses yeux et l'avenir de son royaume.

S'il prend la décision d'envoyer ses fils en Espagne, François Ier fera courir un risque énorme à son royaume. Et si l'Espagne ne rendait jamais les enfants de France ? Et s'ils étaient exécutés ? Sur le moment, ces considérations passent au second plan. Dans son cachot madrilène, François tourne en effet comme un lion en cage, l'inaction le rend fou. L'historien Jean Orieux nous en livre un saisissant récit : « Sa captivité lui fut un supplice. Pour ce prince bâti en athlète, rompu à tous les exercices violents, la lutte, la chasse, les tournois et la guerre, où il combattait comme un simple chevalier, la claustration c'était déjà la mort. […] On devine son accablement dans la sinistre tour de Madrid. Il faillit mourir de douleur et de maladie. »

On le voit, François Ier offre en captivité un piètre tableau que Franck Ferrand n'hésite pas à noircir encore un peu lorsqu'il écrit: « Ses lettres à l'empereur sont tout simplement indignes d'un roi de France. On voit le captif, s'humilier sans vergogne, demander pitié, se dire et se redire désespéré, s'affirmer – à trois reprises – l'esclave de son geôlier. » Où donc est passé le roi chevalier ? Franck Ferrand cite ensuite Michelet, plus impitoyable encore : « Ce héros de théâtre, dégonflé, aplati, parut ce qu'il était, un gentilhomme poitevin de peu d'étoffe. »

Au plus bas moralement, François Ier tombe gravement malade sept mois après sa capture et croit sa dernière heure arrivée ; sa sœur Marguerite, qui tient à lui plus qu'à sa propre vie, fait le voyage jusqu'à Madrid et trouve son frère à l'article de la mort. C'est elle qui va suggérer à Éléonore de Habsbourg, sœur de Charles Quint, d'épouser François s'il se rétablit ; ainsi, elle pourra recevoir en dot cette fameuse Bourgogne qui fait achopper toutes les négociations, Bourgogne qui par la suite passerait au fils « franco-espagnol » qu'elle ne manquerait pas d'avoir de François. Une idée lumineuse dont tout le mérite revient à Louise de Savoie.

Après une tentative avortée de faire évader son frère, Marguerite rentre en France, la mort dans l'âme, emportant avec elle un acte d'abdication. À bout de ressources au physique comme au moral, François ne tarde pas à se convaincre que sa propre liberté doit passer avant celle de ses enfants. Cependant, bien conscient de son état de faiblesse, il fait demander à son notaire et secrétaire, Gilbert Bayard, de rédiger un texte attestant que toutes les concessions qu'il fera du fond de sa prison devront être considérées comme nulles et non avenues une fois qu'il sera libre. Cette formalité lui permettra de contester ultérieurement l'ensemble du traité.

Ces précautions étant prises, François Ier signe le traité de Madrid, le 14 janvier 1526, acceptant toutes les revendications du roi d'Espagne, à commencer par la restitution de la Bourgogne et du Charolais ainsi que son mariage avec Eléonore de Habsbourg. C'est quand même un peu spécial, non ? Charles Quint tient François prisonnier, mais lui propose quand même d'épouser sa sœur. Curieux sens de la famille que celui de ces altesses royales !

Le traité de Madrid comporte une disposition finale qui ne manque pas de sel et atteste en même temps de la crédulité de Charles Quint ou, mieux, de son sens de l'honneur que ne partage manifestement pas François : si tous les articles du traité ne sont pas appliqués dans les délais indiqués, François Ier s'engage en effet à retourner en Espagne pour y rester prisonnier…

Depuis la mort de leur mère, les fils du roi de France vivent entre Amboise et Blois avec leurs frères et sœurs et c'est leur tante Marguerite d'Angoulême qui s'occupe d'eux. Le dauphin François vient d'avoir huit ans, son frère Henri n'en a pas sept. Les deux garçons l'ignorent encore, mais ils s'apprêtent à vivre quatre longues et terribles années d'emprisonnement privés de leurs habitudes, de leur confort, de leur famille, de leur pays, et même de leur langue maternelle. Et, bien sûr, cette horrible expérience va les marquer très profondément, l'un comme l'autre.

Le 17 février 1526, Louise de Savoie « passe prendre » les garçons à Amboise. Livrer ses petits-fils ne semble pas émouvoir plus que cela cette grand-mère qui, à ce moment-là, ne les a de toute façon pas vus depuis plus d'un an et demi ! En réalité, même s'il est évident que le royaume de France a grand besoin de son roi, c'est Louise de Savoie qui ne peut pas se passer une minute de plus d'un fils qu'elle idolâtre littéralement et qu'elle appelle « Mon César, Mon cœur, Mon Seigneur, Mon Dieu ».

Le cortège entame son périple pour Bayonne. Louise de Savoie, François et Henri, sont accompagnés de soixante-huit personnes dont presque toutes étaient déjà attachées au service des petits princes. Un mois plus tard, le 17 mars, les riverains de la Bidassoa, rivière matérialisant la frontière entre la France et l'Espagne, peuvent assister à une scène mémorable. Sur un ponton construit à la hâte, au beau milieu de la rivière, François Ier est échangé contre ses deux fils. En de telles circonstances, on pourrait s'attendre à de longues effusions, à des larmes partagées ? Eh bien, pas du tout ! « Les enfants baisèrent la main de leur père qui les embrassa. La rencontre fut rapide et silencieuse », écrit Didier Le Fur. Dans sa biographie de Catherine de Médicis, l'historien Jean Orieux narre la même scène avec davantage de romanesque et de solennité : « Glacés d'effroi et dignes, ils se laissent faire impassibles… ils apprennent à être roi. L'une des dames, la plus belle, embrasse longuement les enfants. Pour le plus jeune, Henri, ce baiser et cette beauté seront inoubliables. » La belle dame en question n'est autre que Diane de Poitiers… Mais nous y reviendrons.

Aussitôt, sans même se retourner, François Ier gagne Bayonne bride abattue pour y retrouver sa chère maman, tandis que ses enfants cheminent en Espagne, ignorant tout du sort qui les y attend.

Une fois libre, François Ier n'est pas pressé de tenir ses promesses, ni même de revoir ses enfants. Il n'a qu'une envie, oublier sa captivité, s'étourdir, jouir de la vie qu'il a bien failli perdre entre quatre murs, festoyer, danser, chasser… Bientôt, il est accaparé par la nouvelle et ravissante maîtresse que sa maman a mise dans son lit : Anne de Pisseleu, la ravissante duchesse d'Étampes. La vie reprend donc son cours joyeux entre banquets, bals, fiançailles puis mariage de Marguerite avec le roi de Navarre Henri d'Albret. De jour en jour, la cour est plus brillante et plus ruineuse…

Alors qu'au même moment ses deux fils se morfondent au fin fond de l'Espagne, soumis à une captivité que lui-même jugeait intolérable quand il en était la victime, il fait comme si le traité de Madrid n'existait pas, déclare qu'il est exclu qu'il donne la Bourgogne et rejoint le pape et tous les ennemis de l'empereur dans une certaine Ligue de Cognac dont le but est de lutter contre l'influence croissante de Charles Quint en Italie ; une ligue que rejoindra Henri VIII en 1527. Loin de renoncer à l'Italie, François Ier y lancera en fait une septième guerre, dans le but d'y reconquérir tous les territoires perdus.

Abasourdi par le mauvais tour que François est en train de lui jouer, Charles Quint fait traduire en français et diffuser le traité de Madrid pour bien montrer aux sujets du roi de France que leur souverain avait eu le choix de ne pas se séparer de ses deux fils. C'est maintenant à François d'avoir le mauvais rôle !

Pendant ce temps-là, que deviennent les deux frères ? Au début de leur captivité, ils sont traités comme des hôtes de marque et jouissent d'une certaine liberté. Mais à partir du moment où Charles Quint réalise que le roi de France n'a aucune intention de tenir ses engagements, les malheureux enfants vont être littéralement brinquebalés de châteaux en châteaux toujours plus sécurisés : Vitoria, Burgos, Palencia, Villapando. Puis leur sort se dégradera à mesure que les troupes françaises remporteront leurs premières victoires dans le Milanais fin 1527 – début 1528. Ils vont être privés de leurs serviteurs, qui sont tués ou vendus comme esclaves. Après qu'un gentilhomme poitevin tente sans succès de les faire s'évader, ils sont transférés à nouveau dans une sinistre forteresse en pleine montagne, le château de Pedrazza de la Sierra, où ils ne sont plus gardés que par des Espagnols, de sorte que, progressivement, ils vont oublier leur langue maternelle.

En France, où ne parviennent que de rares nouvelles des garçons, on s'indigne et l'on a tendance à noircir le tableau : Louise de Savoie accuse Charles Quint de vouloir envoyer ses petits-fils aux galères. Elle envoie donc en Espagne un certain Bodin pour qu'il aille constater par lui-même quelles sont les conditions de détention des deux enfants. Lorsqu'il arrive en Espagne, on lui fait subir toutes sortes de brimades, l'obligeant à faire mille détours, à passer par Barcelone, à attendre huit jours sans raison. Une fois sur place, il est à nouveau consigné longuement, puis finalement escorté sous bonne garde jusqu'à la forteresse où les enfants sont captifs.

Bodin va être atterré par l'inconfort dans lequel il trouve les princes de France. Ils sont cantonnés dans deux pièces obscures, que l'on peut deviner étouffantes l'été, glaciales l'hiver. Nulle tapisserie aux murs pour apporter un peu de chaleur à la pièce. Des paillasses pour toute literie et, pour tout mobilier, de petits sièges de pierre appuyés contre des fenêtres pourvues d'épais barreaux. Ce lieu est malsain et conviendrait à des criminels endurcis, non à deux enfants de sang royal. Oui, vraiment, tout cela est indigne !

Les garçons, nous l'avons dit, ne savent plus s'exprimer en français et lorsque Bodin demande au dauphin s'il a tout oublié de sa langue maternelle, celui-ci lui répond en espagnol : « Comment serait-il possible que je l'eusse pu retenir, vu que je n'ai nul de mes gens avec qui je puisse continuer et parler ? » Puis François, en français cette fois, aurait demandé des nouvelles de son père et questionné Bodin sur sa libération. On remarquera au passage que, si l'on s'en tient au récit de Bodin, nos deux petits princes parlaient peut-être désormais le français comme des vaches espagnoles mais étaient capables d'utiliser l'imparfait du subjonctif dans la langue de leurs geôliers !

Bodin ajoute dans son rapport que, pour toute distraction, les petits princes dessinaient sur les murs et que, quand il les vit, chacun d'eux avait dans les bras un petit chien qui chassait les rats et leur apportait un peu de compagnie. « Les pauvres enfants restaient sans voix : la solitude, la faim, la faiblesse les tenaient comme hébétés. À ce spectacle, Bodin pleura. »

Indigné, l'envoyé français se plaint auprès du gardien des enfants qu'ils ne pratiquent pas le moindre exercice, ni ne reçoivent le moindre enseignement entre ces murs. On va lui refuser de revenir le lendemain. Finalement, il obtient de pouvoir revenir et offre aux enfants des bonnets qui leur sont aussitôt confisqués. On va lui interdire aussi de prendre les mesures des princes destinées à leur faire envoyer de nouveaux vêtements. Finalement, on fait sortir Bodin de force et l'on doit l'arracher aux bras des enfants en pleurs.

Quand François Ier reçoit ce rapport, il en envoie immédiatement une copie à Marguerite d'Autriche pour qu'elle tente d'obtenir de son neveu Charles Quint qu'il adoucisse le sort de ses enfants. Cela n'aura aucun effet. Les Espagnols vont prétendre que le rapport de Bodin est un tissu de mensonges et que les garçons sont très bien traités. Mais, au même moment, Charles Quint interdit à quiconque de venir les voir ou de leur parler, hormis ceux que lui-même a désignés pour les garder.

Les deux souverains vont s'insulter par ambassadeurs interposés, François Ier proposera même à Charles Quint de le rencontrer en duel. Le roi d'Espagne acceptera mais le duel n'aura jamais lieu. Chacun campe sur ses positions et tous deux se comportent en marchands de tapis sur le dos de deux petits garçons qui ne voient toujours pas venir la fin de leur supplice. Quatre ans d'enfermement, de mauvais traitements, de privation d'affection. C'est bien long, quatre ans !

De ces deux grands rois qui se haïssent, il n'y en a pas un pour rattraper l'autre : pendant quatre ans le roi d'Espagne traite les enfants du roi de France de plus en plus mal. De son côté, celui-ci ne cesse de tergiverser et d'ergoter sur les clauses d'un traité qu'il s'était pourtant engagé à respecter. François fait savoir à l'ambassadeur d'Espagne qu'il ne rendra jamais la Bourgogne et propose une forte somme d'argent, ce que Charles Quint refuse. Un statu quo que Franck Ferrand résume avec humour : « Il était temps qu'on vienne s'interposer dans cette querelle à mort entre deux adolescents attardés. »

Fort heureusement quand les hommes ne sont pas capables de s'entendre, la diplomatie féminine peut aplanir bien des difficultés, d'autant que, les années passant, Charles Quint, menacé d'une offensive à revers de Soliman le Magnifique, a maintenant besoin d'argent et finit par accepter le principe d'une rançon. Louise de Savoie et Marguerite d'Autriche, tante de Charles Quint, qui administre les Pays-Bas pour le compte de son neveu, se retrouvent secrètement à Cambrai le 5 juillet 1529. En un mois de palabres – tout de même ! –, elles parviennent à conclure un accord entré dans l'histoire sous le nom de « Paix des dames » (3 août 1529).

En vertu de cet accord, la France conservera la Bourgogne, perdra quelques villes italiennes, sa suzeraineté sur la Flandre et l'Artois, et devra verser à l'Espagne la somme colossale de deux millions d'écus d'or. De trois millions proposés en 1525 on est en effet passé à deux. Déduite de la rançon, la dot d'Éléonore d'Autriche que François va épouser permet d'alléger la somme globale. La future reine de France rejoindra son nouveau pays en même temps que les deux princes seront restitués. Le tiers de la somme devra être donné, en espèces le jour de la libération des otages.

Comme les tractations progressent, le sort des enfants est un peu amélioré : on leur rend domestiques et officiers. Ils vont aussi avoir la permission d'écrire et de recevoir des lettres. Côté français, on connaît les pires difficultés à réunir la rançon, ce qui retardera encore de plusieurs mois la date de leur libération finalement fixée au 1er juillet 1530.

Re-Bidassoa. Reconstruction d'un ponton. Re-échange au milieu de la rivière. Lorsque François et Henri posent le pied sur le sol de France, ils sont salués par des cris de joie. Et toutes les cloches des églises environnantes sonnent à la volée.

Chose curieuse pour un père supposé si impatient de les retrouver, François Ier n'est pas sur place. Il se trouve à Bordeaux qu'il ne quitte que le 4 août pour être à Saint-Jean de-Luz, près de ses fils, le 6 au soir. La version officielle prétend qu'il les aurait réveillés par des baisers. Soit, mais on ne peut s'empêcher de s'étonner qu'il n'ait pas jugé bon de se trouver sur place quand ses enfants ont mis le pied sur le sol français. Enfin sur ce sujet, le jugement d'un Voltaire est sans appel : « Il ne sera jamais honorable d'avoir envoyé ses deux enfants en Espagne pour avoir le loisir de violer sa parole en France. »

Cela doit leur faire tout drôle à ces deux petits d'arriver dans un pays où ils ne se sentent même plus chez eux, où ils ne reconnaissent personne. Ils ne doivent pas comprendre ce qui leur arrive. Ils étaient livrés à eux-mêmes dans la solitude et l'austérité d'une sombre forteresse et voilà que, tout à coup, on les entoure, on les acclame, on les bichonne : « Son frère et lui avaient presque perdu l'usage de la parole. Ils demeuraient muets et tremblants au milieu de ce tourbillon. Il leur faudrait bien des années pour se retrouver eux-mêmes et vivre dans ce monde », écrit Orieux. À leur âge, une aussi longue réclusion allait forcément laisser des traces à vie. Ces deux enfants ne seraient jamais tout à fait normaux, jamais totalement insouciants, comme ils auraient dû l'être. L'aîné, qui ressemblait davantage à son père, avait un caractère plus ouvert, plus jovial, une intelligence plus vive et qui serait par ailleurs plus choyé et plus aimé en tant que dauphin de France, s'en sortirait mieux et plus vite que son cadet, même s'il avait conservé de son enfermement une curieuse manie qui consistait à s'enfermer avec des proches ou à piocher furieusement la terre. (Besoin d'évasion ?) Henri, plus petit, plus traumatisé, souffrira de moments d'aphasie, de difficultés à communiquer et restera longtemps maussade et renfermé. Les ambassadeurs étrangers le qualifient dans leurs rapports « d'âme inquiète et mélancolique et de jeune homme taciturne ». Et puis, tous deux doivent forcément en vouloir à ce père qui a échangé sa liberté contre la leur. Là encore, cependant, ils ne sont pas dans les mêmes dispositions d'esprit : c'est surtout Henri qui ressentira cette animosité bientôt doublée de jalousie envers un frère aîné qui est, bien sûr, beaucoup plus entouré que lui.

Après les avoir abandonnés si longtemps dans les geôles espagnoles, François Ier va maintenant utiliser ses fils pour renforcer le sentiment national et monarchique dans son royaume. Pendant deux ans, les deux garçons vont être littéralement « trimballés » dans toute la France en compagnie de leur belle-mère Éléonore et de leur petit frère Charles. On les exhibe au bon peuple de France. Leur père leur tient parfois compagnie. Parfois seulement, car ne tenant pas en place il est toujours par monts et par vaux. Il est vrai qu'à cette époque la cour n'est pas statique, comme elle le sera plus tard. La cour est là où se trouve le roi, or ce roi-ci a la bougeotte.

Afin que son cadet ne puisse faire d'ombre à son aîné, notamment en devenant duc de Bretagne, François Ier va chercher à l'éloigner. Aux termes du testament de la reine Claude, la Bretagne doit en effet revenir à Henri. Or, François ne l'entend pas de cette oreille. Il désire que la Bretagne revienne à François. Pour ce faire, il propose en 1528 au roi de Hongrie, qui n'a pas d'héritier, d'adopter son second fils et de le désigner comme successeur.

Tout ça doit être difficile à avaler pour Henri : son père s'apprête à le spolier de son héritage, envisage de l'expédier en Hongrie pour y devenir le fils d'un monsieur qu'il ne connaît ni d'Ève ni d'Adam afin de régner sur un pays qu'il ne connaît pas davantage. Le roi de Hongrie en accepte le principe l'année suivante. Quelques années plus tard, en octobre 1533, Henri, toujours relégué au second plan dans l'attention et l'affection de son père, va pourtant occuper un temps le devant de la scène grâce à son mariage à quatorze ans avec l'Italienne Catherine de Médicis, nièce du pape Clément VII. Pour François Ier, marier son second fils à une Italienne est un bon moyen pour s'enraciner dans la péninsule, ce qui demeure son obsession. Qu'importe si elle n'est pas de sang royal du moment que, par ce mariage, la France touche une grosse somme d'argent, et qu'Henri devient duc de Milan et seigneur de Gênes.

Tout semble s'arranger pour le meilleur des mondes : François devient François III de Bretagne, Henri est marié à une riche Italienne qui a rapporté titres et argent au royaume de France et partira le jour venu en Hongrie pour succéder à son défunt « père adoptif ! ».

Quand, patatras ! François, le fils préféré, meurt brutalement à dix-huit ans. Le 2 août 1536, par une étouffante journée d'été, alors que les garçons jouent à la paume, François se fait servir un pichet d'eau fraîche par son échanson le comte de Montecucculi, un Italien qui, après avoir servi Charles Quint, était entré au service de Catherine de Médicis. Dans la soirée, François se plaint de douleurs au ventre. Le lendemain son état empire ; le 10 août, il meurt, selon toute probabilité, de pleurésie (ou pneumonie foudroyante). Liquidé en huit jours, le frérot !

À cette nouvelle, François Ier aurait poussé un effroyable cri de douleur. Le roi va aussitôt accuser le malheureux Montecucculi d'avoir empoisonné le dauphin sur ordre de Charles Quint. Torturé des heures durant, le jeune homme avoue tout ce qu'on veut lui faire dire et François Ier restaure pour lui le châtiment des régicides en le faisant écarteler. L'Italien était innocent et François le sait certainement, les médecins n'ayant relevé aucune trace de poison lors de l'autopsie du dauphin. Mais accuser Charles Quint à travers lui va permettre à

François Ier de justifier la poursuite de la guerre en Italie et de mieux « faire passer » auprès de ses sujets les augmentations d'impôt destinées à les financer : la guerre en Italie devient ainsi une cause sacrée et patriotique pour laquelle il convient de payer sans sourciller.

Son fils aîné disparu, François Ier va être bien obligé de « faire avec Henri » qui devient *de facto* premier prince du sang à dix-sept ans, alors qu'il n'a toujours été jusqu'à présent que subalterne. Allait-on tout à coup s'intéresser à lui ? Même pas ! Certes, sa présence au conseil devient plus régulière mais il n'a le droit que d'écouter, pas d'intervenir. Il est tenu à l'écart des grandes décisions aussi bien par son père que par le clan d'Anne de Pisseleu, duchesse d'Étampes.

Et puis, on s'en doute, voir Henri au conseil ne cesse de rappeler à François Ier que son fils préféré n'est plus de ce monde. Pour cette personnalité très narcissique, ce roi élevé par une mère qui l'adule et une sœur dont il est le héros, il fallait un fils qui soit son miroir, qui lui ressemblât trait pour trait, et pas un lourdaud tristounet, que certains à la cour prétendent même n'avoir jamais vu rire. Autant François Ier est enjoué, brillant, galant, autant Henri est taciturne, emprunté, et manque de spontanéité. Oui, vraiment, ce fils-là l'indispose ! À tout prendre, il aurait préféré voir hériter son dernier fils, le petit Charles, qui est lui plein de charme, rieur et joyeux et qu'il voudrait, de bon cœur cette fois, impliquer dans les affaires politiques… mais si Charles est si différent, n'est-ce pas parce qu'il n'a pas passé quatre ans emprisonné en Espagne par la faute de son père ?

Il faut être juste, c'est à son père qu'Henri devra l'amour de sa vie. En effet, ce sera justement pour le dégrossir un peu qu'il le mettra dans les draps de la grande sénéchale, Diane de Poitiers, âgée de dix-neuf ans de plus que lui, mais qu'Henri aimera passionnément vingt ans durant, jusqu'à son dernier souffle.

Dégrossi ou pas, Henri ne semble décidément pas fait pour être sous les feux de la rampe. L'intérêt de son père et de la cour avec lui va maintenant sauter une génération. En effet, après dix ans de mariage, Henri et Catherine de Médicis vont enfin avoir un enfant. François est si heureux de cette nouvelle qu'il va jusqu'à assister à l'accouchement. Un fils naît le 19 janvier 1544. Comment s'appelle-t-il, je vous le demande un peu ? François, pardi ! Et qui donc sera son parrain ? François Ier bien sûr ! Qui est alors fait chevalier par François Ier en personne ? François ! Et qui, sitôt né, est titré par son grand-père duc de Bretagne ? Le petit François, déjà lui, encore lui, toujours lui !

Toute l'affection, tous les espoirs que le roi plaçait en son fils aîné seront désormais reportés sur son petit-fils qui, aux yeux de tous, est la réincarnation de son oncle disparu. Le voilà, le prince de l'âge d'or tant attendu ; on s'était simplement trompé d'une génération, voilà tout. Trois François, trois générations, au beau milieu desquelles Henri semble condamné à compter pour du beurre. Le prénom François devait vraiment lui sortir par les oreilles ! Mais il y a pire. À la cour, les flagorneurs de tout poil s'extasient sur la ressemblance parfaite de François avec son grand-père, ce qui, pour un père, n'est jamais très agréable. Henri n'a pas encore régné qu'il est déjà considéré comme un souverain de transition et chacun est persuadé que c'est son fils qui rendra paix, espoir et prospérité au royaume de France.

Décidément, Henri semblait condamné à toujours passer en second. Même son jeune frère Charles, qui meurt de la peste à vingt-trois ans, le 9 septembre 1545, était lui, le préféré de Charles Quint qui envisageait de le faire entrer dans sa famille. Sans compter qu'il était également le chouchou de la duchesse d'Étampes, maîtresse de François Ier, qui le voyait bien détrônant un jour son triste frère et régner à sa place.

Après la mort de Charles, sur ses sept enfants il ne reste à François Ier qu'une seule fille Marguerite et qu'un seul fils, Henri, âgé alors de vingt-huit ans. Sur son lit de mort, le 31 mars 1547, François Ier souffre beaucoup et il n'y pas grand monde autour de lui, écrit Franck Ferrand. « Son propre fils ? Le seul encore en vie ? Il n'avait jamais aimé son père ; Henri, trépignant de régner, attendait ce trépas comme une délivrance. »

On a pourtant raconté – peut-être encore une version officielle ? – que les deux hommes avaient pleuré à chaudes larmes dans les bras l'un de l'autre. Quoi qu'il en soit, ce plus ou moins grand roi, qui fut un piètre papa pour celui de ses fils qui lui succéda, aurait eu ces dernières paroles s'adressant à

Henri : « Mon fils, vous m'avez été un bon fils, et je m'en contente… »

Henri II sur le divan…

Puisque son père le considérait comme quantité négligeable, Henri, tout comme le fit Louis XI avec le duc de Sforza, se choisit un père d'élection ou de substitution en la personne du connétable Anne de Montmorency. C'est lui qui l'a accueilli à Hendaye après son incarcération et c'est aussi lui qui, six ans plus tard, l'accompagne dans ses premiers pas d'homme de guerre. Henri éprouve pour lui une affection inconditionnelle et lui fait une confiance aveugle.

Dans les années 1540, Montmorency connaît une disgrâce très injuste auprès de François Ier, qui le bannit de la cour. Son exil durera sept ans. Henri est furieux, indigné que l'on traite de cette façon celui qu'il considère comme son modèle, et comme le premier chevalier de France. Il rompt un temps toute relation avec son père lequel, pendant cette période de froid, ne lui confie plus aucun commandement ni ne l'informe plus de la marche des affaires du royaume. Henri est un être entier ; comme il se sent à part, qu'il a l'impression de ne pas être fait pour être aimé, de venir toujours en second, il répond par une affection exclusive et indéfectible, aux quelques personnes daignant s'intéresser à lui. Il est prêt à défendre bec et ongles ceux qu'il aime.

À la mort de son père, Henri se « révolutionne ». Il change du tout au tout, prend de l'assurance. Quelle sera sa première décision en tant que roi ? Faire revenir immédiatement Montmorency à la cour ! Les deux hommes commencent par s'enfermer deux heures dans une pièce pour dresser la liste de ceux qu'ils ont l'intention de bannir. En quarante-huit heures, tous ceux qui avaient tenu le dauphin à l'écart du pouvoir sont priés de quitter la cour. Anne de Pisseleu demande à être reçue par Henri qui refuse. Il ne la fait pas arrêter, mais exige qu'elle restitue tous les cadeaux, notamment les joyaux, que lui a offerts François Ier. Décision très significative, c'est à Montmorency, son père d'élection, qu'Henri II attribue les appartements de la duchesse d'Étampes au château de Saint-Germain-en-Laye.

Jamais, depuis Louis XI, il n'avait été procédé à une telle purge. Tous ceux qui avaient goûté au pouvoir auprès de François Ier, les années précédentes, furent destitués, arrêtés, leur fortune confisquée. Louis XI et Henri II, même combat ! Nul besoin de prendre une revanche sur les humiliations qu'ils ont endurées. (Puisque nous mentionnons Louis XI, ajoutons ici pour l'anecdote que le grand sénéchal, époux de Diane de Poitiers, descendait de l'une des filles d'Agnès Sorel !)

A contrario, Henri va faire la fortune des deux êtres qu'il aime le plus au monde : Montmorency et Diane de Poitiers. Car si Montmorency est un genre de père de substitution, que dire alors de Diane de Poitiers qui serait largement en âge d'être la mère d'Henri mais sera pourtant sa maîtresse vingt ans durant. Nous avons vu qu'Henri avait perdu sa mère très jeune et qu'il a totalement manqué d'affection maternelle. C'est d'ailleurs en souvenir de cette mère idéalisée, dont on lui a vanté la douceur et la bonté, qu'il baptisera « reine Claude » ce fruit gorgé de sucre rapporté d'Asie.

Le jour où il est mortellement blessé dans un tournoi, Henri porte les couleurs de Diane : elle a alors soixante ans, mais il a toujours pour elle la même vénération. Toutes ces années, il en aura été le chevalier servant respectueux et soumis, l'« esclave » disait l'ambassadeur d'Espagne qui observait toutefois du même coup à quel point Henri avait changé, était devenu gai. Quand il était petit et que personne ne prêtait attention à lui, Diane avait toujours été là. Avec elle, il redevenait toujours l'ombrageux petit orphelin de onze ans en mal d'amour, à qui elle donna un baiser sur la rive de la Bidassoa.

Toujours dans la famille « Pères indignes » …

L'examen des rois Charles VII, Louis XI, Charles VIII, François Ier et Henri II nous a permis de découvrir ces monarques sous un jour inédit. Pour trouver des exemples de pères indignes encore plus spectaculaires, il nous faut à présent franchir les frontières et évoquer les cas très exceptionnels de quelques grands rois étrangers célèbres dont la postérité n'a voulu retenir que la gloire pour en négliger les vicissitudes familiales. On verra que, par leur diversité, ces exemples pourraient constituer un début de typologie de la relation roi-prince dans l'histoire des monarchies européennes. Vaste sujet en perspective dont on se contentera d'indiquer brièvement à nos lecteurs quelques pistes croquignolettes et significatives.

Qui sont ces grands rois étrangers ? Soliman le Magnifique, Philippe II d'Espagne, le tsar Pierre le Grand et Frédéric-Guillaume Ier de Prusse ; autant de souverains qui nous sont familiers et jouissent à nos yeux d'une image plutôt positive que risque d'égratigner sérieusement l'évocation du traitement que chacun d'eux réserva à son fils aîné.

De leur côté, les fils ont une caractéristique commune : à l'exception de Mustafa, fils de Soliman, tous ces jeunes princes tentèrent de fuguer, excédés par l'autoritarisme paternel. Eh oui, fils de roi ou de manant, les relations avec les parents ne sont pas de tout repos quant on est ado, nous l'avons déjà vu avec Louis XI. Selon les cas, soit on est mis à la porte (ce qui fut le cas de Louis XI), soit on prend les devants en fuguant ! Mais pour un prince, pas facile d'échapper à ses futures responsabilités et à un père omnipotent en son royaume.

Je demande Soliman le Magnifique…

Le rapide survol de ces lointains papas terribles commence avec Soliman le Magnifique, l'un des plus éminents monarques du XVIe siècle. C'est sous son règne que l'Empire ottoman connut son âge d'or culturel et économique.

Le 22 septembre 1553, ayant donné foi à de fausses rumeurs de trahison de son fils aîné Mustafa Mukhlisi, au profit du shah de Perse, Soliman le fait étrangler par ses eunuques sous son propre toit, ou plutôt, sous sa propre tente à Héraclée. Tel l'empereur Claude lors de l'exécution de son neveu Caligula et Henri III lors de l'assassinat du duc de Guise, le père assiste à cette exécution sans broncher, dissimulé derrière un rideau de soie. Le pire dans l'histoire est que cette mort n'a pas été donnée sur un coup de colère, mais bien préméditée. Moins d'un mois auparavant, Soliman s'était rendu auprès du mufti de Scutari pour se faire délivrer une fatwa de mort contre son fils ; autrement dit, une sorte de permis de tuer délivré par un serviteur de Dieu.

Âgé de trente-huit ans, apprécié de tous, au point qu'on le surnommait « le juste » ou « le sincère », Mustafa, qui ne pensait pas avoir à redouter quoi que ce soit de son père, se rendit auprès de lui en toute confiance et expira en l'appelant vainement au secours.

Au suivant ! Serait-on tenté de dire ; mais en réalité, bien qu'il disposât d'un harem fort bien « achalandé » Soliman n'avait que deux épouses dont il eut seulement huit fils. Quand on pense que, selon des chercheurs de l'Université de Vienne, Moulay Ismail, contemporain de Louis XIV, sultan du Maroc de 1672 à 1727, fut l'heureux père de mille cent soixante et onze enfants, avec ses cinq cents épouses et maîtresses, on se demande comment le plus grand des sultans ottomans n'eut pas plus de huit garçons susceptibles de lui succéder ?

Quoi qu'il en soit, juste punition de cet infanticide, les fils restant de Soliman vont s'entre-tuer pour le pouvoir et se sera finalement Selim, fils alcoolique et incapable, qui deviendra sultan et amorcera le déclin de l'Empire ottoman avec son règne piteux. En outre, contrairement à Moulay Ismaïl qui figure dans le *Guinness book des records* au titre de père le plus prolifique de l'histoire de l'humanité, Soliman le Magnifique n'y apparaît même pas ! Pour être l'heureux papa de près de mille deux cents enfants, il lui aurait pourtant « suffi », comme à Moulay Ismaïl, d'avoir des relations sexuelles fécondes tous les jours pendant trente-deux ans. Il faut croire que Soliman le Magnifique fut davantage préoccupé par la croissance de son royaume que par celle d'un arbre généalogique dont par jalousie il fit couper la branche la plus prometteuse !

Au moment même où Mustafa est assassiné par les eunuques de son père, bien loin de là, en Espagne, le petit Don Carlos vient d'avoir huit ans. Peu de destinées furent aussi tragiques que celle du fils aîné de Philippe II.

Je demande Philippe II, roi d'Espagne, et son fils Don Carlos…

Tout comme Charles VIII, fils aîné de Louis XI, Charles d'Autriche, alias Don Carlos (1545-1568) prince des Asturies, fils du futur roi d'Espagne Philippe II et de Marie Manuelle du Portugal, ne verra pour ainsi dire jamais son père avant l'âge de quatorze ans. Il naît le 9 juillet 1545, sa mère meurt trois jours plus tard, son père qui se retrouve donc veuf à dix-huit ans confie son fils aîné aux bons soins de ses tantes Marie et Jeanne, et part pour les Flandres.

Entouré de toutes les sollicitudes dues au petit-fils de Charles Quint, cet enfant va hélas manifester très tôt des signes d'instabilité mentale qui ne feront qu'empirer avec le temps. Sans doute faut-il voir là l'un des désastreux effets de la consanguinité chez les Habsbourg : Charles n'a en effet que quatre arrière-grands-parents, au lieu de huit comme vous et moi, et ses quatre grands-parents sont tous frères et sœurs. Son grand-père paternel a épousé sa grand-mère maternelle et inversement ! Vous me suivez ? En d'autres termes, ses parents sont doublement cousins germains !

Jusque vers 1558, ses professeurs sont à peu près contents de Don Carlos certes, il est fragile et rachitique mais, une certaine rugosité de caractère mise à part, nul ne semble vraiment s'inquiéter pour son avenir. Les choses vont prendre un tour vraiment préoccupant lorsque celui-ci entre dans sa treizième année. Quelques faux jetons comme l'aumônier Osorio en charge du jeune prince, plus occupé de son avancement et de celui des siens que de la vérité, écrivent à Philippe II, alors en Flandres, que son fils est merveilleux, que tout va bien, et que le jeune garçon « gagne chaque jour en vertu, en religion, en bonté, en intelligence». Mais rien n'est plus faux, et le spectacle régulier de pendaisons et de bûchers allumés par l'Inquisition va contribuer, au contraire, à fragiliser davantage encore un équilibre mental déjà précaire. Le 21 mai 1559, âgé de quatorze ans à peine, l'infant doit assister dix heures d'affilée à des exécutions capitales.

Sain d'esprit ou pas, Don Carlos n'en est pas moins l'héritier présomptif du royaume le plus puissant au monde, aussi convient-il de le marier au plus vite. Le roi d'Espagne jette son dévolu sur Isabelle de Valois, fille du roi de France Henri II. Son mariage avec l'infant viendra concrétiser le traité de Cateau-Cambrésis (3 avril 1559) qui scelle l'alliance entre la France et l'Espagne.

Au moment où Philippe fiance son fils à Isabelle de Valois, lui-même, veuf pour la seconde fois depuis la mort de Marie Tudor, espère encore épouser la reine d'Angleterre Elisabeth Ire. Lorsque ce projet tombe finalement à l'eau, Elisabeth refusant de s'inféoder au tout-puissant champion européen du catholicisme, Philippe, faisant fi des fiançailles déjà annoncées, décide d'épouser la fiancée de son fils. Un mariage par procuration a lieu le 24 juin 1559 à Notre-Dame, puis des noces seront organisées en Espagne, en janvier de l'année suivante.

Ainsi, le jour venu, alors que c'est Don Carlos qui aurait dû être à la fête, il n'est que le témoin de son propre père. Philippe II a alors trente-trois ans, Isabelle quinze et Don Carlos quatorze. C'est un coup dur pour l'amour-propre de l'adolescent, même si son père fait organiser un mois plus tard, à titre de lot de consolation, une grande fête qui le confirme dans le rôle de futur héritier du trône. Cet événement sera le point culminant de sa courte vie. Dans les mois et les années qui suivront, Don Carlos sombrera lentement mais sûrement dans la folie, ce dont l'histoire, à tort ou à raison, tiendra Philippe II pour responsable.

S'il semble parfois ne pas avoir toute sa tête, Don Carlos va cependant manifester dans ses années d'adolescence une indéniable créativité lorsqu'il s'agit de faire le mal : il torture des chats, fait rôtir vivants les animaux pris à la chasse, fait fouetter des petites filles (les documents relatifs aux différentes indemnités versées à leurs parents ont été conservés), il insulte les ministres, maltraite les employés, les roue de coups, menace de les jeter par la fenêtre. Un jour, il oblige le cordonnier qui lui a confectionné des bottes trop petites à les émincer, puis à les manger sous ses yeux sous peine d'être égorgé ; une autre fois, il s'enferme des heures durant dans les écuries de son père et mutile tous les étalons avec un rasoir. On le verra même trancher la tête d'une couleuvre avec les dents. Il est capable de se montrer gentil, généreux, attentif aux autres, et de se muer soudain en un être démoniaque, d'une brutalité extravagante, incapable de se contrôler. Malheur aux personnes présentes dans ces moments-là. Don Carlos « aime faire mal à autrui. Il n'aime personne, mais il y a beaucoup de personnes qu'il hait à mort », dit de lui le peintre Tiepolo qui travaillera un temps à la cour de Madrid.

Le 19 avril 1562, alors que cela n'allait déjà pas bien fort côté santé, Don Carlos fait une chute brutale dans l'escalier. Sa tête heurte violemment une porte. S'ensuivent, hémorragies, frissons, fièvre… Le 1er juin, son père accourt à son chevet avec le grand Vésale et assistera à toutes les consultations médicales, se comportant sans conteste en père attentif et aimant. L'infection est telle que Don Carlos perd un moment la vue. On commence à trépaner le jeune prince, puis on renonce, le croyant perdu. On va jusqu'à déterrer la sainte dépouille du bienheureux Don Diègue, pour pouvoir la mettre dans sa chambre, près de son lit ! Des moines ont même raconté qu'on avait placé le cadavre du saint directement dans le lit de Don Carlos.

L'infant d'Espagne survit, mais dans quel état ? On est loin du prince charmant que décriront plus tard les auteurs romantiques. Voici le portrait plus réaliste qu'en dresse Mérimée décrivant un célèbre portrait de Don Carlos : « Ce qui frappe, c'est la triste tournure du modèle, ses épaules voûtées, sa taille penchée en avant et son expression mélancolique. Le teint est pâle, les yeux muets. Toute l'habitude du corps décrit un être maladif. » À ce sombre tableau, il convient d'ajouter que Don Carlos est bossu, qu'il a une jambe plus courte que l'autre, les fièvres perpétuelles ayant mis un terme à sa croissance, qu'il a une voix aigrelette et semble gêné pour s'exprimer. Différents témoignages d'ambassadeurs présents à la cour d'Espagne à l'époque attestent en outre de ce que ce pauvre garçon, que chacun serait disposé à plaindre, manifeste un orgueil sans égal, ce qui le rend encore plus antipathique aux yeux de tous.

Après la chute dans l'escalier d'avril 1562 et le coma qui s'en est suivi, la démence de Don Carlos va se déchaîner. Les accès de folie du jeune prince sont de plus en plus fréquents, de plus en plus violents. On lui attribue cinq tentatives de meurtre dans des accès de rage. Avec l'âge, ses méchants jeux d'enfants se muent en promenades nocturnes, en nuits de débauche. Il s'empiffre, s'adonne au jeu, s'endette…

Philippe II est un homme austère, une sorte de despote mystique que choquent profondément les débordements d'un héritier qu'il préfère continuer à voir comme un rebelle plutôt que comme un fou. Entre père et fils l'incompréhension s'installe. Tous les témoins, visiteurs de ce temps qui allèrent à Madrid, ont fait état de cette invincible antipathie entre les deux hommes, une terrible aversion qui bientôt va se muer en haine féroce, inextinguible. Don Carlos finit même par détester tellement son père que son confesseur refuse de lui donner l'absolution !

C'est alors que le mot « dé-tester », au sens premier du terme, va revêtir sa plus éloquente application : en 1564, finalement persuadé que la folie de son fils est irrémédiable et qu'il ne sera jamais en mesure de régner, Philippe II se résout à le rayer purement et simplement de sa succession au profit de ses propres neveux. « Mais Don Carlos, plus fier que tous les grands d'Espagne réunis malgré son infirmité et sa vésanie[1], refusait d'accepter cette disgrâce », écrit Jo Tranchal.

On peut imaginer, en effet, à quel point cette décision dut humilier le prince qui se jugeait victime d'une monstrueuse injustice. Et les choses vont aller de mal en pis.

Quel est le principal grief du prince envers son père ? Il piaffe de n'avoir encore aucun pouvoir, d'être traité comme un mineur. Son grand-père Charles Quint n'a-t-il pas, en d'autres temps, confié l'administration de l'Espagne au futur Philippe II, alors que celui-ci n'avait que seize ans ? Or, Carlos en a maintenant vingt et n'exerce encore ni commandement, ni responsabilités. Et puis, pourquoi tarde-t-on tant à organiser son mariage ? Il est censé épouser sa cousine l'archiduchesse Anne, fille de Maximilien II, empereur du Saint Empire, mais Philippe ne cesse de temporiser. Là encore, Don Carlos n'y voit que le désir de son père de le garder sous tutelle.

En réalité, si le roi d'Espagne retarde le plus longtemps possible ce mariage, c'est parce qu'il sait que son fils n'est pas exactement le gendre idéal et qu'il est non seulement déséquilibré mais aussi impuissant. Par ailleurs, ce retard a une autre explication moins avouable : Philippe, à nouveau veuf (pour la troisième fois !), se verrait bien refaire à son fils le coup de la « fiancée volée ». De fait, il gardera pour lui la petite archiduchesse qu'il épousera en 1570, deux ans après la mort de Don Carlos.

1. Désordre mental.

Mais, pour l'heure, s'il veut se marier le plus vite possible, c'est que Don Carlos espère qu'on le laissera aller au-devant de sa fiancée en Allemagne. Mais il ne voit toujours rien venir. Il erre, remâchant sa colère et son sentiment de révolte, morne la plupart du temps mais, lorsqu'il croise son père, son œil s'allume soudain d'une lueur de colère et de haine.

Bientôt, il n'a plus qu'une idée fixe : quitter l'Espagne ! En 1565, un premier projet de fugue vers les Flandres échoue ; mais, tout au long de l'année suivante, il a de nombreuses entrevues avec certains gentilshommes flamands, en particulier un certain Montigny, et ce alors même que les Pays-Bas espagnols fomentent un soulèvement contre la tutelle espagnole.

Lorsque l'on apprend en Espagne l'insurrection des Pays-Bas, Don Carlos, qui naguère complotait avec Montigny, est naïvement persuadé que son père va le désigner pour aller mater la révolte ou au moins lui demander de l'accompagner. Mais une fois encore, c'est la déception : le 1er janvier 1566, ce n'est pas Don Carlos mais le duc d'Albe qui est nommé gouverneur des Pays-Bas. En novembre, l'Espagne tout entière salue la nomination et le départ du duc. C'est alors que Don Carlos, furieux, éructant, se rue sur lui le poignard à la main. Le duc parvient à le maîtriser de justesse.

En juillet suivant, Philippe promet à nouveau à son fils de l'emmener en Flandre ; il fait procéder aux préparatifs, mais finalement ne bouge pas d'un pouce et, au contraire, fait enfermer à l'Alcazar

Montigny qui a tenté de monter Don Carlos contre lui. Pour se moquer de son père, Don Carlos écrit et fait circuler un texte très insultant, intitulé : « Les grands et admirables voyages du roi Philippe II, de Madrid au Pardo, du Pardo à l'Escurial, de l'Escurial à Aranjuez, d'Aranjuez à l'Escurial, de l'Escurial au Pardo... »

Au même moment, il prépare une nouvelle fugue en empruntant de l'argent à droite à gauche, mais il commet l'erreur de mettre Don Juan dans la confidence. Bâtard de Charles Quint et donc demi-frère de Philippe II, Don Juan va s'empresser d'aller tout raconter au roi. Furieux, Don Carlos tente d'assassiner Don Juan qui, comme le duc d'Albe avant lui, doit défendre chèrement sa vie et parvient à le repousser. Cette fois, c'en est trop ! Don Carlos vit ses derniers moments de liberté.

Le 18 janvier 1568, en pleine nuit, Philippe II, revêtu de sa cuirasse, surgit dans la chambre de son fils accompagné d'une douzaine d'hommes en armes et de ses conseillers. Il décroche l'épée et le poignard cachés au-dessus du lit, puis se montre en pleine lumière. Don Carlos se rue hors du lit en disant : « Que veut votre majesté, ma liberté ou ma vie ? » « Ni l'une ni l'autre », lui répond son père d'une voix calme. Désespéré, en plein délire, Don Carlos se précipite vers la cheminée pour se jeter dans le feu. Il est retenu sur sa lancée. Il se jette aux genoux de son père, le suppliant de le tuer. On l'empoigne, on le saucissonne. On confisque non seulement ses armes, poignards, dagues, arquebuses et pistolets chargés, mais aussi tous ses papiers, l'argent, les bijoux, ainsi que tous les objets en fer et en acier. On cloue aussi les fenêtres. L'héritier de la monarchie espagnole devient un prisonnier d'État. Dans les papiers personnels de Don Carlos, on trouve une lettre où il écrit que son père ne veut pas le marier pour qu'il ne puisse pas avoir de postérité ; puis on trouve deux listes : celle des gens qu'il aime, comme la reine et Don Juan, et celle de ses ennemis qu'il écrit détester jusqu'à la mort. On s'en doute, Philippe II, le roi son père, est en tête de celle-ci !

Philippe II écrira par la suite : « J'ai voulu faire à Dieu le sacrifice de ma chair et de mon sang. » Il justifie l'emprisonnement de son fils aîné par la nécessité de « protéger ses États contre un sujet rebelle qui prétend user d'un nom illustre pour l'accomplissement de projets insensés ». Il déclare avoir agi en père et en roi, avoir été contraint de sévir contre son propre fils après avoir fait preuve d'une longanimité qui n'avait que trop duré.

Laissé seul, Don Carlos va sombrer dans un désespoir effrayant. Il est complètement isolé de l'extérieur. Deux personnes restent avec lui en permanence qui doivent lui parler tout haut. Sous aucun prétexte il ne peut sortir de sa chambre, ni pour les repas, ni pour les messes. On lui coupe sa viande, car il n'a pas le droit à un couteau, son père ayant peur qu'il ne l'utilise pour mettre fin à ses jours. À la cour, on a ordre de l'oublier et de ne plus parler de lui. Interdiction est faite de demander de ses nouvelles, et de lui faire passer des témoignages de sympathie.

On a dit tout et son contraire à propos des derniers jours de Don Carlos : qu'il tenta de se suicider en avalant une bague, qu'il fit une grève de la faim, qu'il fut empoisonné au moyen d'un pâté en croûte, ou bien encore qu'il fut « estouffé sous des coussins », précise Brantôme.

En fait, le prince était exténué, la fièvre le faisait délirer. Il vivait à moitié nu pour lutter contre l'extrême chaleur et s'allongeait sur le sol qu'il faisait arroser pour trouver un peu de fraîcheur. Il n'aurait pu survivre longtemps à un régime pareil.

Il meurt, le 24 juillet 1568. Il avait vingt-trois ans, six mois et seize jours.

Sur son lit de mort, il fait adresser à son père l'expression de son repentir. Ce jour-là aucun prêtre n'aurait eu le cœur de lui refuser l'absolution.

Philippe II resta hanté par le souvenir de cet enfant terrible à la mort duquel il avait indirectement pris part. Quant à lui, il mourra à soixante et onze ans après avoir vu trépasser successivement ses quatre femmes légitimes, dont deux, ainsi que nous venons de le voir, initialement destinées à son fils.

Bien des années plus tard, ce n'est pas à Philippe II mais à Don Carlos que la postérité tressera des couronnes : tragédie de Schiller, opéra de Verdi, œuvres de Chénier, d'Augustin Thierry, de Guizot, de Thiers ou encore de Verhaeren, qui toutes évoquent le jeune prince comme un idéaliste, champion de la tolérance religieuse et victime d'un père despotique qui trempa dans sa mort.

Comme nous venons de le voir, dans cette tragique affaire de famille, comme dans toute autre, la vérité était au milieu du gué.

Je demande Pierre le Grand, tsar de Russie…

Pierre le Grand, tsar de Russie, un père indigne ? Il est compréhensible que nos lecteurs soient surpris de retrouver ce grand souverain (cette fois dans tous les sens du terme, car il mesurait 2,40 m), dans une famille aussi peu reluisante. Ne fut-il pas l'un des plus admirables et des plus nobles personnages de l'histoire de la Russie ? Voyons, c'est bien lui qui voyagea dix-huit mois dans l'Europe entière (Prusse, Pays-Bas, Angleterre, Italie), qui travailla sous un nom d'emprunt comme simple ouvrier sur des chantiers navals, consacra son règne à réformer son pays pour le moderniser et, surtout, fit construire la sublime Saint-Pétersbourg ? Qui contesterait qu'il ait été un esprit ouvert et raffiné, lui qui, de passage à Paris en 1717, demanda à visiter en priorité la bibliothèque Mazarine, notre Académie française et la Sorbonne ? Eh bien, précisément, Pierre le Grand (1672-1725) fut un si grand roi que la postérité s'est empressée de jeter un voile pudique sur les tragiques démêlés qui l'opposèrent à son fils aîné.

Pourtant, son fils Alexis Petrovich, né en 1690 de son premier mariage avec Eudoxie, mérite une brève mention dans ce chapitre, car il fut le seul prince européen révolté contre son père à réussir sa fugue ! Partageant le goût de son papa pour les beuveries et les amours ancillaires, il était non seulement fêtard, mais aussi paresseux, sans ambition, n'aimant ni l'étude, ni la marine, ni la guerre. Bref, son père qui attendait trop de lui était constamment déçu !

Soutenu par les popes et les boyards, l'influençable Alexis devient bientôt le symbole du retour à la tradition et le champion de l'opposition aux réformes que son père imposait à son pays avec une certaine brutalité, il faut bien le dire. Alexis, qui tient plutôt du bon à rien, s'enflamme et s'engage auprès de ses partisans à supprimer toutes les réformes de son père lorsqu'il lui succédera.

Son père le rappelle à l'ordre : « Tu ne veux rien faire, ni rien apprendre ; une fois au pouvoir tu seras obligé de te faire donner la becquée comme un petit oiseau. […] Tu t'amenderas et tu feras en sorte d'être utile à l'État, sinon, tu seras déshérité. » Finalement, en 1716, Pierre donne le choix à son fils entre régner ou se faire moine. Alexis choisit la seconde solution. Moine, un bambochard dans son genre ? Son père aurait dû se méfier. En fait, Alexis fuit la Russie, gagne Vienne, puis le Tyrol et arrive à Naples. Il pense avoir réussi son coup. Mais les limiers de Pierre sont sur ses traces et l'enjoignent de regagner sa terre natale où son père, lui assure-t-on, est tout disposé à lui pardonner sa fugue. Alexis cède et revient presque confiant à Moscou en janvier 1718, un peu comme Mustapha lorsqu'il se rendit auprès de son père Soliman.

Le prince Gagarine écrit alors à un ami : « Ce fou revient ici se faire enterrer. » Paroles prophétiques, car aussitôt rentré à Moscou, Alexis est arrêté, affreusement torturé. On a même dit que son propre père donna le tout premier coup de knout et qu'il assista jusqu'au bout au supplice de son fils, qui avoua tout et n'importe quoi, dénonçant au passage une cinquantaine de personnes, dont sa propre mère. La cour condamne à mort le fils du tsar, mais, le 26 juin 1718, il est retrouvé mort dans son cachot avant même que la sentence ne soit exécutée.

Les rumeurs iront bon train : a-t-il été décapité, empoisonné, étouffé, est-il mort sous les coups de son propre père ?

Quoi qu'il en soit, contrairement à Ivan, Soliman ou Philippe II, que la mort de leur fils semble avoir hantés jusqu'à leurs derniers jours, le décès de son aîné procura à Pierre 1er un sentiment de soulagement. Fin 1718, quelques mois après la mort de son fils, il fera graver une médaille où la couronne impériale, émergeant d'un nuage, est illuminée par les rayons du soleil. Elle porte une inscription qui en dit assez long sur son état d'esprit du moment : « L'horizon s'est éclairci... »

Je demande Frédéric-Guillaume Ier et son fils Frédéric...

Lorsque l'on demande à nos compatriotes de citer le nom d'un souverain germanique, mis à part Guillaume II, le Kaiser de la guerre de 1914, un nom, un seul sort du chapeau : celui de Frédéric II, le « roi philosophe », dit aussi Frédéric le Grand.

Né le 24 janvier 1712 à Berlin, mort le 17 août 1786 à Potsdam, il fut l'exemple type du despote éclairé, eut à nos yeux le bon goût de faire du français la langue officielle de sa cour et de recevoir, en son palais de Sans-souci, Voltaire, Diderot, La Mettrie, ou d'Alembert qu'il admirait profondément.

Eh bien, sachez que la relation de Frédéric II avec son père Frédéric-Guillaume Ier (1688-1740), surnommé « le roi sergent » ou « le roi soldat », fut de loin la plus pathologique et la plus calamiteuse qu'il nous ait été donné d'examiner lors de la rédaction du présent ouvrage. Encore un père qui fut à deux doigts de se décharger définitivement de ses responsabilités parentales au bénéfice d'un Père éternel qui aurait au moins eu l'avantage d'être réputé plus juste et plus affectueux que lui. Nous avons vu qu'un Philippe II d'Espagne eut sa part de responsabilités dans la mort de son fils aîné Don Carlos ; mais il était en butte à un fils déséquilibré et violent qui représentait un danger pour son entourage et pour lui-même. Rien à voir donc avec Frédéric-Guillaume Ier qui n'alla pas jusqu'à tuer son fils aîné, mais décrocha haut la main la timbale de la violence psychologique. Il fut un despote pour ses sujets et un père tyrannique pour ses enfants, et si au contraire des souverains déjà évoqués dans ce livre, il consacra du temps à sa progéniture, ce fut avant tout pour la corriger à coups de bâton. Cela lui donna d'ailleurs du fil à retordre car, sur ses quatorze enfants, huit avaient survécu auxquels il convenait d'apprendre la vie en les battant comme plâtre. Naturellement, Frédéric qui devait lui succéder en tant qu'aîné allait capitaliser du même coup – c'est le cas de le dire – l'essentiel de son attention et des corrections qu'il administrait.

Frédéric-Guillaume Ier est donc un père épouvantable, brutal et grossier. Il n'aime que la chasse et son armée dont il veut faire la plus puissante d'Europe et ne quitte jamais son uniforme, autant par amour du métier de soldat que par pingrerie, car cela lui évite de dépenser de l'argent pour des habits neufs. Comme le faisaient les empereurs romains, il s'est constitué une sorte de garde prétorienne affectée à sa sécurité : elle est composée uniquement d'hommes de très grande taille, recrutés dans toute l'Europe, que l'on appelle les grands gaillards, ou *lange Kerls* en allemand. En leur compagnie, il aime boire de la bière, roter, fumer, brailler. Son fils devra faire pareil. Il sera soldat. Cela ne souffre aucune discussion.

Mauvaise idée, car le jeune Frédéric aime très exactement tout ce que son père déteste : les lettres (son père va lui interdire d'apprendre le latin), la poésie et la philosophie qu'il découvre en cachette avec un précepteur moins obtus que son père; un professeur que Frédéric-Guillaume fera d'ailleurs emprisonner pour avoir enseigné à son fils des matières proscrites! Frédéric se passionne pour les arts en général et la musique en particulier. Il prend secrètement des cours de flûte traversière, instrument qu'il pratiquera avec virtuosité. Après la disparition de son père, il composera même plus d'une centaine de pièces pour cet instrument.

Irrité par les goûts de son fils pour des disciplines qu'il juge efféminées, le « roi soldat » prend plaisir à le rabaisser, à l'humilier en public. Frédéric en est révolté ; il entre en rébellion contre les idées paternelles, épousant les idées des Lumières et se montrant partisan d'une tolérance religieuse dont son père refuse d'entendre parler. Les humiliations iront très loin : un jour, son père l'oblige à lui baiser les bottes devant des officiers. A-t-on idée d'humilier ainsi un prince devant ses futurs sujets ? D'autres fois, en plein repas, il se jette sur lui sans raison et le moleste.

Durant cette adolescence soumise à un véritable tyran domestique, marquée par une très grande solitude morale, le seul rayon de soleil pour Frédéric est son amitié pour le page du roi, un certain Peter Karl Christoph von Keith. Voici ce qu'écrit Wilhelmine, l'une des sœurs de Frédéric à propos de cette relation : « Les deux sont inséparables. Keith est intelligent mais sans éducation. Il sert mon frère avec une dévotion réelle et l'informe de tous les faits et gestes du roi. Bien que je remarque qu'avec ce page il soit en des termes plus familiers que sa position l'exige, j'ignore jusqu'où allait leur amitié. »

Suffisamment loin, en tout cas, pour que Frédéric Ier décide d'exiler von Keith. Mais ce garçon sera suivi d'un autre dont Frédéric se sentira plus proche encore et que certains historiens n'hésitent pas à présenter comme son amant. Il s'agit de Hans

Hermann von Katte, jeune officier de l'armée prussienne, féru de musique et de littérature, de huit ans son aîné. Von Katte sera le seul être auprès duquel Frédéric trouvera un peu de réconfort et dont il se sentira compris.

En 1729, à l'âge de dix-sept ans, n'en pouvant plus de l'oppression de son père despotique, Frédéric décide de fuir la Prusse pour se réfugier en Angleterre auprès de son grand-père[1] avec lequel il entretient une correspondance secrète. Cette équipée est pure folie, mais von Katte s'est engagé à aider Frédéric. Malheureusement, les deux amis sont interceptés. Le prince, coupable de haute trahison aux yeux de son père, est envoyé sous bonne garde dans la citadelle prison de Kiistrin (dite aussi Ksüstrin), de même que von Katte qui va connaître un sort tragique. Pour avoir aidé le prince à s'enfuir, un tribunal militaire le condamne à la prison à vie, une peine que Frédéric-Guillaume juge insuffisante et commue en peine capitale. Le 6 novembre 1730, le roi ordonne que Frédéric assiste à l'exécution. Détail qui relève du pur sadisme psychologique, il exige également que des soldats maintiennent ouverts de force les yeux de son fils, afin que celui-ci ne perde pas une miette de la décapitation de son seul ami. Merci papa, et vive la famille !

Comme il a trois autres fils, le roi songe sérieusement à faire exécuter aussi son aîné pour sa

1. Georges de Brunswick-Lünebourg, son grand-père maternel, est en effet devenu George Ier, roi de Grande-Bretagne quinze ans auparavant, en 1714.

« honteuse trahison » ; mais la mère du prince intercède en sa faveur. Frédéric reste emprisonné prés de six semaines, puis il est autorisé à quitter la forteresse, mais on le somme d'obéir à son père sous peine d'être rayé de la succession et on le maintient loin de Potsdam neuf mois de plus.

Comprenant qu'il lui faut renoncer à toute idée de fugue, Frédéric change de stratégie : désormais, il deviendra un champion de la dissimulation et se comportera en fils soumis et obéissant. C'est ainsi que, pour échapper à la « captivité éducative » de son père, il accepte contre son gré d'épouser en juin 1733, à l'âge de vingt et un ans, Christine de Braunschweig-Bevern, la fiancée que son papa lui a désignée. La jeune femme lui est totalement indifférente. Après la mort de son père, il ne la verra plus qu'une ou deux fois par an et ses échanges avec elle se borneront généralement à lui faire remarquer d'une visite à l'autre qu'elle a pris du poids ! Dans ces conditions, on ne sera pas surpris d'apprendre que Frédéric II n'aura pas d'enfant, ni de son épouse, ni d'aucune autre femme d'ailleurs.

Avec le temps, un statu quo s'installera entre père et fils. Leurs relations vont sensiblement s'améliorer, notamment parce que Frédéric finit de lui-même par se passionner pour la chose militaire. En mai 1740, appelé au chevet de son père mourant, il éprouvera une émotion sincère et sera édifié par le courage avec lequel le roi supporte ses dernières souffrances. Sur son lit de mort, contre toute attente, l'ombrageux roi sergent proclame bien haut que Frédéric est son digne successeur.

Enfin, un mot aimable ! Et une parole prophétique en vérité, car Frédéric II reprendra à son compte le projet paternel de donner à la Prusse une place grandissante dans le concert des nations européennes. Donc, d'une certaine manière, lorsqu'en juin 1740 il monte sur le trône, à l'âge de vingt-huit ans, le fils reprend finalement le flambeau paternel pour le porter plus haut, plus glorieusement que n'avait pu le faire son terrible père.

Après son éclatante victoire de Rossbach contre les Français, en pleine guerre de Sept Ans, on ne l'appellera plus que Frédéric le Grand. À sa mort, en 1786, il a doublé la taille d'un royaume qui peut désormais rivaliser avec celui des Habsbourg.

Ce que c'est que d'avoir un père exigeant !

Frédéric II sur le divan…

Le roi sergent, nous l'avons vu, traitait son fils d'efféminé. Qu'en fut-il au juste des préférences sexuelles d'un Frédéric dont les seuls amis proches furent des hommes ? « Les femmes sont comme les côtelettes (disait-il), plus on les bat, plus elles sont tendres. » Qu'en savait-il au juste, lui qui avait banni les femmes de sa cour, ne voyait son épouse que deux fois par an, avait subi dans son enfance assez de mauvais traitements pour exécrer la brutalité et serait précisément, une fois devenu roi, le souverain qui abolirait la torture dans son royaume ? En réalité, il ne sait rien des femmes et n'en veut rien savoir. Il ne les aime pas et la seule qui trouvera grâce à ses yeux aura toutes les qualités d'un homme, puisqu'il s'agira de la puissante Catherine II de Russie avec laquelle il entretiendra une longue et abondante correspondance.

Alors que jusqu'à une époque récente les manuels d'histoire allemands se montraient discrets voire muets sur la question des préférences sexuelles de Frédéric, selon Voltaire, qui a passé trois ans auprès de lui, le penchant du roi de Prusse pour les hommes semble une évidence. Voltaire écrit, à propos d'un certain Fredersdorf, qui aurait été l'amant du roi : « Ce jeune soldat est beau, bien fait, joue de la flûte, sert de divertissement au roi de plus d'une manière. » Frédéric le couvrira de bienfaits et lui adresse un poème sans équivoque, à l'occasion de son déménagement pour le château de Charlottenbourg. Il y écrit que, dans ce nouveau lieu, « dans l'ivresse de l'amitié, l'ambition, l'inimitié, seront les seuls péchés taxés contre nature ». Cela étant, on ne sache pas que Frédéric ait jamais eu pour Fredersdorf les sentiments qu'il portait au malheureux von Katte, dont la mort le hantera toute sa vie. À la cour de France, les penchants de Frédéric sont également connus, puisque Choiseul écrit à son propos : « De la nature et des amours, Peux-tu condamner la tendresse, Toi qui ne connais l'ivresse, Que dans les bras de tes tambours ? »

La personnalité de Frédéric II a été passée au crible de la psychologie adlérienne (du nom de son inventeur) dans une étude présentée en 1984 par le Docteur Schachter. En gros, nous dit-on, « il ne fréquente que des hommes, mais pour se venger de son père qui lui a imposé une femme». «Il devient une imitation plus raffinée de son père.» Il souffre du complexe du nain, raison pour laquelle aussitôt roi, il dissout le régiment des grands gaillards mais, autre conséquence de ses traumatismes de jeunesse, il souffre également de dyslexie. «Il veut être un souverain modèle comme une compensation à sa dignité blessée par son père dans sa jeunesse.» Conclusion de l'auteur, que je vous livre in extenso : «Dans l'optique adlérienne, Frédéric II souffre du complexe tandem de Jules César et de Marc Antoine.» À bon entendeur salut!

N'étant pas fan de psychanalyse en général et de psychanalyse lacanienne en particulier, je sais néanmoins que les jeux de mots et les lapsus revêtent dans ces disciplines une importance significative. En la matière, récapitulons les noms des amis ou amours de jeunesse de Frédéric II. Von Keith, celui qui est exilé, von Katte, celui qui est exécuté sous ses yeux. Et comment se nommera le très séduisant secrétaire particulier et confident suisse que Frédéric gardera auprès de lui pendant vingt-deux ans? Henri… de Catt!

Trois hommes sont dans un château, von Keith, von Katte et de Catt; les trois hommes de sa vie!

Qu'est-ce que vous dites de ça?!

Récapitulons : nous avons passé en revue :

— Un père rongé de remords après avoir tué son fils (Ivan Le Terrible).

— Un père qui exile son fils et ne le verra plus pendant les quatorze dernières années de sa vie (Charles VII).

— Un père qui fait élever son fils comme un crétin (Louis XI).

— Un père qui échange sa liberté contre celle de ses deux fils et néglige le cadet qui pourtant lui succédera (François Ier).

— Un père qui fait assassiner son fils par son personnel ! (Soliman)

— Un père qui chipe les fiancées de son fils et le fait enfermer jusqu'à ce qu'il meure de désespoir (Philippe II).

— Un père qui, après avoir promis son pardon à son fugueur de fils, le fait torturer à mort (Pierre le Grand).

— Un père qui bat son fils, l'humilie, l'emprisonne et fait tuer son meilleur ami sous ses propres yeux (Frédéric-Guillaume Ier).

Nous avons notre content de pères indignes. Il est temps, maintenant, de passer à ces dames…

Dans la famille « Mères abusives »…

« Dans toute mère de famille, il y a une belle-mère qui sommeille. »

Francis de Croisset

L'histoire de France est pleine de souverains qui manifestèrent une soumission absolue à leur maman. À un bout de la frise chronologique, on pourrait citer un Charlemagne, qui révérait sa mère la très sage et très brillante Bertrade de Laon, alias Berthe au grand pied et, à l'autre bout, un Napoléon Ier qui, tout empereur qu'il fût, n'en menait pas large en présence de la « madre », femme qu'il jugeait admirable et à laquelle il avait conféré le titre de « Madame, mère de l'Empereur ». Femmes fortes dans des époques où naître femme n'était pas chose facile, ces dames furent-elles pour autant des mères abusives ?

Louise de Savoie, mère de François Ier, dont nous avons parlé au chapitre précédent, pourrait à juste titre figurer dans la famille « Mères abusives », de même qu'une Marie de Médicis, mère de Louis XIII, ou une Anne d'Autriche, mère de Louis XIV. À leur décharge, ces femmes, que la postérité allait taxer un peu trop complaisamment, selon le cas, de mères exclusives ou toutes-puissantes, eurent pour caractéristique commune de s'être retrouvées veuves prématurément et de devoir assumer la régence pour le compte de leur fils aîné. Pour survivre dans un monde d'hommes où leur autorité était sans cesse contestée, il leur fallut jouer des coudes, faire les gros yeux.

Revenons sur l'exemple de Louise de Savoie : son mari, Charles d'Angoulême, meurt en 1496. Le futur François Ier n'a que deux ans et elle-même se retrouve veuve alors qu'elle n'a pas vingt ans ! Mère ultra-possessive, elle va former avec son fils et sa fille une alliance familiale indéfectible autour de ce fils et frère adoré, alliance que les contemporains surnommeront la « trinité d'Amboise ». Ces trois-là étaient comme soudés. François ne prenait jamais une décision sans sa mère qui, elle, en prenait parfois sans lui ! Nous avons vu comment elle géra le royaume de France de main de maître pendant la captivité de son fils en Espagne, et comment elle renégocia pied à pied les clauses du traité de Madrid. François lui était si attaché, qu'il s'évanouit de douleur le jour de ses obsèques, (alors qu'il alla chasser le jour des obsèques officielles de son épouse Claude, ainsi que nous l'avons déjà mentionné). Sa tristesse était déchirante. Il savait que jamais plus personne ne l'aimerait autant que l'avait aimé sa mère. Désormais, il devrait régner seul, absolument seul…

Reprenons les noms déjà évoqués de reines conduites à exercer le pouvoir par suite de la disparition précoce de leur époux : nous pourrions examiner le cas Marie de Médicis qui se retrouva veuve d'Henri IV à trente-cinq ans, avec un fils âgé de huit ans, et d'Anne d'Autriche, veuve de Louis XIII à quarante-deux ans, avec un fils aîné âgé de cinq ans. La première des deux était une godiche qui se laissera mener par le bout du nez par ses favoris, Concini et la Galigaï, la seconde fut une femme de caractère dont l'intelligence et le goût du pouvoir contribuèrent à faire de Louis le roi d'exception qu'il devint à l'âge adulte.

Dans la famille « Mères abusives », certains s'attendraient peut-être à retrouver également Laetitia Ramolino, mère vénérée de Bonaparte ; veuve à trente-cinq ans avec huit enfants, elle dut se débrouiller toute seule pour faire vivre sa famille. Quel destin hors du commun que celui de cette femme qui, après avoir vécu d'expédients, se retrouva pratiquement du jour au lendemain mère d'un empereur, de trois rois, d'une reine et de deux princesses souveraines ! Ce n'est pas pour autant que Laetitia sera l'une des grandes figures de ce chapitre, car elle apparaît moins comme une mère abusive que comme une maîtresse femme, type idéal de la matrone romaine ou de la mère lacédémonienne, noble, austère, digne et mélancolique qui acquit chèrement le respect de ses enfants sans pour autant leur imposer une autorité ou une présence excessive. « Cette femme rare et, l'on peut bien dire, d'un caractère unique en France », écrira d'elle Stendhal dans sa *Vie de Napoléon*. En fait de « caractère unique », « Letizia » était surtout restée très corse ! Même son empereur de fils ne pouvait pas lui imposer quoi que ce soit. Comme chacun sait, elle n'assista pas au sacre le 2 décembre 1804 à Notre-Dame, non seulement parce qu'elle désapprouvait la volonté de son fils de devenir empereur, mais aussi et surtout parce que Napoléon, après s'être brouillé gravement avec Lucien, qui s'était remarié sans lui demander son avis, était à présent, et pour la même raison, en mauvais termes avec son frère Jérôme. Lucien, que Bonaparte avait naguère démis de ses fonctions de ministre de l'Intérieur puis nommé ambassadeur d'Espagne pour l'éloigner de Paris, était le préféré de Laetitia, même si elle s'en défendait, faisant remarquer noblement : «Celui de mes enfants que j'aime le plus, c'est toujours le plus malheureux.» Humilié et meurtri de ne pas avoir sa mère auprès de lui le jour de son apothéose, Napoléon demanda au peintre David de la représenter tout de même sur le tableau du sacre, afin que les Bonaparte offrent à la postérité l'image d'une famille harmonieuse et unie. Quand on sait les simagrées que firent les sœurs de Napoléon avant d'accepter de tenir la traîne de leur belle-sœur Joséphine ce jour-là, cela donne plutôt à sourire. Mais ceci est une autre histoire. Retenons plutôt ce que Napoléon en personne dira un jour de Madame sa mère : «C'est à ma mère que je dois ma fortune et tout ce que j'ai fait de bien.» Nul doute que Charlemagne en eût dit tout autant de Berthe au grand pied !

Plus que Laetitia et que les reines déjà citées, deux grandes figures féminines de notre histoire ont conservé l'image tenace et désobligeante de mères abusives. Il s'agit de Blanche de Castille, mère de Saint Louis, et de Catherine de Médicis, mère de trois rois de France : François II, Charles IX et Henri III de Valois. C'est à elles que nous allons maintenant nous intéresser.

Je demande Blanche de Castille…

La reine Blanche de Castille, noble et belle figure féminine de l'histoire de France est invariablement décrite dans les manuels scolaires comme «la» mère abusive par excellence. D'un livre à l'autre, elle se voit qualifier de belle-mère acariâtre quand elle n'est pas traitée de «virago», terme dérivé du latin «*vir*» (homme), désignant une femme d'allure virile au comportement masculin. Bien des historiens ont vu dans cette reine une femme assoiffée de pouvoir et peu désireuse de transmettre celui-ci à son fils aîné, tandis que la grande médiéviste Régine Pernoud conteste cette réputation de femme monolithique, froide et insensible.

Avant toute chose, il convient de rappeler que Blanche est à la fois espagnole et franco-anglaise, même si dans son époque ces termes sont inappropriés. Son père est Alphonse VIII le Noble, roi de Castille, sa mère est Aliénor d'Angleterre, fille du roi d'Angleterre et de la grande Aliénor d'Aquitaine. Autrement dit, la grand-mère maternelle de Blanche est cette femme absolument exceptionnelle qui fut à la fois reine de France et reine d'Angleterre. En 1152, Aliénor n'hésita pas à quitter son triste sire de mari, dans une époque où la chose était impensable et scandaleuse, pour épouser un autre homme qui allait devenir roi d'Angleterre sous le nom d'Henri II Plantagenêt. Blanche a donc de qui tenir, étant à la fois petite-fille d'une femme de caractère et princesse castillane au sang chaud.

L'idée de la marier avec Louis, fils aîné du roi Philippe-Auguste, vint précisément de sa grand-mère Aliénor qui espérait ainsi mettre un terme au long conflit des Capétiens et des Plantagenêts. Aliénor tenait beaucoup à cette réconciliation et se rendit elle-même en Castille, en 1200, pour aller chercher sa petite-fille Blanche et la ramener à la cour de France. Ce fut d'ailleurs là son dernier acte politique.

Pourquoi Blanche et pas une autre ? La légende veut qu'Aliénor l'ait choisie en raison de son prénom. Son autre sœur à marier se prénommait en effet Urraca, ce qui aurait été difficilement prononçable pour des Français, là où Blanca serait aisément transformé en Blanche.

Née le 4 mars 1188, Blanca a douze ans, âge de la majorité pour les filles à cette époque, lorsqu'elle épouse, le 23 mai 1200, le jeune Louis, âgé lui de quatorze ans,

Ils formeront un ménage des plus harmonieux, Louis étant décrit comme un « homme pieux, généreux, aimable et vaillant ». En vingt ans de mariage, entre 1205 et 1225, Blanche aura douze enfants du futur Louis VIII. Elle donne naissance au premier à l'âge de dix-sept ans et au dernier à vingt-sept ans. Né le 25 avril 1214, Louis est son troisième fils, il n'est donc pas appelé à régner et Blanche pensera un temps faire de lui un moine.

Avant même que les circonstances ne l'obligent à prendre les rênes du pouvoir, Blanche aura l'occasion de manifester sa force de caractère et sa détermination. Lorsque son mari part en Angleterre et que le roi Philippe Auguste, son père, refuse de lui envoyer de l'argent, Blanche menace son beau-père de mettre ses enfants en gage. C'est cet aplomb qui fait dire au duc de Levis Mirepoix qu'elle était « digne, dure, altière et même revêche » ; on aurait peut-être dit dans le foyer d'un simple particulier qu'elle était insupportable.

Il est certain qu'elle manifeste de l'assurance et ne se laisse pas dicter sa conduite. L'historien Nicolas Filleau de la Chaise raconte ainsi que la reine Blanche nourrissait elle-même ses enfants, ce qu'une reine de France n'était pas supposée faire. Elle s'acquittait même de ce devoir avec un soin jaloux, ne voulant pas que le futur Saint Louis prît d'autre lait que le sien. Un jour, alors qu'elle était trop fiévreuse pour nourrir son fils, une dame de la cour, qui allaitait aussi le sien, présenta son sein à l'enfant royal qui le saisit avidement. Blanche, revenue de son accès de fièvre, présenta aussi son mamelon au prince qui le refusa. Elle demanda si l'on avait donné à téter à son fils. Celle qui avait rendu cet office s'étant nommée, Blanche mit le doigt dans la bouche de son fils et lui fit rejeter le lait qu'il avait pris. Comme cette action étonnait ceux qui se trouvaient présents : « Hé quoi, leur dit elle, prétendez-vous que je souffre qu'on m'ôte le titre de mère que je tiens de Dieu et de la nature !? »

Que cette anecdote soit vraie ou fausse, il est indéniable que Blanche s'occupa de ses enfants au-delà de ce que l'on attendait d'une reine. Bien des années après la mort de Louis IX, ses hagiographes et Joinville, confident de Saint Louis en particulier, mais aussi Charles d'Anjou déposant au procès de sa canonisation insisteront tous sur la part prépondérante que tint la reine Blanche dans la formation de son fils. Blanche le connaît mieux que quiconque, écrit Régine Pernoud, et « c'est avec émerveillement qu'elle voit grandir ce fils qui dépasse ses espérances. Elle met toute sa vigilance, toute sa tendresse à bien l'élever, à le préparer soigneusement à la grande tâche qui l'attend. Elle lui procure les meilleurs maîtres, veille sur ses études et prend soin de le confier à des clercs qu'elle sait pieux et irréprochables[1] ». Selon un chroniqueur contemporain, Louis est d'évidence « celui qu'elle aimait avant tous les autres ».

Se fondant sur les témoignages selon lesquels elle aurait déclaré préférer voir son fils mort plutôt qu'en état de péché mortel, certains ont déduit que Blanche était une croyante intransigeante à l'excès, pour ne pas dire exaltée. Là encore, Régine Pernoud nous apporte un éclairage précieux en rappelant que l'idée selon laquelle la mort du corps est préférable à la mort de l'âme est très puissamment ancrée dans l'esprit de chacun à l'époque. Cette conviction n'est donc en rien celle d'une mère exceptionnellement pieuse à la dévotion rigide, mais celle d'une humble croyante. En revanche, il est tout à fait exact que Louis grandira entouré d'hommes de Dieu, et sera abondamment nourri de l'enseignement de saint Augustin, *La Cité de*

1. Régine Pernoud, *La Reine Blanche*.

Dieu, une vision politique fondée sur la correspondance de l'ordre du monde avec la volonté divine.

En 1218, Blanche et Louis perdent leur fils aîné, Philippe, qui meurt à l'âge de neuf ans. À quatre ans, Louis devient donc l'aîné d'une famille nombreuse. Huit ans plus tard, alors que son éducation est encore loin d'être achevée, il perd brutalement son père qui succombe de dysenterie le 8 novembre 1226, alors qu'il regagnait Paris après avoir mené campagne dans le sud de la France contre les Albigeois. Apprenant la mort de son mari, Blanche est folle de douleur et de désespoir. On assure que, sous le choc de la nouvelle, elle se serait donné la mort si on ne l'avait retenue. « Cette mort l'atteignait dans tout son être dans toute ses fibres. Louis était tout pour elle ; sa mort ruinait deux existences[1]. »

À peine trois ans de règne et voilà Blanche seule avec un petit garçon qui n'était pas destiné à devenir roi. Elle a trente-six ans. Son mari est mort, son père est mort, sa mère est morte. Cette mère étrangère n'a ni parenté, ni ami dans tout le royaume, écrit Joinville. Du jour au lendemain, elle doit régler seule les conflits en cours, faire face aux revendications des barons et aux troubles de l'Église. Elle n'a pas le choix, il lui faut prendre sur elle, dominer sa peine et faire au plus vite couronner son fils.

Les choses ne vont d'ailleurs pas traîner : les obsèques de Louis VIII ont lieu le 15 novembre 1226. Deux semaines plus tard, le 29 novembre, après avoir été fait chevalier à Soissons, Louis est

1. Régine Pernoud, *op. cit.*

sacré à Reims en présence de la plupart de ceux qui, sur le lit de mort de son père, avaient prêté serment de le servir fidèlement.

Désormais, Louis est roi. Mais il n'a que douze ans. Est-ce à lui de mâter les barons révoltés ? N'est-il pas légitime que sa mère occupe le premier plan durant les années qui le séparent encore de sa majorité et qu'à défaut d'avoir le titre de régente elle en exerce l'autorité ? Louis n'est-il qu'un adolescent dépossédé du pouvoir par une mère autoritaire, ou un roi trop jeune pour régner que sa mère associe autant que possible à l'exercice du pouvoir ? Peut-on parler, comme le fait Gérard Sivéry dans *Saint Louis et son siècle*, d'une « volonté de domination exclusive de Blanche sur son fils Louis », ou doit-on considérer avec Régine Pernoud que Blanche n'a pas d'autre choix que de se montrer forte, de prendre les choses en main, et que « la douceur féminine n'est pas ce que l'histoire demande à une mère qui défend le trône de son fils » ? « Être reine à l'époque, ajoute Régine Pernoud, ce n'est pas jouer un rôle décoratif, c'est se vouer à une tâche exigeante, prendre une part active à l'administration du royaume, et parfois l'assumer seule. »

Dans les années qui suivent la mort de Louis VIII, il y aura des prises d'armes, des combats, Louis sera à deux doigts d'être enlevé par les barons et devra se mettre sous la protection des bourgeois de Paris. Pendant toutes ces années, les actes royaux seront signés indifféremment par sa mère ou par lui et il est donc assez difficile de déterminer les décisions prises par l'un ou par l'autre. Mais cela atteste au moins du fait que Louis n'avait jamais cessé d'être associé aux décisions, quand bien même il n'en était pas toujours à l'origine.

Belle-mère abusive...

Les années passent avec leur cortège de dangers et de médisances. Le pouvoir de Blanche est constamment mis en cause par les barons qui l'accusent de retarder délibérément le mariage de Louis, alors que celui-ci a quatorze ans, pour rester maîtresse du pouvoir. Les barons auraient bien voulu renvoyer Blanche et son entourage, et prendre eux-mêmes en main le gouvernement du royaume, sous l'autorité nominale du jeune roi qu'on aurait déclaré majeur du fait de son mariage. N'avait-elle pas déjà interdit à son fils de faire valoir ses droits sur la Castille? Quand à son mariage, il est vrai qu'elle avait trop longtemps laissé traîner les choses.

Blanche choisit elle-même la future femme de son fils. Bien que roi, il était encore mineur à ce moment-là, donc il était normal que ce choix revienne à sa mère et au conseil royal et non à lui. Ce sera Marguerite de Provence, aînée des quatre filles de Bérenger IV, comte de Provence

L'écrivain Guy Breton, spécialiste des histoires d'alcôves de l'histoire de France, qui se plaît à épouser pleinement la thèse d'une Blanche de Castille mère abusive pour ne pas dire «castratrice», prétend que Blanche ne voulait pas d'une femme trop jolie afin que son fils ne tombât pas dans «les pièges de l'amour sensuel». Elle craignait aussi que sa belle-fille ne prît trop d'ascendant sur le roi, alors qu'elle même «voulait continuer à régner sur le cœur et l'esprit de son fils, comme par le passé». Il semble pourtant que Marguerite ait été fort jolie et très désirable puisque Louis IX s'accusera souvent en confession d'un manque de contrôle sur ses pulsions sexuelles qu'il refrénait, notamment en période de Carême, en marchant pieds nus sur le carrelage. Mais revenons au mariage des jeunes gens.

Le 27 mai 1234, Marguerite de Provence, âgée de treize ans, épouse en la cathédrale de Sens Louis, qui vient tout juste d'en avoir vingt. Sur leur anneau nuptial est écrit : «Hors Dieu et cet anel, n'aie point autre amour.»

Même si c'est elle qui a choisi Marguerite, l'arrivée de cette jeune femme à la cour est un moment difficile à vivre pour Blanche. Il va bien lui falloir partager son fils chéri avec sa belle-fille. Ensuite, il y aura désormais deux reines à la cour. Or, Blanche est loin d'être une vieille femme : elle n'a que quarante-six ans et n'est pas disposée du tout à lâcher les rênes du pouvoir. Ce pouvoir qui s'est imposé à elle, elle y a pris goût «comme une charge et un deuil», et elle entend bien qu'autour d'elle, à la cour, chacun considère cet exercice «comme le premier des devoirs, celui qui ne souffre ni médiocrité, ni retard, ni amusement, ni excuse»! Pas facile pour la petite Marguerite d'avoir Blanche pour belle-mère. Comme on aurait pu s'y attendre, Blanche va la traiter durement.

Les premières années du mariage de Louis et la cohabitation belle-mère belle-fille sont riches en anecdotes rapportées avec force détails par les chroniqueurs du temps, à commencer par le confesseur de Marguerite. À l'entendre, Louis tint à ce que la consommation du mariage fût précédée d'une veillée de prière de trois nuits. Revisité par Guy Breton, cet épisode de la vie de Saint Louis est agrémenté d'un détail amusant : Louis aurait attendu l'autorisation de sa maman pour pouvoir aller convoler en justes noces. « Allez-y, dit-elle d'un ton aigre, et songez à votre descendance ! Puis, elle se plaça dans le couloir et attendit en faisant les cent pas. Quand les choses lui semblèrent terminées, elle entra dans la chambre nuptiale. En voilà assez pour ce soir ! Maintenant Louis, relevez-vous. Et sans un mot pour Marguerite, elle ordonna au roi d'aller finir sa nuit tout seul dans une pièce voisine. »

Si cette anecdote est assez peu crédible, Joinville nous confirme tout de même que Blanche aurait pris ombrage de voir son fils aussi amoureux de sa jeune femme, et qu'elle s'ingénia à limiter les moments d'intimité du jeune couple : « La reine Blanche ne voulait pas souffrir autant qu'elle le pouvait que son fils fût en compagnie de sa femme, si ce n'est le soir quand il allait coucher avec elle. » Toujours d'après Joinville, Louis et Marguerite séjournaient le plus souvent possible au château de Pontoise, car leurs chambres respectives s'y trouvaient l'une au-dessus de l'autre, réunies par un escalier en colimaçon et, par chance, fort éloignées de celle de la reine mère. Ils se retrouvaient donc discrètement dans l'escalier pour y tenir conciliabule, échappant ainsi à la surveillance minutieuse de Blanche. Voilà pourquoi Pontoise devint leur résidence favorite. N'est-ce pas attendrissant de songer au si noble roi que fut Louis IX, se livrant à toutes sortes de stratagèmes pour pouvoir passer davantage de temps avec la femme qu'il aime ? On se croirait dans une pièce de Feydeau, Labiche ou quelque vaudeville de la même eau !

Joinville raconte que les époux demandaient à ce que l'on tapât à leur porte pour les prévenir de l'arrivée de Blanche et qu'ils postaient parfois devant leur porte un petit chien dont les jappements les avertissaient de la présence de la reine mère dans les couloirs. Il suffisait alors à Louis d'emprunter in extremis l'escalier en colimaçon pour regagner sa propre chambre. Lorsqu'il était pris sur le fait, Louis, pourtant roi de France, était incapable de désobéir à sa mère et quittait la pièce séance tenante.

Reste que, quelque tatillonne que fût la surveillance de Blanche, son fils parvint tout de même à faire onze enfants à sa jeune épouse ! Il est vrai qu'ils étaient restés six ans sans avoir de descendance. Peut-être Louis IX se montra-t-il dans un premier temps plus doué pour la prière que pour les plaisirs de la chair ? Et puis, n'oublions pas non plus que Marguerite n'avait que treize ans quand Louis l'épousa.

Autre anecdote célèbre, également racontée par Joinville : un jour où Marguerite était malade et où Louis, en mari aimant et inquiet, se trouvait à son chevet, tenant ses mains dans les siennes, Blanche fit irruption dans la chambre de sa belle-fille et ordonna à Louis de laisser sa femme et de venir travailler aux affaires du royaume. « La jeune reine alors fondit en larmes. “Ah, s’écria-t-elle, ne me laissera-t-on voir mon seigneur ni en la vie ni en la mort ?” Et elle s’évanouit. » Blanche, qui n’était pas du genre à s’apitoyer pour si peu, considérait que Louis devait faire passer ses devoirs de roi avant ses sentiments personnels. Pour la malade qui avait juste besoin d’un peu de réconfort, la potion était amère, mais il n’y avait rien à faire, il fallait toujours céder devant l’impérieuse Castillane.

Blanche a-t-elle dépassé les bornes, abusé de son autorité ? Là encore, Régine Pernoud ne partage pas cette analyse. Selon elle, Blanche n’en veut pas à Marguerite d’être la femme de Louis, elle lui en veut « du temps que son fils dérobe pour elle, simple fillette sans compétence, à ses devoirs de roi ». Dans ces conditions, on peut comprendre que les relations belle-mère belle-fille soient devenues de plus en plus tendues, voire hostiles, tandis que Louis, tiraillé entre deux femmes qu’il aimait et respectait, cherchait à les faire cohabiter le plus pacifiquement possible.

En avril 1235, à vingt et un ans, Louis IX désormais majeur devient pleinement roi. Blanche conserve cependant toute son influence et son fils continue à l’associer à tous les actes du gouvernement, au point que les historiens du temps n’ont pas jugé bon de noter le moment où il atteignit sa majorité.

Le 12 juillet 1240, Louis et Marguerite ont leur tout premier enfant : une fille qui se prénomme… Blanche ! L'enfant décède (une autre petite Blanche verra le jour en 1253), mais c'est à partir de 1244, quand Marguerite donne naissance à un fils, qu'elle commence à s'affirmer davantage face à sa belle-mère. Du coup, Blanche viendra moins souvent à la cour, restant plus souvent en son Hôtel de Nesle ou dans ses domaines.

Cette même année 1244, Louis IX tombe très gravement malade, au point que l'on croit sa dernière heure arrivée. Il se remet mais, pendant sa maladie, il a fait le vœu de partir en croisade pour délivrer le tombeau du Christ. Pour une fois, épouse et belle-mère sont du même avis : elles tentent de toutes leurs forces de l'en dissuader. Blanche le supplie de n'en rien faire. « Rappelle-toi que c'est une grande vertu et qui plaît à Dieu, d'écouter sa mère et se ranger à ses voies. »

Sur le moment, Louis va céder, mais remâchera longuement ce projet. Le temps de faire construire un port à Aigues-Mortes, pour embarquer l'armée royale – le royaume de France ne disposant alors d'aucun port sur la Méditerranée –, et voilà le départ programmé. Louis IX a décidé d'emmener sa femme avec lui.

On a pensé que le geste du roi avait été, pour une part, celui d'un homme impatient de se dégager de la tutelle de sa mère. Un historien a même été jusqu'à dire que Louis rêvait d'être enfin seul avec sa femme. C'était en tout cas l'avis de certains contemporains. Louis IX partant en croisade pour fuir sa maman ? Ce serait méconnaître la foi très profonde qui guidait le roi dans ce projet de reconquête du tombeau du Christ. De plus, s'il laisse sa mère derrière lui, c'est qu'elle est la seule personne à laquelle il peut confier son royaume. Il l'a faite régente, lui a donné les pleins pouvoirs et la garde de ses trois aînés.

Le 12 juin 1248, c'est le jour du grand départ pour la Terre sainte. Une longue procession s'achemine vers la sortie de Paris. Mère et fils doivent se séparer à Corbeil. Blanche n'arrive pas à quitter Louis et c'est lui qui doit lui imposer de ne plus le suivre. Elle a peur de ne plus jamais le revoir, ce en quoi elle a malheureusement raison. Est-ce qu'une mère impérieuse, dominatrice, avide de pouvoir personnel se serait évanouie comme elle le fit à l'heure de se séparer de son fils ? Bien au contraire, elle se serait réjouie d'avoir les mains libres.

Le 25 août 1248, Louis IX s'embarque à Aigues-Mortes avec sa femme. Il y aura la triomphale prise de Damiette, puis les déconvenues. Le 7 avril 1250, Louis est fait prisonnier à Mansourah.

Pendant que son fils est à la croisade, Blanche s'agite pour lui trouver de l'argent. Mais elle tombe subitement malade. Rendue à la toute dernière extrémité, elle demande à ce qu'on la couche sur un lit de cendres revêtue de l'habit religieux. Après une agonie de quelques jours, elle meurt le 27 novembre 1252. Son fils ne l'apprendra que plusieurs mois plus tard, à la fin du printemps 1253. On sait par Joinville qu'il fut terrassé par le chagrin. Il fondit en larmes et ne voulut plus voir personne pendant deux jours.

Lorsque Joinville s'étonne de voir Louis s'affliger exagérément de la mort de sa mère, le roi lui avoue « qu'il l'aime par-dessus toutes les créatures, car elle lui a transmis la vie et qu'il doit davantage de gratitude à celle dont il est le prolongement qu'à celui dans lequel il se survit ». Dans *Saint Louis et son siècle*, l'historien Gérard Sivéry rend hommage à cette vénération des ancêtres, fort éloignée de notre mentalité actuelle, davantage tournée vers l'enfant.

Joinville fut également très surpris au moment de la mort de Blanche de voir la tristesse de Marguerite. « C'était la femme que vous haïssiez le plus », lui dit Joinville. Car la mésentente entre les deux femmes était de notoriété publique. Marguerite lui avoua alors que ce n'était pas tant la disparition de sa belle-mère qui l'affligeait que le chagrin que cette mort faisait à son mari.

Longtemps après la mort de Blanche, son souvenir restera aussi vivant que si elle était morte la veille. Jusqu'à sa propre disparition, lorsqu'il devait prendre une décision, Louis se demandait toujours ce que sa mère aurait fait à sa place. Il ne l'appelait que « Blanche la sage » ou « Blanche la vaillante ». Elle fut sans aucun doute la personne qu'il aima le plus au monde.

Parvenus à ce stade de notre récit, c'est Marguerite qu'il est dans notre intention d'allonger sur un bon divan. Pourquoi elle? Parce que cela ne fut sans doute pas facile tous les jours d'avoir une belle-mère comme Blanche et un mari qui soit aussi proche de sa mère. Et puis, vous connaissez beaucoup de reines de France qui vécurent avec un saint? Certes, Louis IX mort en 1270 ne fut canonisé que vingt-sept ans après sa mort, mais Marguerite de Provence aura tout de même vécu trente-six ans durant avec une sorte de moine couronné et un saint en puissance, ce qui n'est pas donné à tout le monde!

Marguerite sur le divan…

Si Blanche avait pu voir le comportement de sa belle-fille au cours de la Septième Croisade, sa jalousie eût sans doute cédé le pas à la fierté. Car Marguerite y fit preuve d'un signalé courage. Au moment où l'armée royale est défaite à Damiette et Louis fait prisonnier, elle est à deux doigts d'accoucher. Alors que les Italiens se disposent à fuir la ville, elle va retourner la situation et parvenir à conserver Damiette pour en faire une partie de la rançon qui paiera la liberté de son mari. En plein accouchement, elle demande au chevalier chargé de sa protection de la tuer sur-le-champ si les Sarrasins venaient à prendre la ville. Son fils Jean naît donc à Damiette, dans ces circonstances critiques. Mari prisonnier, ville assiégée, jeune accouchée… Le nourrisson sera surnommé Tristan, à cause de la tristesse de ces journées; après lui, Marguerite donnera naissance à deux autres enfants pendant la croisade.

À son retour en France, c'est elle qui saura convaincre son mari, accablé par son échec dans la conquête de la Terre sainte, de ne pas entrer dans les ordres. Louis IX a songé en effet un moment à entrer chez les cisterciens de l'abbaye de Royaumont ou chez les cordeliers. Sa décision paraissait prise et c'est Marguerite qui l'en a détourné. Elle a su le convaincre qu'en faisant cela il exposerait son royaume à tous les dangers, alors que son fils aîné n'avait encore que dix ans. Louis céda. Une victoire pour Marguerite. Elle dut avoir une pensée pour sa belle-mère qui, elle, n'avait pas réussi à empêcher son fils de se croiser.

Lors de son départ pour la Huitième Croisade, en 1270, le roi Louis IX laissera cette fois son épouse derrière lui. D'aucuns en ont conclu que leurs relations s'étaient détériorées. En fait, Marguerite a alors quarante-neuf ans, n'a plus l'énergie de la petite Provençale de vingt-six ans qu'elle était en 1248 et redoute de se lancer dans une expédition aussi exténuante. Fait notable : en partant, Louis ne lui laisse pas la régence, ce qui prouve bien, si besoin était, qu'il avait davantage confiance en sa mère qu'en sa femme.

Phénomène tout à fait intéressant sur le plan psychologique : quand Marguerite devint veuve, elle se révéla aussi altière, aussi intransigeante que Blanche de Castille dont elle avait eu tellement à souffrir. Elle va tenter de devenir une nouvelle Blanche et de prendre une sorte de revanche posthume sur cette grande reine qui la traitait en fillette. Sept ans avant la mort de son mari, au printemps 1263, elle avait déjà réussi à obtenir de son fils Philippe la promesse solennelle de rester sous sa tutelle jusqu'à l'âge de trente ans, si elle survivait à son père. Il promet également de ne prendre d'autres conseillers que ceux qui seraient approuvés par elle, de lui révéler tous les projets qui seraient dirigés contre elle, de ne distribuer de largesses que dans la mesure où elle y consentirait. Qui se serait attendu à ce que la reine manifeste un tel appétit de pouvoir ? Telle belle-mère, telle belle-fille ?

Après avoir promis tout ce que voulait sa mère, Philippe, réalisant qu'elle allait le réduire à une minorité indigne, jusqu'à l'âge de trente ans, alla tout avouer à son père. Louis dépêcha immédiatement des messagers au pape : le 6 juillet suivant, le pape annula ce serment par une bulle, en rappelant à Philippe à quel point il avait été imprudent de sa part de souscrire de tels engagements. L'anecdote est édifiante et atteste de ce que Marguerite entendait bien se comporter avec son fils Philippe, futur roi de France, comme Blanche l'avait fait avant elle avec son fils Louis.

Marchant toujours sur les brisées de Blanche, Marguerite se comportera exactement de la même manière que celle-ci avec sa propre belle-fille. Un vrai phénomène de transfert observerait probablement un analyste. Comme Blanche avant elle, Marguerite considère que sa belle-fille a trop d'influence sur son fils. Elle reproduit donc exactement le même schéma que sa propre belle-mère.

Marguerite passera les dernières années de sa vie à user de son influence pour tenter de récupérer la Provence pour l'adjoindre au royaume de France. Elle meurt le 20 décembre 1295, à l'âge de soixante-quinze ans, sans y être parvenue. Et pour cause, commente lapidairement Régine Pernoud : « Il y avait eu, il y aurait encore beaucoup de reines en France. Mais il ne pouvait y avoir qu'une reine Blanche. »

Au fait, comment fait-on au juste pour avoir un saint parmi ses enfants ? Parce que tout de même, la sœur aînée de Blanche, Bérengère, eut un saint parmi ses fils (Ferdinand III), et Blanche en eut deux, entre Saint Louis, et sa sœur Isabelle, qui, elle, fut béatifiée. Si vous avez un tuyau, ça peut m'intéresser.

Je demande Catherine de Médicis…

À la faveur de notre chapitre « Pères indignes », nous avons déjà croisé Catherine de Médicis et dit quelques mots de son mariage avec Henri II. Catherine est cette adolescente italienne pas très jolie, un peu boulotte, nièce du pape Clément VII et seule descendante directe et légitime du grand Laurent de Médicis. Si François Ier marie la petite duchesse d'Urbino à son fils Henri c'est pour la dot mirobolante et les possessions italiennes que cette union rapportera au royaume de France. La cérémonie a lieu à Marseille, en présence du pape, le 28 octobre 1533. Entre Henri et Catherine, alors âgés tous deux de quatorze ans, il n'est pas question d'amour. Ou plutôt si, mais d'un amour à sens unique. Catherine aimera éperdument Henri, qui sera l'unique amour de sa vie. Mais Henri, nous l'avons déjà évoqué dans ces pages, s'est voué corps et âme à la grande sénéchale, Diane de Poitiers qui, par un curieux effet du hasard, se trouve d'ailleurs être une lointaine cousine de Catherine, par la défunte mère de cette dernière, Madeleine de la Tour d'Auvergne.

Pour Catherine, qui ne parvient pas à être mère, les dix premières années de son mariage sont des années d'intense frustration. Si elle était restée l'épouse du fils cadet de François Ier, on ne s'en serait pas davantage formalisé, mais après la mort subite du fils aîné, le dauphin François, le 10 août 1536, Henri, désormais héritier du trône, ne saurait demeurer sans descendance.

Purée de vers de terre, bois de cerf pilé, bouse de vache, urine de mule... Catherine ingurgite toutes les potions et tous les remèdes possibles, pour lutter contre sa stérilité, car elle sait qu'elle est à deux doigts de la répudiation. D'autant qu'Henri, alors qu'il guerroyait en Italie, a engrossé une certaine Ducci, que l'on ramène en France, et dont on surveille de près la grossesse. L'enfant, une fille, sera légitimée sous le nom de Diane de France. C'en est fait, Catherine se croit perdue ! Jusqu'à cette naissance, le doute planait encore ; on envisageait que ce puisse être le dauphin et non elle qui soit stérile, parce qu'Henri était affecté d'une sorte de distorsion du sexe nommée hypospadias. Cela ne l'empêchait pas de se livrer à des joutes amoureuses, mais semblait alors lui interdire de concevoir.

Finalement, le médecin Fernel ayant expliqué à Catherine comment son mari et elle-même devaient faire l'amour pour que la semence delphinale parvienne à bon port, la dauphine se retrouve enfin enceinte en mai 1543. Son premier enfant, le futur François II, naît le 19 janvier 1544. Souvenez-vous, nous avons déjà évoqué la présence du roi François Ier à l'accouchement, fou de joie d'avoir ainsi un premier petit-fils auquel il donnera son prénom.

La stérilité tenace de Catherine aura donc duré dix ans (entre ses quatorze et ses vingt-quatre ans) mais, durant les onze années suivantes, elle donnera finalement le jour à dix enfants, François compris.

Ça y est, Catherine est mère ! Un critère essentiel pour figurer dans la famille « Mères abusives ». Mais nous n'en sommes pas encore tout à fait là, et, pour elle, l'heure est encore à la frustration.

Car elle a une rivale toute-puissante à laquelle elle doit à la fois ses plus grands moments de joie et ses plus grands tourments. Catherine dépend en effet entièrement du bon vouloir de Diane de Poitiers. Henri estime Catherine et la respecte, mais il ne l'a jamais aimée et se passerait fort bien d'accomplir son devoir conjugal si sa maîtresse ne le poussait régulièrement dans la chambre de son épouse. Michelet a décrit la situation en ces termes : « Quand Henri II couchait avec sa femme, c'est que Diane l'avait exigé. » Diane transforme Catherine en poule pondeuse ; elle n'a plus aucun répit, elle est désormais constamment enceinte. Comble de l'humiliation, dès qu'elle a un enfant, Diane le prend et se charge de l'élever. Elle en fera autant pour tous les enfants qui, à ses yeux, ne sont pas ceux de Catherine qui n'est qu'un ventre, mais ceux d'Henri II, donc les siens !

Jamais Catherine n'aura voix au chapitre dans le choix des nourrices ou des maîtres de sa progéniture. C'est Diane qui en décide. Catherine fait les enfants d'Henri, Diane les élève. Cette situation est aussi déchirante qu'humiliante. Catherine n'a de reine que le titre, tandis que Diane règne en pleine lumière sur le cœur du roi.

Ce ménage à trois va durer vingt ans. Le soir, quand il arrive qu'ils soient réunis tous les trois, Henri envoie sa femme se coucher comme on le ferait pour un enfant. Un contemporain raconte que, dans ces moments-là, elle part en donnant des coups de pied furieux dans les meubles, ivre de rage, de jalousie et d'humiliation. « C'est l'intelligence des deux femmes et la soumission de Catherine qui permirent à ce trio de durer aussi longtemps, écrit Jean Orieux. Elle étouffait ses sentiments, tentait de juguler le fleuve de haine qui en aurait emporté bien d'autres[1]. »

Quand, le 30 juin 1559, Henri II est mortellement blessé par un coup de lance dans l'œil au cours d'un tournoi, Catherine peut enfin agir en reine et se payer le luxe d'interdire à Diane l'accès à la chambre où le roi va agoniser dix jours durant, jusqu'à sa

1. Jean Orieux, *Catherine de Médicis*.

mort le 10 juillet. Ce dut être un moment atroce, teinté de désespoir et d'ivresse. Vivant, le roi appartenait à Diane, mourant, il lui appartient à elle! Pendant vingt ans, Catherine a vécu dans l'ombre, feint la soumission à sa rivale, mais voici son heure venue. Aussitôt, elle fait dire à Diane de quitter la cour et de restituer les bijoux de la couronne dont Henri lui avait fait cadeau. Diane s'attendait à ce que Catherine se vengeât à mort, mais celle-ci se montre au contraire parfaitement élégante compte tenu des circonstances; elle se contente de récupérer le château de Chenonceaux, bien inaliénable de la couronne, et donne en échange à Diane le château de Chaumont. Quel *fair play*! Cela ne l'empêchera pas, quarante ans plus tard, dans ses lettres à sa fille Marguerite, de qualifier Diane de «putain du roi».

Catherine est tellement bouleversée par la mort de son mari qu'elle ne peut plus supporter la vue des lieux où il est mort. Elle fait raser le château des Tournelles sur les ruines duquel Henri IV créera plus tard la place des Vosges. Désormais, elle ne s'habillera plus qu'en noir et prendra comme emblème une lance brisée portant pour devise «*Lacrymae hinc, hinc dolor*» (De là viennent mes larmes et ma douleur).

Catherine vient d'avoir quarante ans. Veuve inconsolable, elle va reporter tout l'amour qu'elle portait à son mari sur ses enfants et compenser toutes ces années de soumission pendant lesquelles elle fut privée d'eux. «Elle va se consacrer corps et âme à sa progéniture et au pouvoir, ce qui pour elle revenait au même, ses fils étant la source même du pouvoir[1]. » Pendant trente ans, elle va tenter de sauver du chaos et de la haine à la fois sa propre famille et le royaume de France.

À la mort d'Henri II, Catherine devient régente. François, son fils aîné, a quinze ans et demi, mais c'est un jeune garçon très fragile. À tel point d'ailleurs que, voyant son père mourant, il est « tombé dans les pommes » sous le coup de l'émotion. « Chétif, laid, malsain, une mauvaise conformation l'empêchait de respirer, sauf la bouche ouverte. [...] Avec cela inintelligent, irritable, sujet à des emportements frénétiques, à des pertes d'équilibre, à des accès d'agressivité morbides », voilà le portrait de l'éphémère roi François II. Il n'a d'autre volonté que celle de sa mère, est incapable de prendre une décision sans elle. Voici le préambule de tous les actes royaux de son règne éclair : « Étant le bon plaisir de la reine, ma mère et dame, moi aussi approuvant les choses dont elle est d'avis, je suis content et je commande que... » On l'a bien compris, c'est Catherine qui décide et le docile François qui signe. François meurt d'une mastoïdite le 5 décembre 1560, après moins d'un an et demi de règne.

Côté santé, ses frères et sœurs ne valent malheureusement guère mieux. Tous souffrent, à des degrés divers, d'affections tuberculeuses et aucun d'entre eux n'a la santé d'un François Ier ou même la robustesse de leur père Henri. Pas brillant, le sang sacré des Valois !

1. Jean Orieux, *op.cit.*

Le 14 décembre 1560, dix jours après la mort de François II, Catherine, lors d'états généraux, met la haute main sur les affaires d'un royaume de France convoité par de puissants clans et menacé de sombrer dans les guerres de religion. Si elle veut préserver l'autorité monarchique des Valois (le gagne-pain de ses enfants !), il va lui falloir louvoyer entre le parti des Guises, soutenu par le très catholique Philippe II, roi d'Espagne (père de Don Carlos), et celui des Condé, protestants, soutenu par Elisabeth d'Angleterre, le tout sur fond de conflit aux Pays-Bas espagnols. Du pain sur la planche en perspective pour une veuve mère de famille nombreuse !

On sait que Catherine de Médicis aimait à se comparer à Blanche de Castille qui eut aussi à défendre bec et ongles la couronne de son fils dans une époque troublée. Mais, en fait de mère abusive, c'est Catherine qui, de ces deux dames, fut la championne toute catégorie ! Il est vrai que ses enfants ne pouvaient guère lui opposer de résistance, aucun d'entre eux n'ayant le charisme ou la grandeur d'âme d'un Saint Louis ! Parmi les enfants de Catherine, on aurait pu sans peine dénicher un démon, mais un saint, en aucun cas !

Charles IX n'a que dix ans lorsqu'il succède à François II. Aussi bien par son prénom que par son tempérament, il nous rappelle un autre Charles, le malheureux Don Carlos, fils de Philippe II, dont il est le contemporain. Lui non plus n'est pas très équilibré. La vue du sang lui procure une excitation morbide et il n'aime rien tant que de chasser à l'arme blanche et d'enfoncer son couteau dans la chair des animaux. À l'âge de dix ans, on l'oblige à assister au supplice et à la décapitation de cinquante-deux chefs protestants. Là encore, on songe au traumatisme d'un Don Carlos, obligé, lui aussi, des heures durant, de subir le spectacle de la torture et des bûchers. Nul n'aurait pu en ressortir indemne, alors moins encore un jeune garçon aussi instable.

Comme celui de son frère aîné, son règne – treize ans – sera surtout celui de Catherine. Elle le couve et ne le quitte pas d'une semelle. Charles IX lui remet tous les pouvoirs, car, fondamentalement, régner ne l'intéresse pas. Il n'aime que les armes, la chasse, la vénerie ; il rédigera d'ailleurs, peu de temps avant sa mort, un traité sur la chasse aux cerfs qui fera longtemps autorité. Il est surtout un homme de plein air ; il s'exténue dans toutes sortes d'exercices violents qui l'aident à surmonter ses crises de rage, mais probablement aussi à se prouver qu'il est encore vivant. Car le malheureux Charles meurt à petit feu de la tuberculose. Alors, il martèle l'enclume comme un forcené, façonne toutes sortes d'objets, souffle comme un perdu dans une trompe de chasse ou s'« extermine dans l'amour », selon la formule de Michelet. Ses enfantillages sont connus dans tout Paris. Parfois, il se déguise en cocher, cingle ceux qu'il croise de son fouet ou bien, se promenant dans les rues de Paris, il bastonne des passants au hasard. Décidément, Charles IX est vraiment *border line*, dirait-on de nos jours, et ressemble furieusement à Don Carlos. Ces deux-là auraient pu être frères jumeaux.

Ayant écarté du pouvoir le puissant clan des Guise, Catherine règne désormais sans partage, mais n'en a pas moins un gros sujet d'inquiétude avec le roi son fils. L'amiral Gaspard de Coligny, l'un des chefs du parti protestant avec Condé, a pris sur Charles un ascendant grandissant. Privé trop jeune d'un père dont il vénère la mémoire, Charles est en admiration devant lui et l'appelle d'ailleurs « mon père ». L'influence de Coligny sur le jeune roi est capitale pour le clan protestant – qui tient le roi, tient le royaume ! Si le roi se convertit, le royaume entier suivra. Charles IX et ses frères seront tentés par la conversion et, s'ils n'avaient pas eu aussi peur de leur mère, c'eût été chose faite. Cette dernière les en dissuada « énergiquement » ! La nièce d'un pape lotie d'enfants calvinistes ? Il aurait fait beau voir un tel scandale ! Néanmoins, elle tente d'imposer une certaine concorde dans le royaume, et c'est elle qui sera à l'origine de différents édits et traités de paix accordant aux protestants la liberté de conscience, ainsi qu'une certaine liberté religieuse[1]. C'est à cette négociatrice redoutable, d'une inébranlable fermeté, que le royaume devra les quatre années de paix qui suivront. Mais en 1567, les hostilités reprennent avec la « révolte des Gueux » aux Pays-Bas et la tentative avortée de kidnapping de la famille royale par le prince de Condé, qui prétendait, ce faisant, les écarter des

---

1. Édit de janvier, en 1562, et Paix d'Amboise, en 1563, qui n'accorde la liberté religieuse qu'aux nobles, et pour cette raison même sera vite contestée.

influences étrangères auxquelles il les jugeait soumis (« Surprise de Meaux », 28 septembre 1567).

Faute de parvenir à convertir Charles, Coligny menait depuis quelque temps déjà une entreprise de sape pour le pousser à s'affranchir de la tutelle de sa mère. Il encourageait les rêves de gloire de ce frêle roitelet qui avait déjà un pied dans la tombe, le persuadant qu'il pourrait, à la tête de son armée, venir en aide aux révoltés des Pays-Bas et vaincre la très catholique et très arrogante Espagne. La guerre contre l'Espagne, Catherine ne veut pas en entendre parler. Incapable de trancher sans la présence de sa mère, Charles y renoncera finalement, tout comme il avait naguère renoncé à la conversion ; on ne se battra donc pas aux Pays-Bas, mais en France même, où couve à présent la guerre civile.

En juillet 1569, Catherine de Médicis fait confisquer tous les biens de Coligny et lui intente un procès pour crime de lèse-majesté. Ce procès est l'œuvre personnelle de Charles IX qui, dans un revirement spectaculaire, non seulement trahit celui qu'il qualifiait naguère de père, mais offre aussi une somme astronomique pour sa tête. Toutes ces mesures n'intimident pas du tout l'amiral qui continue imperturbablement à conquérir place forte sur place forte dans le royaume. Charles IX reviendra à nouveau sur ses positions concernant Coligny, à partir du moment où lui-même sera sous l'influence d'une maîtresse huguenote, une certaine Marie Touchet. Avec Charles, c'est toujours le dernier qui parle qui a raison. Mais celle dont l'opinion supplante toutes les autres, celle qu'il craint et vénère à la fois, c'est sa mère !

Alors que le pays risque de s'embraser à nouveau, Catherine, aveuglée par son amour pour son fils préféré, Alexandre-Édouard, duc d'Anjou (futur Henri III), le fait désigner comme lieutenant général des armées françaises. C'est de la folie ! Ce n'est qu'un bellâtre de seize ans !

Alexandre, alias « Anjou », alias « Henri III », est de loin l'enfant préféré de Catherine. Aux yeux de sa mère, il est le plus beau et le plus intelligent de sa couvée. Elle l'appelle « mon trésor », « mes yeux », « mon tout ». Plutôt mieux portant que ses frères et sœurs, Henri est un enjôleur d'une beauté rare. Vivement intelligent, bourré de charme, élégant, il a des manières raffinées. C'est « un être d'exception » qui fascine la cour en général et sa mère en particulier. Son enfance a été bien différente de celle de ses frères. Alors que ces derniers passaient leur vie à cheval, à la chasse, lui n'a jamais aimé que le confort des salons, les étoffes, les tapis… il a des faux airs de satrape oriental ; un « Sardanapale sur sa litière », aurait dit Michel Audiard ! Mais qui se souciait de tout cela puisqu'il n'était pas appelé à régner ? Quant à sa relation avec sa mère, elle est très proche de celle qu'entretenait un François Ier avec Louise de Savoie. Comme lui, Henri III subit très fortement « l'emprise de cette mère ultra-possessive est, pour employer le langage de la psychanalyse, castratrice ». Comme ses frères avant lui, il adore sa « bonne mère » et lui obéit en tout. Du moins, pour l'heure, car Henri est aussi un grand cyclothymique que ses variations d'humeur peuvent faire passer, en un éclair, de l'euphorie à la prostration la plus complète. Il ne sait rien faire autrement qu'avec excès ; il a des crises de haine irrationnelles dont sa mère finira, elle aussi, par faire les frais.

Là où nous avions « épinglé » François Ier au chapitre « Pères indignes », il est juste de le faire maintenant pour Catherine, car c'est une grave faiblesse de la part d'une mère d'avoir un chouchou parmi ses enfants et de le manifester aux autres de façon voyante. Sa famille n'y survivra pas ; elle sera submergée par un torrent de haine et de rivalités, engloutie par sa propre violence.

Mais pour l'heure, la passion aveugle de Catherine pour son fils préféré vient de faire de lui le lieutenant général du Royaume, alors qu'il n'en a ni la maturité ni la force. Charles IX est ulcéré et horriblement jaloux. Leur mère ne vient-elle pas de faire d'Anjou une sorte de vice-roi ? Cette nomination lui est d'autant plus insupportable que Henri va remporter à Jarnac, le 13 mars 1569, puis à Moncontour, le 3 octobre 1569, des victoires éclatantes sur les protestants de Condé et Coligny. Chaque succès obtenu par ce frère abhorré est un nouveau coup de poignard qui lui perce le cœur. Au passage, le clan protestant a été décapité, avec la mort à Jarnac du prince de Condé, tué par le capitaine des Gardes de Henri. Condé est remplacé par Coligny à la tête des calvinistes dont les nouveaux chefs sont Henri de Navarre (futur Henri IV) et son cousin Henri de Condé.

Alors que le futur Henri III passe maintenant pour un stratège de génie dans toutes les cours d'Europe, Charles ne connaîtra que des fiascos lorsqu'il tentera de « prendre le train en marche ». Certes, il est le roi, mais c'est son frère qui est populaire, c'est lui que l'on admire et que l'on applaudit tandis que lui s'affaiblit à vue d'œil.

Après bien des victoires et des défaites entre camps protestant et catholique, une trêve est conclue, qui met un terme à trois années de guerre civile et débouche sur la paix de Saint-Germain-en-Laye, signée le 8 août 1570. Il faut dire que Coligny et ses troupes menacent alors de marcher sur Paris. Une fois encore, il est question dans le traité de liberté de culte, mais les protestants se voient en outre garantir quatre places fortes, dites de sûreté, La Rochelle, Cognac, Montauban et La Charité. Cette paix est précaire, mais Catherine la défend de toutes ses forces. Elle autorise même le retour de Coligny dans le conseil du roi et manigance un mariage entre sa fille Marguerite et Henri de Navarre, l'un des chefs du parti huguenot.

Pendant qu'elle raccommode les morceaux entre catholiques et protestants, la haine entre ses deux fils est de plus en plus palpable. D'autant que l'amour de leur mère et les champs de bataille ne sont pas les seuls terrains sur lesquels ils sont rivaux. Ils se disputent également l'amour de leur sœur Marguerite, la plus réussie de toute la fratrie. Cultivée, radieuse, en parfaite santé, Marguerite n'existe pas aux yeux de sa mère. Enfant mal-aimée, elle n'est qu'une monnaie d'échange que l'on pourra utiliser le moment venu dans quelque mariage diplomatique. Marguerite a peur de sa mère qui la paralyse et ne lui adresse guère la parole. Ses frères, en revanche, sont fous d'elle, surtout le plus jeune, François d'Alençon, cette âme torturée au visage déformé par la petite vérole, ce gnome aux cheveux crépus surnommé « le morico » avec qui elle est restée longtemps confinée au château d'Amboise. Encore un que sa mère ne regarde pas !

C'est Henri qui va apprendre à Marguerite à s'habiller, à se coiffer, à danser. Ces deux-là sont très proches, trop proches ? Dans *Le Divorce satyrique*, le poète Agrippa d'Aubigné insinue qu'à quinze ans Marguerite est déjà la maîtresse de ses trois frères et que François, duc d'Alençon, entretiendra cette liaison incestueuse jusqu'à sa mort. Certes, d'Aubigné était protestant, ami de Coligny et du futur Henri IV, et aurait pu, comme tel, charger la barque des enfants Valois. Mais Marguerite elle-même ne s'accusera-t-elle pas dans ses Mémoires d'avoir « roussi son cotillon » avec ses deux frères ? Deux de ses frères ? Trois, un ou zéro ? Quoi qu'il en soit, Charles et Henri vont se la disputer comme des fauves s'arrachant un morceau de chair fraîche, puis se retourneront contre elle. Après l'avoir adorée, Henri III la poursuivra toute sa vie d'une haine implacable. Voilà pourquoi elle se rapprochera de son autre frère François, le moins brillant de la famille mais qui lui restera tout dévoué jusqu'à son dernier souffle.

Avec ces anecdotes portant sur les désastreuses relations qu'eurent entre eux les enfants Valois nous empiétons déjà sur notre famille suivante : la famille « Frères ennemis », à laquelle ils méritent ô combien d'appartenir ! Mais il est difficile d'instruire le dossier de Catherine de Médicis en mère abusive sans évoquer la guerre larvée qui jamais ne cessa d'opposer ses enfants. D'autant qu'elle porte une grande responsabilité dans les rivalités et la haine qui se firent jour entre eux.

Il faut essayer d'imaginer la scène d'anthologie qui se produisit un jour de 1570 au Louvre : sachant que Marguerite venait de passer la nuit avec son amant, le jeune et beau duc de Guise, que tous détestaient, Catherine et ses deux fils, Charles et Henri, se lèvent à 5 heures du matin pour les surprendre et pénètrent brutalement dans la chambre de Marguerite (dans d'autre récits, la scène se passe dans la chambre de Catherine où Charles IX a convoqué Marguerite). Guise a tout juste le temps de s'enfuir par la fenêtre. Charles IX jette alors sa sœur par terre et la roue littéralement de coups, aidé par sa mère. Marguerite est en loques, cheveux arrachés, couverte d'ecchymoses ! La mère, ses deux fils, sa fille, tous en chemises de nuit, au petit matin, en train de se crêper le chignon… Quelle famille ! On se croirait chez les Mérovingiens !

Marguerite ne pardonnera jamais à ses deux frères de l'avoir traitée de la sorte et de l'avoir séparée de Guise dont elle était éprise. « Enfant malaimée dans une armure de reine », selon la belle formule d'Isabelle Adjani qui en donna une interprétation magistrale, Marguerite, la reine Margot d'Alexandre Dumas, ne fera plus que comploter avec son âme damnée de petit frère, Alençon, dont elle fait ce qu'elle veut. Attendre la mort de Charles, évincer Henri, mettre Alençon sur le trône, envoyer leur mère dans un couvent où l'on n'entendrait plus parler d'elle, voilà les beaux projets que caressaient les deux conspirateurs mal aimés.

Mais revenons en 1572 et aux projets de mariage de Catherine pour sa fille. En août de cette année-là, la fine fleur de la noblesse catholique et protestante se retrouve à Paris pour célébrer les noces de Henri et Marguerite dans un esprit de concorde et de réconciliation. Enfin, tout est relatif et ce mariage est tout de même un peu spécial, puisque, pendant l'office, le jeune marié protestant reste sur le pas de la porte devant Notre-Dame, tandis que sa jeune épouse se trouve cent mètres plus loin devant l'autel ! L'atmosphère est déjà très tendue lorsque le 22, Coligny fait l'objet d'une tentative d'assassinat commanditée probablement par les Guise. Les huguenots crient vengeance, tandis que les Guise quittent la ville pour calmer les esprits. Catherine et ses fils prennent peur. La ville est pleine de protestants. Et si on allait les assassiner ? Après tout Condé avait bien essayé de les kidnapper à Meaux, cinq ans auparavant. Il est donc décidé de prendre les devants en éliminant une vingtaine de chefs huguenots. Malheureusement, les choses vont dégénérer et, dans la nuit du 24 au 25 août 1572, des milliers de protestants sont massacrés dans Paris. La province suivra le lendemain et les jours d'après.

Ce sont Catherine et Henri qui ont arraché à Charles cette décision de liquider les principaux chefs huguenots. Ils ont finalement été dépassés par les événements et la Saint-Barthélemy marquera d'une tache indélébile le « règne » de Catherine.

Dans les mois qui suivent la Saint-Barthélemy, un nouveau projet occupe Catherine. Elle veut absolument que son fils chéri Henri soit roi. Elle va d'abord envisager de le marier à la reine Elisabeth d'Angleterre. Charles voyant là une excellente occasion de se débarrasser de son frère, approuve ce projet avec enthousiasme. Et lorsque Henri parvient à le saborder, au prétexte que se convertir pour épouser la reine d'Angleterre heurterait sa conscience, Charles lui fait une scène dantesque. Henri est fou de joie d'avoir échappé à ce mariage, mais Catherine n'a pas dit son dernier mot. Car, au même moment, on apprend que le trône électif de Pologne est libre. Elle envoie donc en Pologne Jean de Montluc, évêque de Valence, son meilleur diplomate, chargé d'or et de belles promesses. Le roi Charles IX est prêt à débourser tout ce que l'on veut, du moment qu'on le débarrasse de son frère ! Savoir qu'il n'aura bientôt plus sous les yeux le chouchou de sa mère sera même la dernière joie de sa vie. Il enrage à l'idée qu'à sa mort ce sera Henri qui lui succédera. À son frère, qui assiège La Rochelle depuis des mois, il écrit : « Vous êtes élu de Pologne. J'en suis si aise que je ne sais quoi vous mander. La joie me garde de vous écrire. » Derrière les lignes, on lit : votre départ est la meilleure nouvelle de l'année. Partez donc en Pologne, bon débarras !

Le 22 août 1573, Charles fait une grande scène à son petit frère qui ne cesse de repousser son départ. Il le menace de l'expédier à la frontière *manu militari*. La mort dans l'âme, Henri est obligé d'obtempérer. Quelle touchante scène familiale que ce grand départ pour la Pologne ; un modèle d'hypocrisie ! Le 12 novembre, Charles IX « se sépara de son frère dans les larmes et les cris, démonstrations exagérées de douleur, sous lesquelles les spectateurs sentirent percer le contentement », écrit Yvan Cloulas. Alençon et Marguerite vont accompagner Henri jusqu'aux marches de la Lorraine et assister à Nancy à une grande fête d'adieu. Ils sont aux anges de voir déguerpir ce frère qu'ils détestent. Leur mère, elle, est au désespoir de voir s'éloigner, pour toujours peut-être, la seule passion de sa vie depuis son défunt mari. Ses larmes et celles d'Henri sont les seules qui soient vraiment sincères. S'en rend-elle compte ? Elle donne l'impression de ne jamais avoir mesuré à quel point ses enfants se haïssaient. Elle était convaincue que les choses entre eux s'arrangeraient toujours. Aveuglement de mère !

Agrippa d'Aubigné prétend qu'après la dispute de ses deux fils Catherine aurait dit à Henri : « Partez, mon fils, partez, vous n'y demeurerez guère ! » Elle aurait donc consolé Henri de son départ en évoquant la mort prochaine de son aîné ! Si cela est vrai, c'est une infamie de la part d'une mère ; mais enfin, peut-être faut-il voir, là encore, quelque perfidie de d'Aubigné ?

Pendant que le bel Henri, âgé de vingt-trois ans, découvre tout à la fois la froide et lointaine Cracovie et sa future épouse Jagellon, un épouvantail quinquagénaire avec lequel il ne peut guère échanger que trois mots en latin, les choses suivent leur cours habituel à Paris. Encouragé par sa sœur, qui déteste sa mère, Alençon va prendre les armes contre cette dernière, à la tête de l'armée huguenote. Bref, le train-train quotidien ! Jusqu'à ce que, le dimanche 30 mai 1574, Charles meure... enfin ! Il était âgé de vingt-quatre ans. Sa fin est paisible, car « il n'avait plus de force, même pour souffrir », écrit Orieux.

Devinez ce que furent ses dernières paroles ? Eh bien, il rendit l'âme en murmurant : « Adieu Madame, adieu ma mère ! »

Ni une ni deux, Catherine se précipite sur son écritoire et annonce à Henri qu'il devient roi de France et qu'il lui faut au plus vite revenir de Pologne. Elle conclut sa lettre ainsi : « Si je venais à vous perdre, je me ferais enterrer avec vous toute ma vie, car je ne pourrais supporter ce mal. » À cette nouvelle, Henri qui « portait sa couronne comme un pesant rocher[1] » faillit défaillir de joie. Il s'enfuit de Pologne en pleine nuit, poursuivi par le grand palatin qui le supplie de ne pas abandonner ses sujets, et chevauche bride abattue huit jours durant jusqu'à Venise.

En attendant le retour en France d'Henri, Catherine est à nouveau régente. Elle ne reverra son fils que quatre mois plus tard, en septembre 1574, à Bourgoin, au sud de Lyon. Quand ils se retrouvent enfin, ils passent une heure entière à sangloter de joie et d'émotion dans les bras l'un de l'autre.

Catherine est persuadée que va s'ouvrir maintenant une ère de bonheur qui la verra présider aux destinées du royaume de France en harmonie avec son fils préféré. Une fois encore, elle se trompe. Elle

1. Pierre Mathieu, *Histoire de France*.

n'exercera plus jamais le pouvoir comme elle l'avait fait jusqu'à présent. Bien sûr, elle sera toujours associée aux décisions. Mais Henri et elle-même commencent à s'opposer sur différentes questions : la distribution des dignités ou encore son mariage, à la suite de la mort en couches de Marie de Clèves qu'il comptait initialement épouser. Sur ce sujet précis, Catherine a déjà porté son choix sur deux princesses, l'une danoise, l'autre suédoise, mais Henri a décidé, lui, d'épouser Louise de Lorraine, rencontrée à Nancy, avant son départ pour la Pologne, notamment parce qu'elle ressemble physiquement à la défunte Marie de Clèves. Catherine est mise devant le fait accompli. De toute façon, elle ne pense pas devoir se méfier de sa nouvelle belle-fille, qu'Henri épouse le 15 février 1575, deux jours après son sacre. Elle la juge « plus propre et adonnée à prier Dieu qu'à se mêler des affaires de la couronne », écrit Pierre de l'Étoile.

Chose assez classique, quand on porte en son cœur un être d'élection, on a du mal à lui dire « non », et surtout à aller jusqu'au conflit. À François ou à Charles, Catherine aurait imposé son avis. Avec Henri, elle n'y arrive pas, et a des reculades inédites. Elle aurait voulu que leur relation soit semée de roses, mais, entre eux aussi, des désaccords surviennent. Cependant, en 1576, le « roi de France », c'est encore Catherine et dans Paris circulent des pamphlets qui brocardent son fils, qualifié d' « Henri, par la grâce de sa mère, inerte roi de France ». À partir de 1576, Henri III évince partiellement sa mère, car il est contre sa politique de tolérance vis-à-vis des protestants. Catherine continue d'exercer le pouvoir, mais elle ne peut plus agir sans le consentement d'Henri. Elle n'en continuera pas moins, jusqu'aux dernières semaines de son existence, à se consacrer de toutes ses forces à la défense de l'État monarchique incarné par son fils.

Ses derniers mois seront assombris par la montée en puissance de la ligue catholique, opposée à la désignation d'Henri de Navarre – un huguenot – comme successeur d'Henri III. Paris non plus ne veut pas d'un futur roi protestant ! Le 9 mai 1588, malgré l'interdiction du roi, Henri de Guise entre dans Paris et se rend au Louvre à la tête d'une troupe assez considérable. Catherine tente de négocier avec lui tandis qu'en ville la tension monte. Paris en tient pour les ligueurs et se révolte contre son roi. Le 13, c'est la fameuse « journée des Barricades » qui voit le roi de France obligé de quitter sa capitale ! À cette heure, Henri n'a plus de roi que le titre et c'est Guise, dit le balafré, qui est le nouveau maître du royaume. Comme toujours, Catherine prend les choses en main et « monte au créneau » pour tenter de neutraliser ses adversaires. Infatigable, elle fait face, négocie pied à pied avec des princes lorrains qui triomphent et n'ont qu'à lever le petit doigt pour détrôner Henri. Elle quitte Paris à son tour et va convaincre son fils de nommer Guise lieutenant général du royaume. C'est ça ou le chaos ! La royauté des Valois chancelle. Que va devenir le royaume de ses fils, auquel elle a consacré sa vie ces trente dernières années ?

Catherine n'apprend qu'après coup l'assassinat du duc de Guise dont son fils ne lui avait pas dit qu'il ourdissait le projet. Elle est consternée. Henri se croit tiré d'affaire ? Quelle erreur ! La ligue ne lui pardonnera pas la mort de son champion.

Catherine est anéantie. C'est alors qu'elle prend froid et doit s'aliter, très affaiblie. Elle ne se relèvera pas. Peut-être eut-elle le pressentiment que c'en était fini des Valois ! Et de fait, le prochain roi serait un Bourbon.

Catherine, mère de trois rois et de cinq guerres civiles, rend le dernier soupir dans les bras de son fils et de sa belle-fille, et meurt le 5 janvier 1589, au château de Blois. Elle avait soixante-neuf ans. Hormis son fils, son principal héritier, elle lègue presque tout ce qu'il lui reste à sa petite-fille, laisse Chenonceaux à sa belle-fille Louise de Lorraine, et d'innombrables petites sommes d'argent à toutes ses femmes de chambre. Et sa fille Marguerite dans tout ça ? Rien ! Elle n'apparaît même pas dans le testament de sa propre mère qui l'a purement et simplement « de-testée ! »

Voici les quatre premiers vers de l'épitaphe composée pour Catherine de Médicis par Étienne Pasquier :

« Ci-gît la fleur de l'État de Florence
Veuve de roi, mère de rois aussi
Qui conserva d'un merveilleux souci
Tous ses enfants contre la violence... »

En voilà un qui avait tout compris !

Catherine sur le divan…

Depuis son enfance, Catherine a été accablée par les deuils et les tragédies à répétition. Elle perd ses parents, elle perd son mari, elle perd cinq enfants. Si par la suite elle surprotège ceux qui ont survécu, c'est, nous l'avons vu, parce qu'elle a longtemps été privée d'eux par Diane, qu'ils ont perdu leur père, qu'ils sont fragiles et qu'ils sont trop jeunes pour régner alors que leur pouvoir est menacé. C'est ainsi qu'elle devient cette mère omniprésente, omnipotente, ambitieuse, mais aussi parfois machiavélique. Elle était la seule à pouvoir se montrer à la hauteur des événements qui agitaient la France à ce moment-là. « Pour que notre pouvoir eût quelque vie dans cette époque, disait-elle, il fallait dans l'État un seul Dieu, une seule foi, un seul maître. » Ce seul maître, ce fut elle !

Entre la « femme grasse et purgée d'enfants » décrite par Michelet ou la « reine toute dévouée à ses enfants et à la couronne de France » dépeinte par Yvan Cloulas dans sa *Catherine*, il y a une place pour une Catherine de Médicis à mi-chemin, une grande souveraine, mère à la fois abusive et tyrannique, mais généreuse, « qui sut admirablement régner, mais n'avait pas su faire de roi ».

DANS LA FAMILLE « FRÈRES ENNEMIS »...

« Mais une vague jalousie, une de ces jalousies dormantes qui grandissent, presque invisibles entre frères ou entre sœurs jusqu'à la maturité, et qui éclatent à l'occasion d'un mariage ou d'un bonheur tombant sur l'un, les tenait en éveil dans une fraternelle et inoffensive inimitié. Certes, ils s'aimaient, mais ils s'épiaient. »

Guy de Maupassant,
Pierre et Jean.

L'histoire de l'humanité regorge de grands récits mythiques où s'entre-tuent de légendaires frères ennemis : Caïn et Abel ou Jacob et Esaü dans la Bible, Osiris et Seth dans l'Égypte ancienne, Étéocle et Polynice dans la mythologie grecque ou encore Romulus et Remus dans la mythologie romaine. Ces mythes et légendes ne font hélas que retranscrire une réalité d'une grande banalité : dans une vie de famille, les rivalités entre frères et sœurs sont fréquentes, douloureuses, et, parfois aussi, impitoyables. Ainsi que l'écrivait Charles Chincholle, secrétaire d'Alexandre Dumas qui en connaissait un morceau en ressorts romanesques : « Que tous les hommes soient frères, c'est le rêve des gens qui n'ont pas de frères ! »

Mais quittons le mythe pour la réalité : au XVe siècle, dans l'Empire ottoman, un petit malin, le sultan Mehmet III, crut avoir trouvé la solution pour mettre un terme aux complots et aux tentatives de meurtres qui suivaient systématiquement l'avènement d'un fils héritier. Le 28 janvier 1595, lendemain même de son accession au trône, il fit exécuter ses dix-neuf demi-frères ! Quelques années plus tard, en 1603, il fait également exécuter son fils aîné Mahmud, dont il n'était pas satisfait comme chef militaire. Remarquez, Mehmet III pouvait toujours dire « ça n'est pas moi qui ai commencé », puisque lui-même était l'arrière-petit-fils de Soliman, dont nous avons vu comment il fit étrangler son fils Mustafa. Cette façon par trop expéditive de traiter ses frères n'eut pas l'heur de plaire au successeur de Mehmet III, le pacifique Ahmet Ier, qui trouva un autre moyen pour se protéger d'un frère dont il souhaitait épargner la vie. Il fit enfermer celui-ci dans le « kafes », la partie de son harem qui désormais servirait de prison aux prétendants au trône. Là, les frères du sultan attendraient leur tour jusqu'à ce que le trône devienne vacant… ou pas ! Du fait de cet ingénieux dispositif, un certain Ibrahim resta enfermé de l'âge de deux ans jusqu'à ses vingt-quatre ans, Soliman II passa trente-neuf ans dans le kafes et Osmann III, au XVIIIe siècle, cinquante ans ! En fait, cet enfermement, s'il permit aux sultans de gouverner tranquillement, eut des conséquences catastrophiques. Des frères arrivaient soudain au pouvoir, qui n'avaient pas mis les pieds dehors depuis des années et n'avaient aucune idée ni de la situation dans laquelle se trouvait leur pays, ni de la manière de le diriger !

Rien de tel dans l'histoire de France, mais d'innombrables petits meurtres en famille entre descendants de Clovis et de Charlemagne ou de bonnes vieilles haines délétères comme dans la fratrie Valois, les uns comme les autres ayant déjà été passés en revue aux chapitres précédents. Dans les pages qui suivent, nous allons donc évoquer d'autres frères ennemis, en nous intéressant non pas aux aînés, les plus connus, puisqu'ils régnèrent sur le trône de France, mais au contraire à ces cadets condamnés à vivre dans l'ombre. Or donc, place à Gaston, Philippe, Louis-Stanislas et Louis-Auguste !

Je demande Gaston et Louis XIII…

Gaston. Encore un garçon qui, n'étant pas appelé à régner, ne porte pas un nom de roi de France. C'est bien dommage d'ailleurs, car avoir un Gaston Ier au milieu de tous nos Louis et nos Charles nous aurait un peu changé les idées ! Troisième fils d'Henri IV et de Marie de Médicis, son prénom lui vient de son aïeul Gaston de Foix dont descend sa marraine Marguerite de Valois – la reine Margot –, première épouse de son père.

Dans un premier temps, les relations entre Gaston et son frère aîné furent excellentes. Comment en aurait-il été autrement d'ailleurs, car Louis, né en 1601, a sept ans de plus que Gaston. À cet âge-là, sept ans d'écart c'est beaucoup. Entre les deux garçons, il y a un frère, Nicolas, qui meurt en 1611. À partir de ce moment-là, Gaston devient « Monsieur », héritier en puissance de Louis, si toutefois celui-ci venait à mourir sans descendance. Et voilà qui constituera un caillou dans le soulier des deux frères, car l'épouse de Louis, Anne d'Autriche, restera vingt-trois ans sans parvenir à donner un fils à son mari, mettant Gaston en situation de devenir à tout moment «calife à la place du calife»!

Pour l'heure les deux garçons sont élevés au beau milieu d'une nichée de bambins composée des enfants légitimes et des enfants naturels de leur père, le roi Henri IV. Un père qu'ils vont perdre bien trop tôt. Quand Henri IV est assassiné par Ravaillac, le 14 mai 1610, Gaston n'a que deux ans, il est bien trop jeune pour réaliser quoi que ce soit; tandis que Louis, qui a neuf ans et était en adoration devant son père, subit de plein fouet le traumatisme de sa brutale disparition. Il fait des cauchemars, bégaie, ce dont il souffre beaucoup. On dit que Marie de Médicis, sa mère, lui préfère Gaston. Il est vrai que Gaston est plus joli garçon, plus vivant, plus sympathique, quand Louis est au contraire d'un naturel morose et mélancolique. Et puis, morose ou pas, une reine mère ne se comporte-t-elle pas forcément avec plus de déférence, et donc de distance, envers celui de ses fils dont elle sait qu'il deviendra roi? De fait, Louis va être à la fois un enfant gâté, entouré de tous les égards dus à un futur roi, et un enfant battu comme plâtre pour la moindre peccadille. Pour un oui ou un non, sur ordre de sa mère, il est fouetté par Mme de Monglat, au point d'en faire des syncopes! Sa mère ne connaît que cette méthode d'éducation catastrophique qui, au lieu d'aider son aîné à développer ses dons, va au contraire le rendre encore plus impressionnable. Timide, jaloux, il est très instable, est sujet à de violentes colères. Très irritable, comme l'était son père, il ne supporte pas la désobéissance et aime à rappeler qu'il est le maître. « Il avait une cuisante jalousie de son autorité », dit l'un de ses précepteurs. Le maréchal d'Ancres, Concini, assassiné le 27 avril 1617 au Louvre par un capitaine des gardes du jeune roi, allait le réaliser à ses dépens. Pendant des années, Louis avait dû essuyer sans mot dire toutes sortes de rebuffades et d'humiliations de sa part. Concini le traitait comme un gamin, ne se découvrait pas devant lui, s'asseyait sans vergogne dans son fauteuil. Ces outrages devaient se payer cher. Le jour de son assassinat, Louis XIII, blanc comme un linge, apparaîtra à une fenêtre et annoncera : « Maintenant je suis le roi. » Et pour bien marquer cette prise de pouvoir, il fera placer des gardes aux portes des appartements de sa mère, avant de la reléguer à Blois.

Au contraire de son aîné, Gaston est tout le portrait de son père. Jeune homme bourré de charme, exubérant et enjoué, il aime les femmes et les escapades. Son précepteur, un certain d'Ornano auquel il est très attaché, a développé chez son élève le goût des arts, de la musique, de la littérature et des sciences. Cela étant, l'élogieux portrait de Gaston s'arrête là. Comme son frère, il est d'un naturel instable, mais il est aussi et surtout très velléitaire et incapable d'aller au bout des choses. D'après son premier biographe, M. G Dethan, il ne manquait pas de courage physique, mais était dépourvu « de courage moral, de constance et de résolution ».

En présence de Richelieu, il était pris d'une peur panique et les contemporains comme les historiens n'ont retenu que cette lâcheté.

On l'aura compris avec ces deux garçons, Louis et Gaston, nous sommes face à la carpe et au lapin. L'un est un taiseux et un triste sire, qui n'aime que la chasse, les bigoteries et les hommes ; l'autre est un fêtard aimant les plaisirs, les femmes, les arts et la liberté. Probablement jaloux de son petit frère pour ce qu'il ressemblait trop à leur père et qu'il était le préféré de leur mère, Louis n'aura de cesse que de le traiter en subalterne et de bloquer toutes ses initiatives. Tous deux aiment la guerre et rêvent de s'illustrer sur les champs de bataille, mais Louis XIII considère que le seul chef de guerre, c'est lui ! Il prive son cadet injustement, et à plusieurs reprises, de commandement. Il ne sera d'ailleurs pas le seul roi à le faire, ainsi que nous le verrons avec Louis XIV et son frère Philippe. Par ailleurs, entre ces deux garçons, il y a davantage qu'une rivalité de frères pour le pouvoir, il y a aussi une vraie opposition politique : Gaston est en effet partisan d'une monarchie libérale et il estime nécessaire de « détourner la royauté des chemins périlleux de l'absolutisme ». Il caresse l'idée, pour le royaume de France, d'une monarchie tempérée à l'anglaise. Dans ces conditions, comment pourrait-il s'accorder avec Louis XIII et Richelieu ?

En fait, les quinze années de rivalités, entre Louis XIII et Richelieu d'un côté et Gaston et les frondeurs de l'autre, constituent une période extrêmement chaotique, ponctuée de complots, de trahisons, d'exécutions et de réconciliations, dont il n'est évidemment pas question de faire le tour dans ces pages. Nous nous contenterons de mentionner brièvement les grands complots qui jalonnèrent cette période et renvoyons les lecteurs amateurs de conspirations au récit détaillé des années 1626 à 1652, année où Gaston fut exilé à Blois par Mazarin, pour avoir participé à la Fronde. Autant dire que, quasiment jusqu'à sa mort en 1660, Gaston ne cessa jamais de comploter, «frondant, défrondant, trahissant ses amis...». Pendant toutes ces années, les nobles frondeurs opposés à la politique du cardinal de Richelieu penseront avoir trouvé leur chef en la personne de Gaston. Sa position d'unique héritier du trône les confortait et confortait Gaston lui-même dans l'idée qu'il pourrait être un nouvel Henri IV!

Jeunes garçons, si différents qu'ils fussent, Gaston et Louis n'en étaient pas pour autant ennemis. D'ailleurs, avant l'entrée de Richelieu au conseil du roi, ils s'entendaient bien et, en 1621, étaient même allés combattre ensemble les protestants. Par ailleurs, être tous deux victimes des ingérences continuelles de leur mère dans leurs affaires et leur vie privée devait plutôt les rapprocher. C'est avec Richelieu que devait commencer et se dénouer leur brouille.

En 1624, tout juste arrivé au conseil du roi, le cardinal use de son influence toute neuve auprès de Louis XIII pour priver Gaston de son précepteur bien-aimé, d'Ornano. La faute de d'Ornano? Avoir encouragé Gaston à revendiquer lui aussi une place au conseil, en tant qu'héritier du trône. Cette revendication a irrité au plus haut point Louis XIII et Richelieu qui envoient le précepteur à la Bastille. Du coup, comme un ado rebelle (il n'a que seize ans), Gaston se met à faire n'importe quoi et crée même, pour défier le conseil du roi, un «conseil de vauriennerie», dont les membres ont pour seule tâche de mener joyeuse vie – en d'autres termes, de bambocher au maximum! Au bout de trois mois, son frère, sa mère et Richelieu finissent par céder et font revenir d'Ornano, qu'ils chargent de faire reprendre le droit chemin à son indocile élève. En avril 1626, à la demande de Gaston, d'Ornano reçoit un brevet de maréchal de France.

Mais très vite, Richelieu, bien informé par son réseau d'espions, va imputer à d'Ornano la résistance de Gaston à un projet de mariage avec Mademoiselle de Montpensier. Gaston ne veut pas de ce mariage, mais la personne la plus hostile au projet est sa belle-sœur Anne d'Autriche qui, n'ayant toujours pas d'enfant, voit d'un très mauvais œil que son jeune beau-frère se marie et puisse en avoir. Il prendrait alors à la cour une place par trop considérable. Anne d'Autriche circonvient d'Ornano, et son amie Madame de Chevreuse parvient à faire entrer également dans le parti dit «de l'aversion au mariage» les frères Vendôme, fils d'Henri IV et de Gabrielle d'Estrées et donc demi-frères de Louis XIII et Gaston. D'Ornano prend des contacts avec quelques puissances voisines : Angleterre, Savoie, Provinces Unies. L'objectif de ce plan fumeux, dit «conspiration de Chalais», est de liquider Richelieu, de guetter la mort de Louis XIII et de marier Gaston à Anne d'Autriche.

Première victime d'une longue série parmi les proches de Gaston qui participèrent à ses cabales, d'Ornano est arrêté le 4 mai 1626 et emprisonné ainsi que les frères Vendôme, dont l'un, Alexandre, mourra dans sa geôle de Vincennes après trois ans de captivité et l'autre, César, finira en exil. Chalais, ami d'enfance de Louis XIII, qui devait exécuter le cardinal et se croyait naïvement agent double, sera le dindon de la farce et finira sur le billot le 19 août. Son exécution est entrée dans l'histoire comme l'une des plus atroces qui fût car, en l'absence du bourreau, il fut mis à mort par un savetier qui n'avait jamais tué personne et dut s'y reprendre à trente-quatre fois avant d'arriver à lui couper la tête. D'Ornano aura plus de chance ; il meurt le 2 septembre 1626, avant son procès, d'une rétention d'urine ou d'un empoisonnement…

Au cours de la « conspiration de Chalais », Louis XIII en personne interrogera longuement son frère, à de nombreuses reprises. Il ne peut attenter à sa personne, sa qualité d'héritier du trône le rendant intouchable, mais il lui fait signer le 31 mai 1626 un engagement solennel à se montrer loyal envers lui, « à ne plus contracter, avec qui que ce soit, des intelligences contraires à la couronne et à faire part de toutes les menées contre le trône dont il sera lui-même informé ». Cause toujours tu m'intéresses ! Complot suivant…

Pour les deux frères, les années 1627 à 1630 sont des années de douche écossaise : Gaston se soumet à la volonté de son frère en épousant sans amour Mademoiselle de Montpensier, et se rend au siège de La Rochelle, non sans avoir auparavant longuement supplié Louis de l'y envoyer pour se battre. Louis aurait voulu cantonner son frère dans un poste subalterne pour qu'il ne puisse pas se distinguer au combat. Richelieu lui suggère au contraire de le traiter honorablement pour qu'il ne fasse rien contre la paix du royaume et les intérêts de l'État et de l'envoyer se battre puisqu'il se sent d'humeur héroïque.

En 1627 et 1628, après avoir attendu indéfiniment le bon vouloir de Louis, Gaston combat donc très courageusement devant La Rochelle, puis à l'île de Ré. Nul à la cour n'en fait état. La gloire n'appartient qu'au roi !

Depuis la mort de Chalais, Gaston songe constamment à fuir. Toujours en délicatesse, les frères correspondent ; Louis XIII vide son sac : « Je me plains de vous, du peu de respect que vous rendez à la reine notre mère. Je me plains du peu de compte que vous faites de garder les paroles que vous m'avez si souvent et si solennellement données. Je me plains de quoi vous vous tenez si souvent loin de moi. Je me plains des désordres et débauches de votre vie. » À cette avalanche de reproches, Gaston va réagir en se rapprochant le plus possible de la frontière. En septembre 1629, il passe en Lorraine. C'est la première fuite de l'héritier du trône à l'étranger. Après tous ces princes que nous avons vus échouer dans leurs tentatives de fugue, avouez que cela fait plutôt plaisir d'en voir enfin un qui réussit !

La Lorraine offre alors le gros avantage pour notre fugueur de ne pas appartenir au royaume de France ; Gaston s'y trouve en sécurité et restera donc à Nancy jusqu'en janvier 1630. C'est alors que, pour éviter d'avoir un comploteur à ses frontières, son frère l'amadoue en le nommant gouverneur de l'Orléanais, en lui attribuant le duché de Valois mais aussi en lui donnant de l'argent pour régler ses dettes. Au passage, Gaston, dont la jeune épouse était morte après un an de mariage, doit renoncer à un remariage qui gênait les visées italiennes de son frère, ce qui n'arrangera rien entre eux. Les deux frères se réconcilient à Troyes, le 17 avril 1630. La rencontre est plutôt affectueuse, fructueuse même puisque Louis XIII confie à Gaston la défense de Paris pendant que lui-même part combattre en Italie. Mais patatras ! Quelques mois plus tard, le 10 novembre 1630, se déroule un nouveau rebondissement entré dans l'histoire sous le nom de « Journée des dupes », tournant majeur dans le règne de Louis XIII. Ce matin-là, Marie de Médicis demande à son fils de révoquer le cardinal dont elle ne supporte plus l'influence lorsque Richelieu surgit, interrompant l'entretien dont il est l'objet. Marie de Médicis exige alors de son fils qu'il choisisse entre le cardinal et elle : « Préférez-vous un laquais à votre mère ? » Sur le moment, elle pense avoir gagné. Le cardinal effondré se retire et se résout à donner sa démission. Mais, contre toute attente, le roi le convoque à Versailles et lui renouvelle sa confiance : « Je suis plus attaché à mon État qu'à ma mère », lui dit-il.

Non seulement Louis XIII confirme Richelieu dans ses fonctions, mais il le fait duc et pair du royaume. Au lendemain de la « Journée des dupes », de nombreux opposants sont emprisonnés ou bannis, tandis que Marie de Médicis est priée de partir pour Compiègne. Après quoi, la mère du roi abandonne définitivement la scène politique, et part pour les Pays-Bas espagnols. Elle ne reverra jamais son fils. Cela ne l'empêchera pas de continuer à comploter contre lui.

Gaston prend aussitôt le relais des fauteurs de troubles. Entre 1631 et 1642, on va le retrouver dans toutes les intrigues et complots dirigés contre Richelieu et par conséquent contre le roi. Il quitte Paris pour la Bourgogne, puis à nouveau pour la Lorraine. Le peuple soutient ce prince remuant et fuyard, car il déteste Richelieu qui l'accable d'impôts. Pour Louis XIII, qui doit commencer à en avoir plus qu'assez de son trublion de frère, la présence de Gaston en Lorraine constitue une menace. Quid de leur touchante réconciliation d'avril 1630 ? Une année à peine s'est écoulée depuis et voilà que, depuis Nancy, Gaston rédige et adresse à son frère un manifeste politique anti-Richelieu (31 mai 1631). Il s'y présente en chef de l'opposition au cardinal qu'il traite de « prêtre inhumain et pervers, pour ne pas dire scélérat et impie qui a introduit dans le ministère la cruauté, la perfidie et la violence ». Il lui reproche son attitude envers la reine mère en lui rappelant que c'est à elle qu'il doit sa carrière. Il se pose aussi en défenseur des pauvres, dont il a vu la misère en arpentant le royaume en tous sens, et dénonce l'exercice du pouvoir tyrannique de Richelieu. Gaston nous fait-il son appel du 18 juin ?

De la Lorraine d'où il pétitionne et conspire, Gaston prépare son prochain « coup ». D'abord, il annonce son intention d'épouser la sœur de Charles IV, duc de Lorraine. Non par calcul d'ailleurs, mais tout simplement parce qu'il en est amoureux. Or, il est inconcevable pour un prince de se marier sans l'autorisation du roi. Qu'importe ! Ce mariage est un défi, un acte de liberté et de révolte contre son frère et contre Richelieu. Sous l'impulsion de Gaston, la Lorraine devient bientôt le cœur de la conspiration anti-Richelieu. Monsieur cherche à s'assurer le concours d'autres provinces, après quoi on obligera le roi à sacrifier son ministre, à moins que Louis XIII, devant la réprobation générale, n'accepte de s'effacer ou de disparaître, ce qui donnerait enfin la couronne à Gaston.

Le remuant frérot et ses complices frondeurs vont passer un an à se compter et à monter une nouvelle tentative de renversement de Richelieu. Mais plus le cardinal est controversé, plus Louis XIII le comble de privilèges et d'argent. Irrité par cette agitation à ses frontières, Louis XIII saisit le prétexte de la rébellion de Gaston et de son mariage contracté sans autorisation royale pour aller châtier la Lorraine. En décembre 1631, les troupes françaises pénètrent en Lorraine et prennent la forteresse de Moyenvic. Le duc de Lorraine doit s'incliner. La Lorraine est mise au pas. Le traité de Vic du 6 janvier 1632, signé trois jours après le mariage de Gaston, permet à Louis XIII de faire établir une garnison permanente en Lorraine. Il sera suivi du traité de Liverdun, au terme duquel Charles IV est contraint de rendre hommage à Louis XIII et de l'autoriser à traverser la Lorraine comme bon lui semblera. Décidément, voilà un nouveau beau-frère qui lui coûte cher !

Bon, où en sommes nous ? Conspiration de Chalais, fuite en Lorraine, réconciliation, « Journée des dupes », refuite en Lorraine, et maintenant, fuite aux Pays-Bas espagnols d'où Gaston prépare son prochain soulèvement général. Il lui faut trouver des hommes, et convaincre les nobles opposés à Richelieu de le suivre. Pour financer son prochain coup de force, sa noble mère Marie de Médicis met ses bijoux en gage. Situation familiale extraordinaire s'il en fut : la reine mère exilée à Bruxelles finance, avec ses bijoux, la guerre que son fils cadet mène à son fils aîné. C'est du joli !

Pour l'heure, notre conspirateur impénitent doit impérativement rallier à sa cause l'un des plus grands seigneurs du moment : Henri de Montmorency, le petit-fils du connétable Anne de Montmorency, grand ami de François Ier et d'Henri II. Passionnément épris de liberté, celui-ci se laisse tenter par l'offre de ralliement de Gaston.

C'est donc maintenant l'un des premiers grands seigneurs de France, le duc de Montmorency, maréchal de France, filleul d'Henri IV, que Gaston a convaincu de se soulever contre le roi. Le 22 juillet 1632, les États du Languedoc font sécession du royaume de France. Le représentant du roi y est arrêté. Le Languedoc ayant été privé par Richelieu du droit de prélever les impôts, le soulèvement de Gaston et de Montmorency y est plutôt populaire et seules quelques grandes villes, Toulouse, Carcassonne et Narbonne, restent fidèles au roi et refusent d'accueillir les insurgés.

Cette fois, Louis XIII fait le déplacement en personne pour punir les révoltés. La bataille a lieu le 1er septembre 1632, devant Castelnaudary, et ne dure guère plus d'une demi-heure. Les forces en présence sont assez modestes : 2 500 soldats côté Louis XIII et 1 500 hommes côté rebelles. Montmorency est blessé et arrêté, tandis qu'Antoine de Moret, demi-frère de Louis XIII – fils de Jacqueline de Bueil – qui se battait dans le camp de Gaston est mortellement blessé par une balle de mousquet. Il expire dans le carrosse de son demi-frère.

Condamné à mort pour crime de lèse-majesté, Montmorency sera exécuté à Toulouse le 30 octobre 1632. Sa mort est l'affirmation éclatante d'un pouvoir royal tout-puissant qui entend bien dompter la noblesse.

Encore une entreprise de Gaston qui s'achève dans la débâcle ! Mais cette fois, Monsieur est un peu échaudé. Constatant que son frère n'a pas hésité à faire exécuter une « pointure » comme Montmorency, il craint pour sa propre vie et part se réfugier aux Pays-Bas. Il y passe deux ans pendant lesquels il fait réaffirmer son mariage publiquement par l'archevêque de Moline et continue à prendre des contacts dans toute l'Europe. En 1633, il perd sa principale protectrice sur place, l'archiduchesse Isabelle. Du coup, privé d'appui, il négocie son retour en France. Il déclare : « L'expérience m'a appris qu'il ne faut jamais être contre le roi. » Gaston aurait-il pris un peu de plomb dans la cervelle ? Toujours est-il que les deux frères se retrouvent après avoir réussi à s'accorder autour des histoires de mariage, de pension et de règlement des dettes de Gaston. Ils se revoient le 21 octobre 1634. Re-émotion sincère, re-excuses de Gaston. Son frère lui re-déclare : « Je vous ai pardonné, ne parlons plus du passé, mais de la joie que je ressens très grande de vous revoir ici. » Gaston lui aussi est ravi, car après quatre ans d'exil, il commençait en avoir assez d'aller et venir et aspirait au repos. Le 11 novembre, il arrive à Blois dont il porte à présent le titre. « Sa trop facile altesse », comme le surnommait Richelieu, n'allait pas rester longtemps en place.

Louis XIII a beau avoir soi-disant pardonné, il n'a pas digéré le coup du mariage de son frère et son annulation tourne à l'obsession. Le 14 février 1635, il fait arrêter tous les favoris de Gaston, à commencer par Antoine de L'Age, sieur de Puylaurens, qui depuis des années conseillait Gaston dans ses intrigues contre Richelieu. Puylaurens va payer de sa liberté, et bientôt de sa vie, son incapacité à convaincre Gaston de se « démarier » ; il mourra en prison en juillet de la même année. Monsieur se retrouve en liberté surveillée ; le chancelier et surintendant qui remplace Puylaurens auprès de lui est un homme du cardinal. Isolé, meurtri, il accepte de signer un acte de démariage qui n'a d'ailleurs aucune valeur, Richelieu le sait, car il est obtenu sous la contrainte. C'est alors que les troupes espagnoles franchirent la frontière du royaume de France, envahissant bientôt la Picardie.

À ce stade, on commence à éprouver une certaine lassitude face aux revirements, réconciliations, complots avortés, cavalcades et autres entourloupes de Gaston. Les événements se suivent et se ressemblent tant que l'on a envie de supplier : « N'en jetez plus ! » Pour un peu, l'auteur en viendrait presque à regretter de l'avoir choisi pour illustrer la famille « Frères ennemis ». En tout cas, on comprend mieux pourquoi Alexandre Dumas se prit de passion pour les mousquetaires, sous le règne de Louis XIII, un règne sous lequel on ne fait que cavaler et comploter ; du pain bénit pour un romancier.

Allez courage ! nous voici en 1636 ; bien décidés à déferler sur Paris, les Espagnols ont envahi la Picardie et les paysans se soulèvent en Guyenne. Le royaume de France est gravement menacé. Richelieu comprend que ce n'est pas le moment de pousser Gaston à bout, alors qu'il a dans la France entière des opposants qui ne demanderont qu'à se placer derrière sa bannière. La grande crainte du cardinal, c'est surtout que Gaston soit « instrumentalisé » par les Espagnols. Il se trompe, car si Gaston le haïssait lui, il aimait son pays et ne l'aurait jamais trahi. En participant à la guerre ouverte contre la maison de Habsbourg, donc contre l'Espagne et l'Autriche, Gaston gagne de ne plus être persécuté comme il l'était depuis son retour d'exil. À l'automne 1636, comme lieutenant général des armées de Picardie, il assiège la ville de Corbie durant six semaines. C'est lui qui finira d'ailleurs par obtenir la capitulation des Espagnols, mais c'est Richelieu qui en recueillera tous les lauriers.

1636, année de la victoire française et du consensus entre nos frères ennemis ? Oh, que non ! Il ne serait pas dit que 1636 n'aurait pas sa petite conspiration. Cette année-là, elle s'appelle « Complot d'Amiens ». Il s'agit d'une nouvelle tentative d'assassinat de Richelieu. Le cardinal échappera à la mort de justesse, grâce aux tergiversations de Gaston qui devait donner le signal mais se défile à la dernière minute. Conspirateur, oui, assassin non !

Dans la fastidieuse opposition des deux frères, un événement surgit qui devrait tout changer. Il s'agit de la naissance de Louis Dieudonné, futur Louis XIV, en 1638. Enfin, après vingt-trois ans d'attente et plusieurs fausses couches, Anne d'Autriche donne naissance à un héritier. Voilà donc notre Gaston relégué à la deuxième place dans l'ordre de la succession. Va-t-il se calmer pour autant ? Que nenni ! Le complot qui se prépare sera retentissant. Il a pour nom « Conspiration de Cinq Mars », du nom d'un favori et sans doute amant de Louis XIII. Ce sera l'ultime complot de Gaston contre son frère et le cardinal. Pourquoi le dernier ? Eh bien, le combat cessera tout simplement faute de combattants puisque Richelieu, dont la France entière souhaitait la disparition, mourra le 4 décembre 1642 de sa belle mort, dans l'allégresse générale. Une fois encore, cette conspiration de mars 1642 visait à faire de Gaston le lieutenant général du royaume. Comme d'habitude, le complot est éventé, le lampiste exécuté. Gaston de France est laissé hors de cause, mais le Parlement de Paris enregistre une déclaration le privant de ses droits à la régence. Le 8 février 1643, les deux frères se réconcilient, ainsi qu'ils l'ont toujours fait après le dernier complot en date… mais quelle valeur accorder à cette énième réconciliation ?

Six mois après Richelieu, c'est maintenant Louis XIII qui est à l'article de la mort. Le 6 mai, il accepte enfin, par un acte officiel, le mariage de Gaston avec la duchesse de Lorraine. Sur son lit de mort, écrit Nicolas Goulas, « Monsieur versa mille larmes en voyant le roi si bas ; la reine n'en fit pas moins », mais « le roi n'en eut pas plus de tendresse ni pour l'un ni pour l'autre ». L'heure n'est plus à la comédie des réconciliations. Avant sa mort, Louis XIII nomme Gaston gouverneur et lieutenant général du royaume et chef des conseils, sous l'autorité de la reine pendant la minorité de Louis XIV. Enfin ! Ça valait la peine d'attendre ! Mais tous ces complots, toutes ces morts et tous ces… voyages pour en arriver là ! Au fait, petite observation finale d'ordre psychanalytique : Louis XIII meurt le 14 mai 1643, date anniversaire de l'assassinat de son père !

Devenu chef de l'armée, Gaston mènera contre les Espagnols une campagne victorieuse, qui apportera à la France tout une partie du comté de Flandres. Mais c'est plus fort que lui, le démon de l'intrigue le démange et il repart de plus belle dans la Fronde contre le pouvoir royal. Cette fois, c'est Mazarin qui le fait exiler dans son château de Blois (1652). Après avoir tant d'années sillonné le royaume de

France, Gaston passera à Blois les huit années qui lui restent à vivre, entouré de ses riches collections d'œuvres d'art, de miniatures et de médailles figurant des oiseaux, de cartes géographiques et de tout une ménagerie de bestioles bruyantes. D'aucuns ont pu écrire qu'à sa mort «personne à la Cour de France ne pleura beaucoup cet insupportable enfant vieilli». Dans son *Louis XIV*, Jean-Christian Petitfils surenchérit en écrivant : «Gaston d'Orléans, ce prince léger, veule, chimérique, velléitaire, enragé, fauteur de troubles, conspirateur impénitent, qui achetait son pardon en se faisant le délateur de ses amis et partisans. Lui sur le trône, c'en était fini de l'œuvre de redressement opiniâtrement menée par Richelieu.» Voici notre homme habillé pour l'hiver ; et pourtant nous l'aimons bien ce foutraque de Gaston, épris de liberté et de justice. Ah, s'il avait régné ! Au lieu de quoi, le royaume de France allait hériter, avec Louis XIV, du souverain le plus absolutiste de toute l'histoire de la monarchie française. D'ailleurs, c'est Louis XIV qui fit interdire la publication de l'oraison funèbre de Gaston dans laquelle son oncle était présenté comme «médiateur entre le roi et ses sujets» et «attaché à la liberté du peuple».

Pour indigeste qu'il puisse paraître, le récit des divers complots de Gaston n'en est pas moins indispensable à la compréhension du règne de Louis XIV. Comment allait-on s'y prendre pour éviter au futur roi d'avoir dans les pattes, durant son règne, un autre Gaston, un gêneur, un comploteur, un empêcheur de régner en rond ? L'éliminer ? L'enfermer dans un «kafes» aménagé dans une aile du Louvre, façon

La sanguinaire Frédégonde tente de faire
le coup du lapin à sa fille Rigonde !

(© Bianchetti/Leemage)

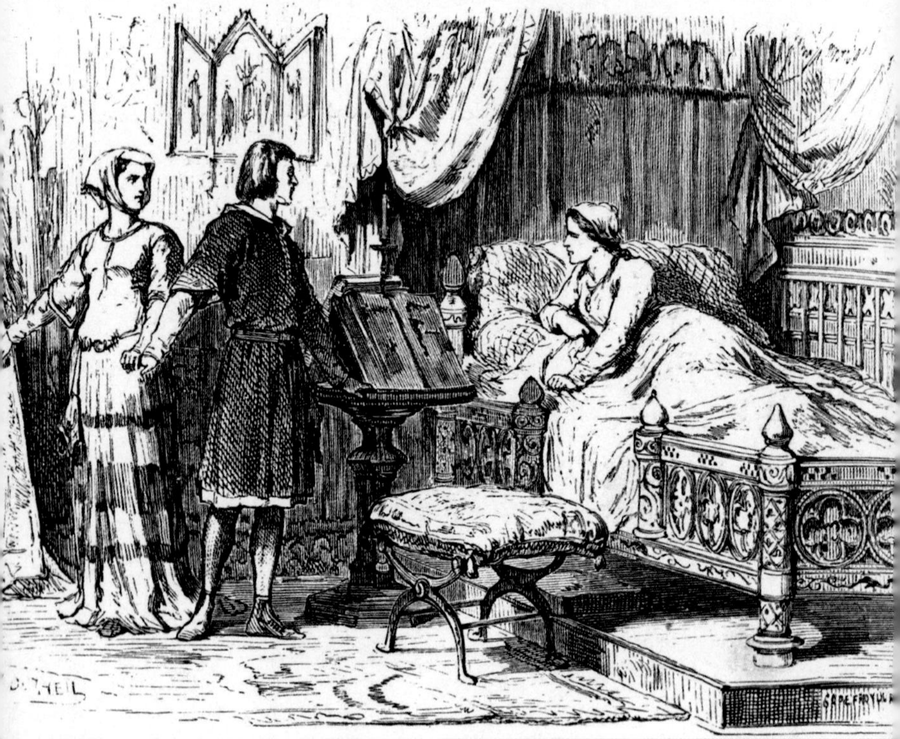

Quand la belle-mère s'invite dans la chambre du jeune ménage !
Blanche de Castille, Saint Louis et Marguerite de Provence.

(Gravure de Dutheil d'après Durand, 1868. © Roger-Viollet)

Louis XI et son curieux sens de la famille.
Pendant l'exécution de leur père, les enfants du duc de Nemours sont placés sous l'échafaud.

(Anquetil Louis-Pierre. © Coll. Jonas/KHARBINE-TAPABOR)

Anne d’Autriche, son fils Louis XIV et sa « fille » Philippe !

(© Photo RMN - Gérard Blot)

Le séduisant Grand Dauphin
qui aurait dû succéder au Roi-Soleil.

(© D.R.)

La famille Hugo à Guernesey. Léonie Biard, maîtresse de Victor, est aux pieds d'Adèle…
Pendant ce temps-là, peut-être Juliette Drouet voyait-elle depuis sa fenêtre ces dames en parfaite harmonie !

(© Collection CL/KHARBINE-TAPABOR)

La famille cachée d'Émile Zola.
Cette dame n'est pas Alexandrine, mais Jeanne Rozerot.

(© Albert Harlingue / Roger-Viollet)

Deux moitiés de M. Thiers.

(Hachette)

Mai 1913 : déjeuner de famille du gotha européen, un an avant la Première Guerre mondiale.

(Fortunino Matania / Private Collection / © Look and Learn / Bridgeman Images)

Ahmet Ier ? Mazarin et Anne d'Autriche allaient trouver bien mieux, mais pas forcément moins cruel : pour que Louis XIV ne soit pas gêné par son frère cadet, il suffisait d'en faire… une sœur !

Je demande Philippe et Louis XIV…

Louis XIII n'a jamais aimé sa femme Anne d'Autriche. Elle et lui n'avaient pas grand-chose en commun, hormis une piété profonde, ce qui n'est pas forcément la première des qualités requises pour fonder une famille. Il leur fallut consommer leur mariage à l'âge de quatorze ans, ce dont Louis n'avait aucune envie ; cette expérience lui laissa une telle impression de dégoût, qu'il n'était pas disposé à la renouveler de sitôt. Et, de fait, on raconte qu'après son mariage, Anne d'Autriche aurait attendu deux mille nuits, soit plus de cinq ans, avant que Louis ne daigne accomplir à nouveau son devoir conjugal. Et encore, il fallut pour cela que Luynes, son favori, le pousse dans la chambre de la reine et l'y enferme. On dit que le jeune roi en pleurait de rage. Un comble, quand on sait que son père Henri IV, lui, aurait plutôt pleuré de rage à l'idée de passer une nuit tout seul !

Selon ses propres mots, Louis XIII dit « le chaste » n'aime les femmes « que jusqu'à la ceinture ». Pour « le reste », il préfère les messieurs. Tallemant des Réaux, qui prise les histoires scabreuses, a détaillé les complaisances du roi pour un cocher, un valet de chien et surtout son premier écuyer, le beau

Barradat, à propos duquel il écrit : « Le roi l'aimait violemment, on l'accusait de faire cent ordures avec lui. » C'est d'ailleurs Tallemant qui raconte aussi que Louis XIII et Cinq Mars auraient été amants. Plus sobrement, Richelieu fait allusion dans son testament politique aux « affections exaltées » du roi. En province, il se dit que Louis XIII a des mignons.

Dans ces conditions, rien d'étonnant à ce que la naissance le 5 septembre 1638 d'un héritier, en la personne de Louis Dieudonné, vingt-trois ans après le mariage de ses parents, ait donné à jaser. La rumeur populaire a même attribué à Mazarin la paternité de Louis XIV – témoin cette chanson qui courait les rues après la naissance tardive de ce dernier : « Son père, le roi des Français, Tous les jours faisait des souhaits, Pour que la reine fût enceinte, Priait les saints et les saintes. Le cardinal priait aussi. Il a beaucoup mieux réussi. »

Un second garçon, baptisé Philippe, naît deux ans plus tard, le 21 septembre 1640.

Nous avons donc là deux tardillons, dont le père comme la mère ont trente-neuf ans ! C'est dire à quel point ces garçons étaient attendus. Pour Louis XIII, la pensée obsédante de son frère Gaston, piaffant d'impatience aux marches du trône, finit-elle par agir comme un puissant aphrodisiaque ?

Ces deux garçons sont fils de roi certes, mais leur petite enfance ne sera pas facile pour autant. Non seulement, ils perdent leur père très jeune (Louis à cinq ans, Philippe à trois ans), mais ils naissent en pleine Fronde, cette révolte nobiliaire qui menace un trône que seule leur mère peut défendre en leur nom. Louis, plus âgé, sera très profondément marqué par l'émeute, la peur de son entourage, les départs précipités dans des carrosses branlants, les nuits sur la paille… il en conservera une grande défiance envers la capitale et songera très tôt à fixer sa résidence principale ailleurs qu'à Paris.

Entre Philippe et Louis, les relations ne sont pas toujours au beau fixe, ainsi qu'en a témoigné le premier valet de chambre Laporte : « Un jour que la cour était en voyage, le roi voulut que Monsieur couchât dans sa chambre, laquelle était si petite qu'il n'y avait que le passage d'une personne. Le matin, lorsqu'ils furent éveillés, le roi, sans y penser, cracha sur le lit de Monsieur, qui, aussitôt, cracha sur le lit de son frère, lequel, un peu en colère, cracha au nez de son cadet. Monsieur sauta sur le lit du roi et pissa dessus. Le roi en fit autant sur le lit de Monsieur. Quand ils n'eurent plus de quoi cracher ni pisser, ils se mirent à se battre. » Sur ce, on sépare les belligérants, mais Laporte ajoute que « le roi fut bien plus difficile à apaiser que Monsieur ». Jusque-là, rien que de très normal, ils sont deux petits garçons qui se chamaillent, comme tous les petits garçons du monde. Sauf que ces deux frères-là, ces deux princes, vont être élevés non seulement sans père, mais aussi sans image de père, car Anne d'Autriche, qui ne s'entendait pas avec son époux, ne fera rien pour entretenir son souvenir dans l'esprit de ses fils. Cela ne sera pas sans conséquence sur le futur Louis XIV qui aura très jeune le sentiment d'être le premier de sa race, un être élu, résultat d'une génération spontanée quasi divine. Et cette impression sera évidemment renforcée par la déférence dont il fait l'objet en permanence. Louis est constamment entouré de respect ; sa personne est sacrée. Il apprend vite qu'il est seul face à Dieu, qu'il est le centre du monde, ce que l'historien François Bluche résume en ces termes : « Nous croyons parfois qu'un prince de cinq ans ou de sept ans consacre une partie de sa vie quotidienne à "représenter", tenant un rôle comme ferait un comédien ; c'est oublier qu'il ne représente pas, il incarne. S'il incarne, il ne peut dédoubler son personnage. Il est toujours le roi. Il est enfant et roi ensemble, non alternativement. » Louis ne parlait jamais de son père et Saint-Simon rapporte que personne, hormis le clergé, n'assistait aux services anniversaires de la mort de Louis XIII célébrés à Saint-Denis. Une autre anecdote, liée à l'enfance des deux garçons, confirme le vif sentiment de supériorité que manifeste très tôt le futur Roi-Soleil. Louis XIV, encore enfant, ne pouvait se résoudre à porter le cordon bleu (croix du Saint-Esprit, ordre dynastique de la monarchie). Le maréchal de Villeroi, son gouverneur, s'adressa un jour, en présence du jeune dauphin, à Monsieur qui, lui, avait son cordon, et fit mine de le prendre pour le roi en l'appelant Sire. « C'est moi qui suis le roi », dit le jeune monarque. « Si vous étiez le roi, vous auriez le cordon bleu », répondit Villeroi. Le petit souverain courut aussitôt s'en revêtir ; il ne se montra jamais depuis sans en être décoré. À côté de cela, Louis est plutôt un gentil, un affectueux ; à l'âge de huit ans, il écrit à son frère malade : « Croyez-moi toujours votre affectionné frère et bon petit papa. » Si ce n'est pas mignon ?

Aux environs de sa majorité légale, treize ans, il n'en commence pas moins à ruer dans les brancards, comme n'importe quel ado ! Il parlait de « faire le roi », appelait Mazarin « le grand Turc » et lançait à sa mère des « quand je serai roi » qui la faisaient pleurer, elle qui aime si tendrement non seulement son aîné mais ses deux fils. Car si les deux garçons sont privés de père, ils ont en revanche une mère aimante qui aura sur eux une influence considérable et durable. Jamais ils ne seront privés d'affection ni de caresses ; on est loin de Marie de Médicis avec Louis XIII.

Jusqu'à ce que son beau-frère Gaston ne quitte la cour pour Blois, en 1652, Anne d'Autriche a constamment près d'elle ce fauteur de troubles pathologique. Il porte toujours le titre de « Monsieur », de sorte que jusqu'à sa disparition, Philippe sera qualifié de « Petit Monsieur ». Gaston, cette « écœurante girouette de la trahison, restait présent dans toutes les mémoires », écrit Philippe Erlanger. Pour éviter que Philippe ne suive l'exemple de son tonton Gaston et ne passe sa vie entière à convoiter le trône de son frère, on décida, et il s'agissait là d'un plan mûrement réfléchi prétend Laporte, de l'égarer sur la voie la plus éloignée possible de la rébellion. Bref, d'en faire une fille ! Laporte haïssait Mazarin, ce qui pourrait nous inciter à mettre un bémol à la crédibilité de ses accusations si Saint-Simon ne les avait confirmées : « On voulait le rendre efféminé de peur qu'il ne fît de la peine au roi, comme Gaston en avait fait à Louis XIII. » L'historien Philippe Erlanger parle à son propos « d'égarement juvénile suscité de propos délibéré » et Jean-Christian Petitfils surenchérit en écrivant qu'« à dessein, on avait détruit son équilibre psychologique, pourri son âme, pour en faire un être efféminé… »

Pour obtenir ce résultat, on va donner à Philippe la compagnie du petit Timoléon de Choisy, qui a raconté dans ses *Mémoires* comment sa propre mère, pour s'attirer les bonnes grâces d'Anne d'Autriche, fit aussi de lui une petite fille : « On m'habillait en fille toutes les fois que le petit Monsieur venait au logis et il y venait au moins deux ou trois fois la semaine. J'avais les oreilles percées, des diamants, des mouches et toutes les autres petites affèteries auxquelles on s'accoutume fort aisément et dont on se défait fort difficilement. Monsieur, qui aimait tout cela, me faisait toujours cent amitiés. Dès qu'il arrivait, suivi des nièces du Cardinal Mazarin, et de quelques filles de la reine, on le mettait à la toilette, on le coiffait, […] on lui ôtait son justaucorps pour lui mettre des manteaux de femme et des jupes. »

Toute sa vie ou presque, Timoléon de Choisy, devenu abbé, portera la robe, et lorsque nous disons « robe », il ne faut pas entendre soutane, mais bien vêtement de femme. Timoléon vivra d'abord sous l'identité de Mademoiselle de Sancy, brûlant la chandelle par les deux bouts, jusqu'à ce que ce « rabat-joie de Montausier », l'austère précepteur du futur Régent, ne lui ordonne d'aller se faire voir ailleurs. Timoléon sera « comédienne » à

Bordeaux, puis vivra un temps dans la peau d'une veuve, la comtesse des Barres. À son contact, Philippe prend goût aux parures, aux dentelles, aux fards et aux déguisements. Sa position lui interdisait de se vêtir constamment en femme, écrit Timoléon : « Il n'osait, à cause de sa dignité ; les princes sont emprisonnés dans leur grandeur. Mais il mettait le soir des pendants d'oreille et des mouches, et se contemplait dans ses miroirs, encensé par ses amants. » Philippe se rattrapait dans les bals, où il faisait son entrée solennelle vêtu d'une jupe dont un garçonnet portait la traîne, donnant le bras à son amant le chevalier de Lorraine, tandis que l'applaudissaient à tout rompre le duc de Nevers et le comte de Guiche, ses deux « initiateurs » ou « professeurs d'éducation sexuelle » dans une terminologie plus contemporaine. Le résultat escompté est au-delà de toute espérance : à vingt ans, Philippe, « narcisse mou et bavard », selon l'expression de Jean-Christian Petitfils, est surnommé « la plus jolie créature du royaume » !

À la même époque, quand Louis XIV a son premier fils, le 1er novembre 1661, Philippe cesse d'être l'héritier direct du trône. Le roi ne prend donc plus la peine de ménager respectueusement son frère. Au lever, Monsieur doit souvent se plier à « présenter la chemise » au monarque. Lorsque celui-ci dîne, seul, à sa petite table, le couvre-chef sur la tête, son frère a le privilège de pouvoir assister à son repas, debout à son côté, chapeau à la main, jusqu'à ce que le roi condescende à laisser tomber un « asseyez-vous donc, mon frère ». Il s'installe alors sur un inconfortable tabouret, les chaises agrémentées d'accoudoirs étant réservées au roi. Louis humilie Philippe en d'autres occasions. Lors d'un bal à Versailles, alors que Monsieur dansait comme un endiablé, il se prend les talons dans les jupes de sa partenaire et s'étale de tout son long. Une petite fille a le malheur d'en rire ; Monsieur la gifle. « Qu'on le fouette », demande à plusieurs reprises le roi en colère, outré de voir son cadet agresser un enfant. Toutes ces humiliations, Philippe va les endurer dignement et il semble qu'il ait sincèrement aimé ce frère écrasant, narcissique et jaloux. Il vivra dans son ombre sans s'occuper de politique, marchant sur les traces de Gaston, non pas comme comploteur, même s'il aimait les commérages, mais comme mécène et collectionneur.

Même si on l'a conditionné pour devenir cet être d'apparence fragile et efféminée, Philippe jouit, comme son frère aîné, d'une constitution physique hors du commun. Il ne s'économise pas. Il est capable de rester à cheval jusqu'à quinze heures d'affilée. Sur les champs de bataille, il se bat comme un lion, faisant fi du danger, se rendant sur les lieux les plus exposés comme jamais son roi de frère n'aura l'occasion de le faire. Un monarque ne saurait en effet mettre sa précieuse vie en danger, aussi doit-il se contenter d'observer à distance, à la longue vue, le déroulement des opérations. Pendant la campagne de Flandres, menée par le grand Turenne, devant Tournai, le 21 juin 1667, Monsieur montrera une témérité et un panache qui vont fortement impressionner Louis XIV et le rendre jaloux. Le roi va couper net cet élan trop viril, trop « Bourbon » ! Dans les jours qui suivent, alors qu'il se trouve sous sa tente avec Philippe et ses maréchaux, pendant le siège de Douai, il se tourne vers son frère et lui dit : « Mon frère, vous pouvez aller vous divertir, nous allons tenir conseil. » Une dizaine d'années plus tard, au cours de la guerre de Hollande (1672-1678), les deux frères étant respectivement âgés de trente-neuf et trente-sept ans, Louis XIV confie à son frère un corps d'armée de vingt mille hommes. Une fois encore, l'intrépidité et les qualités de capitaine de Philippe vont faire merveille. Le 11 avril 1677, il inflige une sévère défaite aux Hollandais, à Cassel, près de Saint-Omer. Cette fois, il a vraiment renversé la situation. Sur le chemin du retour, le peuple acclame « le Roy, et Monsieur qui a gagné la bataille ». C'est plus que l'amour-propre de Louis n'en peut endurer. Être supplanté par son petit frère sur le terrain de la virilité lui est insupportable. Il punit Philippe de sa victoire en le privant de commandement ; l'année suivante, en 1678, Philippe n'apparaîtra qu'en simple spectateur aux combats. Jamais plus il ne retournera au feu. Sur le tableau de la bataille de Cassel, que Louis XIV commande en 1680 au peintre Joseph Parrocel (tableau que l'on peut voir dans le grand réfectoire des Invalides), le roi est représenté au premier plan, menant l'assaut, alors qu'il n'était même pas présent sur le champ de bataille, tandis que son frère se tient en retrait. Et, oui, en d'autres temps, Gaston en avait fait l'amère expérience après le siège de La Rochelle, la bataille de l'île de Ré et plus tard, la prise de Corbie : le roi est le seul chef des armées et la gloire n'appartient qu'à lui !

« Louis XIV qui avait conçu une certaine méfiance envers son cadet, écrit l'historien Laurent Illiers, continua cependant à le combler de biens et d'attentions tout en s'efforçant, en flattant ses passions les moins viriles, de faire de lui un être charmant et inutile. » Et voici à quoi ressemble cet être « charmant et inutile » sous la plume du brillant Saint-Simon : « C'était un petit homme ventru, monté sur des échasses tant ses souliers étaient hauts, toujours paré comme une femme, plein de bagues, de bracelets et de pierreries partout, avec une longue perruque toute étalée devant, noire et poudrée, et des rubans partout où il pouvait en mettre, pleine de sorte de parfums et toutes choses, la propreté même. »

Après avoir accaparé la gloire acquise sur les champs de bataille par son étonnant petit frère, Louis XIV va aussi accaparer la femme de ce dernier.

Comme frère du roi, Philippe ne peut pas échapper au mariage. En mars 1661, il épouse donc Henriette d'Angleterre, fille du roi Charles Ier d'Angleterre, qui lui est désignée comme épouse par sa mère, son frère aîné n'ayant pas voulu d'elle. « J'ai peu d'appétit pour les petits os des Saints-Innocents », avait déclaré Louis qui préférait une femme replète à cette princesse un peu décharnée. Mais il allait rapidement changer d'avis, car si Henriette d'Angleterre n'était pas belle, et même plutôt laide, elle avait, semble-t-il, un charme irrésistible et devint bientôt « l'astre de la cour ». Contre toute attente, Philippe se plie de bonne grâce à ce mariage, car dans l'ingénuité de ses seize ans Henriette lui plaît bien. En tout cas dans un premier temps ! La fréquentation d'une femme lui a tout d'abord semblé pittoresque puis, au bout de quinze jours, il se lasse et retourne à « ses moutons » : le chevalier de Lorraine, le marquis d'Effiat et le marquis de Beuvron. Au passage, on remarque tout de même que l'homosexualité de Philippe et de ses amants n'est en rien cachée ; elle n'est ni scandaleuse, ni dissimulée, comme elle le deviendra aux siècles suivants. On retrouve cette même liberté chez des généraux comme Condé ou César de Vendôme (fils naturel d'Henri IV) ou des musiciens comme Lully. La princesse Palatine, qui sera la seconde épouse de Philippe d'Orléans, pense en avoir compris le pourquoi du comment. Elle écrit : « Tous ces héros se proposent pour modèles Hercule, Thésée, Alexandre qui avaient leurs favoris. Ils s'imaginent que c'était un péché seulement lorsqu'il y avait peu de gens dans le monde, car on était alors coupable en empêchant qu'il se peuplât. On regarde comme une gentilhommerie de dire que, depuis Sodome et Gomorrhe, le Seigneur n'a pas puni ce méfait. »

Revenons-en à la première épouse de Philippe. Bientôt, Louis XIV s'en entiche. Lotie d'un époux homosexuel entouré en permanence de son essaim d'amants, Henriette est flattée d'avoir la faveur du roi et lui tombe dans les bras. Mais Philippe n'est pas prêt du tout à jouer les maris cocus. Tel un vilain rapporteur, il va se plaindre de Louis à sa mère. Il faut se mettre à sa place ; son frère aîné a déjà tout et voilà qu'il veut lui souffler sa femme ? On est en pleine rivalité mimétique girardienne. Philippe se fiche pas mal de sa femme, mais le fait que son frère la désire la rend soudainement attrayante à ses yeux. Anne d'Autriche, qui est pour la paix des familles, admoneste son fils aîné. Pour détourner les soupçons de son mari, Henriette incite Louis à courtiser ouvertement l'une de ses suivantes, une jeune boiteuse un peu effacée qu'elle croit inoffensive. Mauvaise idée, car cette jeune fille n'est autre que Louise de La Vallière ; dans ses bras, Louis oubliera bien vite les charmes d'Henriette, au point de lui faire trois enfants. Cela dit, pour prendre une forme de revanche sur une épouse qui avait conté fleurette à son frère, Philippe remplira très consciencieusement son devoir conjugal, afin que sa femme se retrouve constamment enceinte. Une grande réussite puisque Henriette accouchera par huit fois, même si, par malheur, seuls trois enfants survivront.

Pour les deux frères, la plus grande épreuve de leur vie reste à affronter ensemble : la mort de leur mère. Louis XIV aimait passionnément sa mère, même s'il l'avait écartée fermement des affaires après avoir pris personnellement les rênes du pouvoir. Il n'oublia jamais qu'il lui devait la conservation de sa couronne durant sa régence, à l'époque difficile de la Fronde. Mais surtout, en l'absence de père, il avait reporté sur elle toute son affection. « Cette habitude que j'avais formée de n'avoir ordinairement qu'un même logis et qu'une même table avec elle», écrit-il dans ses Mémoires, «cette assiduité avec laquelle on me voyait la visiter plusieurs fois le jour, malgré l'empressement de mes plus importantes affaires, n'était point une loi que je me fusse imposée pour raison d'État, mais une marque du plaisir que je prenais en sa compagnie.» Or, depuis le printemps 1664, Anne d'Autriche souffre d'un cancer du sein que les médecins sont impuissants à soigner autrement qu'en alternant purges et saignées qui ne font qu'aggraver son état. Ses deux fils seront très présents auprès d'elle, mais ils vont tout de même arriver à s'embrouiller pour des peccadilles. Sur son lit de mort, Anne d'Autriche exprime la volonté de donner ses perles à sa petite-fille (fille de Monsieur), invoquant le fait que les enfants du roi auraient assez de biens comme cela. Louis proteste; «Il veut les grosses perles de la reine mère pour augmenter les pierreries de la couronne.» Pour ne pas contrarier Monsieur, il lui paie les perles. Philippe est content…

La fin de leur mère imminente, Philippe et Louis vont ensemble chercher le Saint-Sacrement à la chapelle du Val-de-Grâce. Anne d'Autriche leur parle tendrement à tous deux, les conjurant de toujours s'aimer pour l'amour d'elle. Le dernier jour venu, son agonie durera des heures. Tandis que Philippe reste à son chevet, Louis à bout de forces se rend dans l'antichambre faisant signe à son frère de l'y suivre, mais Philippe refuse et reste auprès de sa mère jusqu'à la fin. Louis se retranche dans l'antichambre où il s'évanouit de chagrin quand il comprend que sa mère a rendu son dernier soupir. Dans ce moment crucial, il n'y avait plus ni Roi-Soleil, ni Monsieur, mais deux frères unis dans la douleur. Dans cette journée tragique du 20 janvier 1666, Philippe montra plus de courage que son frère aîné.

La vie reprend son cours. Plus le temps passe, plus Henriette déteste les favoris de son mari, en particulier le chevalier de Lorraine, compagnon le plus cher au cœur de Philippe, qui fait tout pour semer la zizanie entre les époux. Madame est très jalouse de son influence et, comme il est particulièrement méchant, insolent, et qu'il a un sens de la repartie imparable, il a toujours le dernier mot dans leurs joutes verbales, ce qui la fait sortir de ses gonds ! À tel point qu'elle parvient à obtenir de Louis que le favori soit éloigné de la cour. Les choses vont même aller bien plus loin, puisque le chevalier de Lorraine est arrêté et emprisonné au château d'If. La disgrâce de son amant met Philippe au comble du désespoir. « Monsieur fit peine à voir, écrit Alain Decaux, il cria, pleura, sanglota, supplia son frère ; Louis XIV ne céda point. »

Autrement dit, non content de le priver de commandement et de lutiner son épouse, Louis sépare maintenant son frère de l'homme qu'il aime. Et ce n'est pas tout ! En pleine guerre de Hollande, Louis va confier une mission diplomatique à Henriette auprès de son frère qui, nous l'avons signalé, est le roi d'Angleterre. Le jour de son retour d'Angleterre, Henriette rend compte de sa mission au roi, quand Philippe entre inopinément dans la pièce. Aussitôt, Henriette s'interrompt jusqu'à ce que le roi demande à son frère de quitter les lieux. Voilà qui aura le don de porter à son comble l'exaspération de Philippe, ce que l'on peut fort bien comprendre. Dans une cour qu'André Castelot qualifie de cloaque : « Quel marécage, où caquettent maîtresses du roi, maîtresses des favoris de Monsieur, amants de Madame… qui sont parfois aussi ceux du mari (Henriette aurait eu une liaison avec de Guiche, amant de son mari.) », Gaston d'Orléans est peut-être le plus excusable. « Au moins, lui ne triche pas !… »

Henriette étant à l'origine de la captivité et du bannissement du favori de Philippe, il n'y a rien d'étonnant à ce que celui-ci n'ait pas été plus touché que cela quand sa femme, saisie d'une violente douleur au côté après avoir bu un verre de chicorée glacée, se retrouva brutalement à l'article de la mort le 29 juin 1670, au château de Saint-Cloud. Ce malaise survient deux semaines à peine après son retour d'Angleterre. Alors même qu'Henriette se torde de douleur sur son lit, Philippe se demande à haute voix qui pourrait bien se charger de faire son oraison funèbre. Charmant ! (Son épouse morte, au moins aura-t-il la bonne idée de s'adresser à Bossuet dont nombre de Français connaissent la célèbre oraison : « Madame se meurt, Madame est morte… ») Philippe assiste à l'extrême onction, quitte la place, puis revient lorsque Henriette est rendue à la toute dernière extrémité. Il expédie leurs adieux, puis s'en va, soulagé. On soupçonne immédiatement les amants de Philippe, en particulier le chevalier de Lorraine qui, ayant quitté le château d'If, se trouvait alors à Rome d'où il aurait pu commanditer le meurtre. Mais l'autopsie va apporter la preuve que Madame est morte de mort naturelle – probablement d'une péritonite. Louis XIV, qui avait les yeux baignés de larmes lorsqu'il fit ses adieux à Henriette, est sans doute plus peiné que son frère de sa disparition. Henriette avait vingt-six ans.

Ainsi que nous le verrons en découvrant la vie de famille absolument incroyable du fils aîné de Philippe, le Régent, Monsieur se remariera moins de deux ans après la mort d'Henriette. Puis, jusqu'à sa propre disparition, il se consacrera essentiellement à l'aménagement et à l'embellissement du Palais-Royal et de son château de Saint-Cloud où il accumulera des merveilles. Car, après son frère dont il n'avait pas les moyens financiers, Monsieur fut le plus grand mécène du royaume, protecteur éclairé des arts de son temps. C'est également lui qui introduisit à la cour la troupe de théâtre de Molière et lui donna sa protection. De l'avis de la Palatine, sa seconde épouse, il avait des qualités d'humanité et de tolérance que n'avait pas son frère Louis. « Lui, au moins, aurait eu pitié des malheureux Palatins », écrit-elle, faisant allusion à la mise à sac par Turenne, sur ordre de Louis XIV, du Palatinat dont elle était originaire (1674). On peut également s'accorder à penser que Philippe n'aurait pas commis l'erreur de révoquer l'édit de Nantes. Mais avec des si…

Philippe sur le divan...

Tout compte fait, l'objectif d'Anne d'Autriche et de Mazarin fut parfaitement rempli. Philippe d'Orléans ne fut pas un «nouveau Gaston», et toute sa vie, sauf au combat où il fut le plus impétueux des capitaines, il se comporta conformément à ce que l'on avait attendu de lui. Cependant, par trois fois il se rebella contre la tutelle de son aîné. Lorsque son frère le sépara de son amant, lors de la mort de leur mère et une troisième fois qui lui serait fatale. Le 9 juin 1701, à la suite d'une violente altercation avec son frère, à propos de son fils Philippe, Monsieur, échauffé, ulcéré, fit le soir même une attaque qui allait l'emporter. Louis pleura à chaudes larmes la disparition de son unique frère qu'il aimait tendrement malgré tout.

Par une étrange ironie du destin, ce n'est pas de Louis XIV mais bien de son frère cadet Philippe que descendent la plupart des souverains européens contemporains : le comte de Paris, le prince Napoléon, le roi des Belges, les maisons de Bourbon d'Espagne, de Bourbon Parme, de Luxembourg, de Bulgarie et du Portugal, toutes comptent au moins une fois ce grand prince homosexuel parmi leur ancêtres. Eh oui, si aujourd'hui on rétablissait la monarchie en France, ce n'est pas un descendant de Louis XIV qui monterait sur le trône, mais un descendant de Philippe. Du haut du ciel, c'est Gaston qui doit bien rire...

Je demande les trois frères de Louis XVI…

Entre Gaston et Louis XIII, entre Philippe et Louis XIV, ce n'était déjà pas simple, alors ce n'est pas avec la fratrie composée non de deux mais de quatre frères, dont il va être question maintenant, que les choses ont une chance de s'arranger. Louis de France, Louis-Auguste, Louis-Stanislas et Charles constituent un quatuor dont la vie de famille connut des rebondissements inattendus, à commencer par un événement inédit auquel ils allaient être les premiers princes de l'histoire de France à se trouver confrontés, j'ai nommé… la Révolution française ! De quoi plomber l'ambiance à table dans toute famille un tant peu soit peu monarchiste.

Ainsi que nous l'avons vu à plusieurs reprises dans ce livre, bien souvent le prince qui devient finalement roi de France n'est pas l'aîné des frères. Pour ne citer que les Henri, ni Henri II, ni Henri III, ni même Henri IV n'étaient des aînés supposés régner. Même chose pour Louis-Auguste, duc de Berry, mieux connu du grand public sous son « numéro » de roi de France : Louis le seizième. Il est l'un des cinq fils de Louis Ferdinand de France et de Marie-Josèphe de Saxe. Xavier, l'un de ses deux frères aînés, meurt à un an. Xavier Ier… encore un prénom qui, avec Gaston Ier, aurait agrémenté l'arbre généalogique des rois de France, si seulement ces messieurs avaient régné. Quoi qu'il en soit, avec tous ces garçons, l'avenir de la dynastie semblait assuré.

Chez les quatre frères survivants, nés entre 1751 et 1757, Louis de France, Louis-Auguste, Louis-Stanislas et Charles, respectivement ducs de Bourgogne, Berry, Provence et Artois, le seul qui sorte véritablement du lot est l'aîné, le petit duc de Bourgogne. Les témoignages de ses contemporains le décrivent comme un enfant au-dessus de la norme, « intelligent, à l'esprit délié ». À moins de neuf ans, cet enfant vif et capricieux exprime des pensées qui étonnent son entourage : « Je subjuguerai l'Angleterre ; je ferai le roi de Prusse prisonnier. Pourquoi ne suis-je pas né Dieu ? Je ferai tout ce que je voudrai ! » Ce garçon est le chouchou de Mme de Marsan, qui s'occupe alors des enfants royaux, mais aussi le préféré de ses parents qui sont en admiration devant sa maturité et ses bons mots. L'historienne Evelyne Lever parle à son propos d'un « roi en chrysalide », adoré de ses parents.

Hélas, un jour, alors qu'il caracole sur son petit cheval en carton, il tombe et se blesse. Sa plaie va s'infecter et dégénérer en une tuberculose osseuse dont il ne se remettra pas. C'est d'ailleurs de cette même maladie congénitale que mourront bien des années plus tard les deux fils de Louis XVI.

En attendant, le pauvre petit Bourgogne est obligé de renoncer à tous les plaisirs de l'enfance : courir, sauter, se cacher, jouer… Bientôt, il ne peut même plus mettre un pied par terre et doit vivre dans un fauteuil roulant, emmitouflé dans des couvertures. Ses parents choisissent le petit Berry (futur Louis XVI) pour lui tenir compagnie.

En principe, Berry n'aurait pas dû quitter les jupes de Mme de Marsan avant ses sept ans, âge auquel il était de coutume que les enfants royaux «passassent aux hommes», selon la terminologie de l'époque. Mais comme il faut une présence amie auprès du petit malade cloué dans son fauteuil, on fait en quelque sorte devancer l'appel à son cadet. À six ans à peine, le futur Louis XVI est arraché à sa gouvernante et devient le garde-malade de son aîné. Sur le plan psychologique c'est une catastrophe, car Berry est probablement le plus fragile des garçons. D'après Jean-Christian Petitfils, il fut complètement traumatisé, non d'être ainsi livré à ce frère tyrannique, mais de quitter «maman Marsan» qui lui tenait lieu de mère. «Il en tomba malade plusieurs jours, signe de son extrême sensibilité.» Le malheureux enfant se retrouve entre les pattes d'un frère de trois ans son aîné qui a toujours aimé le tyranniser et qui prétend faire son éducation. Comme il souffre beaucoup, le petit duc de Bourgogne est impatient, irritable et en veut sans doute confusément à ce petit frère d'être si bien-portant quand lui-même s'affaiblit de jour en jour. Berry doit répondre docilement à tous ses caprices et surtout ne pas le contrarier. «Il régnait sur sa chambre et Berry était son sujet», écrit Jean-Christian Petitfils, dans son *Louis XVI*. Même si le petit duc de Bourgogne a pour son frère une grande affection, il en fait son souffre-douleur. Cependant, jour après jour, la santé du dauphin décline inexorablement; voilà maintenant qu'il tousse à fendre l'âme et vomit tout ce qu'il ingurgite. C'est que la tuberculose, d'abord osseuse, s'est propagée aux poumons. Après des semaines de souffrances, le corps supplicié par les escarres, Louis de France, duc de Bourgogne, décède finalement dans la nuit du 22 mars 1761.

Pourtant accoutumée aux deuils à répétition, la cour est au comble du désespoir face à la disparition d'un dauphin si précoce et si prometteur. « Le pauvre Berry, qu'on avait installé à six ans et demi dans le décor que l'aîné venait de quitter, semblait à peine compter aux yeux de ses parents. Il n'est pas bon d'être le survivant, le médiocre survivant, quand l'être d'exception fait défaut. » Et de fait, les parents vont reporter toute leur affection sur les deux cadets, Provence et Artois, Berry leur semblant avoir usurpé la place de leur aîné tant regretté.

Pas besoin d'être grand clerc pour comprendre que cette expérience très anxiogène allait laisser chez Louis des traces profondes. D'autant que ce deuil serait bientôt suivi d'autres drames plus terribles encore. Quatre ans après la mort de leur frère aîné, le futur Louis XVI et ses frères et sœurs vont en effet perdre coup sur coup père et mère !

Leur père Louis-Ferdinand meurt de tuberculose le 20 décembre 1765, à seulement trente-six ans. Son épouse est en état de choc. La mort de ce mari qu'elle adorait la met dans un état d'accablement tel qu'elle est incapable d'apporter à ses enfants le moindre réconfort et qu'elle sombre dans une grave dépression. Écrasée par le chagrin, elle se coupe les cheveux, néglige son apparence, semble attendre la mort comme une délivrance. Un an plus tard, alors qu'elle paraît enfin reprendre le dessus, pour se préoccuper à nouveau de l'instruction de ses enfants dont elle s'était toujours beaucoup souciée avant la disparition de son mari, elle ressent les premières atteintes de la tuberculose. En soignant son époux avec dévotion, elle a en effet contracté sa maladie et va y succomber à son tour, le 13 mars 1767, à peine quinze mois après lui. Louis et ses frères et sœurs se retrouvent donc orphelins. Chez un garçon comme Louis XVI, qui avait déjà tendance à être renfermé, cette enfance douloureuse, marquée par les deuils, aura des répercussions bien plus graves que sur ses deux frères.

À en croire les témoignages de leurs contemporains, les trois frères présentaient, déjà enfants, de notables et très significatives différences de caractère. Berry, timide, morose, maladroit, moins vif que ses frères, vit dans l'ombre, un peu oublié. Il est écrasé par le modèle qu'on lui donne constamment en exemple, d'un défunt frère aîné paré de toutes les vertus. Un certain duc de Croy, qui assiste au baptême des enfants, le trouve bien « engoncé », tandis que Provence fait preuve à ses yeux d'esprit et de résolution. Mme de Marsan aimait particulièrement Provence (futur Louis XVIII), « fin, amusant, retors déjà, et capable de s'adapter à toutes les situations ». Il « se montrait sociable, prompt à la repartie ». Le comte de Provence sera toujours un homme studieux. Il s'intéresse à la littérature et à l'histoire, compose des poèmes. Jean-Christian Petitfils le qualifie d'« homme froid, insaisissable,

Caïn tourmenté d'obscures pensées aux menées souterraines», quand l'historien Philippe Erlanger parle, lui, de «cuistre de collège». Sur le plan des études, alors que pour le comte de Provence, ce sont des heures agréables, le duc de Berry, écrit Pierre Lafue, «s'absorbait vainement dans une attention inquiète que n'illuminait aucune flamme intérieure. Modeste et mécontent de lui-même, comme il l'était déjà, l'héritier du trône reconnaissait volontiers d'ailleurs la supériorité de son cadet». Autre son de cloche chez Petitfils qui parle au contraire d'un futur Louis XVI curieux de tout, s'intéressant à la littérature, à l'histoire et aux disciplines scientifiques, apprenant tout seul l'anglais, l'italien et l'espagnol. Pour l'historien, dans l'éducation du futur Louis XVI «le grand point de blocage était l'ouverture d'esprit à la pensée du temps», dont son précepteur l'a tenu à l'écart. Ainsi, Louis ne reçut-il qu'une «éducation incomplète et quelque peu sclérosée», dispensée par des éducateurs trop âgés.

Reste que sur le caractère de Louis XVI, le diagnostic de tous ces historiens est le même : quand Pierre Lafue parle du « bon et inexpressif visage du dauphin» et de son «fâcheux penchant à se laisser convaincre de sa nullité», Jean-Christian Petitfils évoque de son côté un «ours renfrogné» d'une «gaucherie pitoyable».

Quant au petit dernier, Artois, il est très différent de ses frères aînés. Plus médiocre sur le plan intellectuel, «un étourneau suffisant» a-t-on dit, il est en revanche plus joyeux, plus séduisant, mieux dans sa peau physiquement que ses deux rondouillards de frères aînés. Il a les manières et l'aisance d'un grand seigneur, aime le luxe et dépensera sans compter – il se fera faire un habit de perles et de diamants pour le prix de plusieurs châteaux ! Enfin, autre différence majeure entre Artois et ses frères Louis XVI et Provence : là où ses deux aînés sont plus ou moins « empêchés », Artois, lui, aime infiniment les femmes et trompera son épouse ouvertement et sans complexe.

La Voguyon, précepteur de ces quatre enfants princiers si dissemblables, déclara un jour qu'il avait eu avec eux « ses quatre F : Bourgogne le Fin, Provence le Faux, Artois le Franc et Berry le Faible ! ». Par malheur pour le royaume, c'est Berry le faible qui, à la mort de son père, devient à onze ans dauphin de France. Ce jour-là, il pleure sur l'épaule de son petit frère Provence (futur Louis XVIII) en lui disant : « J'eusse préféré que vous fussiez à ma place. » Quelle déveine, quand on sait à quel point Provence eût aimé y être ! Leur grand-père Louis XV, dont Provence est le préféré, confie à propos de l'aîné de ses petits-fils à Madame de Monaco : « Quand je ne serais plus là, ce gros garçon va tout gâter. »

Mais nous n'en sommes pas là et, pour l'heure, le moment est venu pour les trois frères de se marier. Le 16 mai 1770, le dauphin Louis épouse à seize ans la ravissante Marie-Antoinette d'Autriche qui en a quatorze. Un an plus tard, c'est Provence qui épouse Joséphine de Savoie, une archi moche archiduchesse, fille d'Amédée de Sardaigne. « D'assez beaux yeux, dit Mme Campan, lui attirèrent les seules louanges qu'il était raisonnablement permis de lui donner. » Le futur Louis XVI disait d'elle qu'elle était « diablement laide » et d'autres ont prétendu qu'elle sentait mauvais ! Quoi qu'il en soit, le soir de la nuit de noces, c'est Marie-Antoinette qui lui passe la chemise de nuit à travers les rideaux du lit. On le voit, tout cela se passe en bonne intelligence entre futures belles-sœurs, une entraide familiale d'autant plus nécessaire que ces dames n'auront ni beau-père pour les entourer, ni belle-mère pour les conseiller… ou les harceler ! Enfin, en novembre 1773, Artois épouse Marie-Thérèse de Savoie, la sœur de Joséphine, qui, sur le plan de la laideur physique, n'a hélas rien à envier à son aînée.

Dans l'ensemble, les trois jeunes ménages s'entendent plutôt bien et dînent très souvent tous ensemble « chez les Provence » au palais du Luxembourg. Mais bientôt, les dissensions vont apparaître. D'abord, Marie-Antoinette dont la beauté fait de l'ombre à ses affreuses belles-sœurs n'aime guère Provence et a une nette préférence pour Artois (futur Charles X), qui est bon vivant, léger, galant. Et puis, entre les trois belles-sœurs, la difficulté pour l'une ou l'autre à enfanter sera également source de jalousie et de ressentiment – : Marie-Antoinette devra attendre huit ans avant d'avoir son premier enfant. Joséphine n'en aura aucun, son mari Louis Stanislas, alias Provence, étant malheureusement impuissant, et Charles, alias Artois, en aura quatre.

On imagine l'amertume des deux frères devant leur pataud d'aîné marié à une femme ravissante. Eh oui, il faut bien se faire à cette idée, un jour c'est lui qui sera roi !

Et ce jour tant redouté par le dauphin finit par arriver. Son grand-père, Louis XV, meurt le 10 mai 1774 et Louis devient donc roi, à dix-neuf ans, sous le nom de Louis XVI. Il affirme vouloir être « Louis le Sévère », alors que sa faiblesse et sa timidité rendent cela impossible. Le nouveau souverain n'a reçu pour ainsi dire aucune formation à son futur métier de roi, car son grand-père ne s'intéressait pas à lui et ne l'avait jamais associé à aucun conseil, considérant que les affaires du royaume étaient des affaires d'hommes. Par conséquent, c'est un adolescent attardé et incompétent qui monte sur le trône. Jamais encore dans toute l'histoire de la monarchie française, il n'y avait eu un tel décalage entre le caractère de celui qui était appelé à régner et la tâche qui lui incombait. Son exceptionnelle timidité, son manque total de confiance en lui, son indécision vont tout gâcher, alors qu'il avait souvent des idées justes. « Un prince qui a perdu l'amour de son métier est vaincu d'avance », écrit Philippe Erlanger. Avec Louis XVI, les choses ne se posent même pas en ces termes, car il n'aura jamais l'amour de son métier ! Il n'éprouve que terreur et dégoût pour le pouvoir. À la première heure de son règne, il s'exclame : « Je suis l'homme le plus malheureux. Dieu quel fardeau j'ai là, à mon âge ! » Et, comme un mauvais présage, le jour de son sacre, quand l'archevêque de Reims lui met la couronne sur la tête, Louis se plaint en disant « elle me gêne »…

Dès le début de son règne, Louis XVI doit se débattre dans de grosses difficultés. Son frère Louis-Stanislas, comte de Provence, aimerait bien mettre son grain de sel dans les affaires du royaume, mais Louis XVI vit très mal les intrusions de ce donneur de leçons. Bien que frère du roi, Louis-Stanislas sera donc écarté du conseil pendant plusieurs années et ne commencera à y participer qu'au tout début de la Révolution. Il en conçoit du ressentiment, plus encore d'ailleurs envers sa belle-sœur (qui n'y est pourtant pas pour grand-chose !) qu'envers son frère.

Du coup, il se consacre plus que jamais à ses chères études, fait publier des articles dans le *Mercure de France* sous le pseudonyme de « marquis de Fleury », précaution bien inutile car tout le monde sait à la cour qu'il s'agit de lui ! Il s'y moque de l'instabilité ministérielle et de l'obstination des privilégiés à vouloir surtout ne rien changer. Bref, sous couvert d'anonymat, il attaque en règle non seulement la politique de son aîné mais sa propre caste et devient ce faisant la coqueluche du « parti des philosophes », le frère en vogue dont les idées politiques sont plus larges et plus éclairées que celles du roi. Il essaie de placer ses proches à des postes clés et constitue autour de lui une sorte de coterie. « Au cours d'un voyage dans le sud de la France en 1777, on le vit rechercher sciemment la popularité au détriment du roi. »

Il est vrai que Provence n'a guère d'estime pour son frère. Il l'appelle « son gros benêt » et le compare, dans sa faiblesse et son indécision à « des boules d'ivoire huilées que vous vous efforceriez vainement de retenir ensemble » ! Dans ces conditions, qu'il ait parfois pressenti, sinon espéré, que les difficultés de la situation déborderaient un jour son aîné, et qu'une fois son frère déchu, il puisse lui-même apparaître comme un recours, voilà qui est sûr et certain.

Tandis que le comte de Provence, très populaire, est perçu comme un libéral, un ennemi des privilèges, son petit frère d'Artois est perçu comme un « ultra conservateur », il prendra d'ailleurs la tête de la fraction réactionnaire en 1786.

Pauvre Louis XVI, pris en sandwich entre deux frères opposés sur le terrain des idées, mais du même avis lorsqu'il s'agit de désigner en leur frère aîné l'unique responsable des maux du royaume ! Quand on pense que pour abolir la distance entre eux, ce brave Louis n'avait pas hésité à déroger à l'étiquette en autorisant ses frères à l'appeler non pas « Votre Majesté » mais « mon frère »... Loin de lui en être reconnaissants, ses frères ne l'en méprisaient que davantage.

Moqué pour ses déboires conjugaux et sa supposée impuissance, Louis XVI l'est également pour sa mollesse. Comment un incapable au lit serait-il un bon roi ? Même Marie-Antoinette appelle son mari « le pauvre homme ». Comme pour Gaston ou Philippe d'Orléans avant lui, l'absence de dauphin fait du comte de Provence l'héritier du trône. Pour ce dernier, le plus grand espoir est de voir le couple royal demeurer stérile, seule chance pour lui de succéder un jour à son aîné. On peut donc imaginer sa déception quand Marie-Antoinette donne naissance à une fille en 1778, puis à deux garçons en 1781 et 1785. La naissance du dauphin porte la rancœur de Provence au paroxysme et lorsque naîtra le petit duc de Normandie, troisième enfant du ménage royal, il répandra la rumeur de l'illégitimité du dauphin. Dans une lettre au duc de Fitz-James, il déclare avoir en main toutes sortes de documents assurant que les enfants de Louis XVI ne sont pas de lui. Ces pièces, affirme-t-il, prouvent la conduite coupable de la reine. « Je sais que cette conviction ne sera pas très agréable au roi, mais entre nous, mérite-t-il de régner ? Oui, c'est un pauvre sire, et la France est digne d'avoir un véritable roi. »

Voilà qui est méprisable, infâme même, de la part de ce frère dont la jalousie est d'autant plus aiguë que lui-même se sait incapable de procréer.

Louis XVI n'aime pas ce frère dont il connaît les menées souterraines, et n'est pas dupe de son obséquiosité. Se doutant de ses ambitions, il ne lui confie jamais rien. Un jour que le comte de Provence vient d'interpréter le rôle de Tartuffe dans leur petit théâtre, Louis XVI lui fait remarquer que ce rôle lui convient à ravir, qu'il a rendu le personnage dans son plus grand naturel. Qui a dit que Louis XVI n'avait pas d'humour ?

Pour son frère aîné, qu'il traite volontiers de « soliveau[1] », Provence a un mépris que seul le malheur viendra atténuer. Et le malheur viendra. Le 4 juin 1789, un mois avant la prise de la Bastille, Louis XVI et Marie-Antoinette perdent leur fils aîné. Ils sont au désespoir. Louis XVI avait une tendresse profonde pour son fils. Sa mort vient cruellement lui rappeler celle de son propre frère. Une fois encore, il est accablé, consumé par la culpabilité, car c'est lui qui avait ordonné qu'on « inocule » son fils contre la variole, ce que le pauvre petit, trop fragile, n'a pas supporté. Les souverains sont donc en plein deuil, au moment précis où il faudrait au contraire que Louis XVI concentre toutes ses forces et son attention sur les états généraux dont il a suscité la convocation.

Sans revenir sur les événements qui menèrent à la prise de la Bastille, puisque le but de cet ouvrage est de « parler famille », retenons simplement que jusqu'à ce que Louis et les siens ne se retrouvent dans une situation inextricable, acculés à la fuite, Provence cherchera toujours à avoir un temps d'avance sur le roi. Au moment de la réunion des états généraux, il vote, comme Louis XVI d'ailleurs, pour une double représentation du tiers état. Pour lui, des états généraux où dominerait la classe moyenne devaient donner au roi l'autorité nécessaire pour briser les résistances des privilégiés et protéger la couronne. Mais ce roi d'un genre nouveau, dans son esprit, ce devait être lui ! Admis au

1. Homme dépourvu d'autorité, ne sachant pas se faire respecter.

conseil du roi, avant la prise de la Bastille, il va vite se rendre compte des difficultés auxquelles est confronté son frère. De nos jours, on dirait qu'il découvre le « principe de réalité ». Quand les événements tournent à l'émeute, Monsieur cesse brutalement d'idéaliser l'idylle entre le roi et le tiers état, qu'il avait naguère imaginée. Jusqu'en 1791, Marie-Antoinette se méfie toujours de lui comme de la peste. À cette époque, elle écrit à Mme de Lamballe : « Il y a dans son cœur plus d'amour personnel que d'affection pour son frère et certainement pour moi. Sa douleur a été toute sa vie de ne pas être le maître. » Mais quand Charles, comte d'Artois, est le premier à faire ses bagages et à fuir, suivi dans un grand « sauve qui peut » de presque tous les Bourbons qui vivaient à la cour, Marie-Antoinette doit reconnaître que Provence est le seul à être resté et elle lui en est reconnaissante.

En réalité, le futur Louis XVIII a une idée en tête : faire enlever le roi qui se refusera probablement à partir, et le conduire à Péronne. Ensuite, profiter de l'émotion suscitée par le départ de la famille royale pour se faire octroyer le titre de régent du royaume et peut-être même, si le roi était déchu à la suite de sa fuite, se faire proclamer Louis XVII ! Pour monter ce plan, Provence se fait prêter de l'argent par un certain Favras qui est découvert et pendu place de Grève, sans avoir dévoilé son commanditaire. Quand il apprend sa mort, Provence éprouve un lâche soulagement. Mirabeau avait vu juste, si l'un des membres de la famille royale était en dessous de tout, c'était bien Monsieur, comte de Provence !

Finalement, lors de la fameuse fuite à Varennes du 21 juin 1791, Provence quittera Paris au même moment que le roi son frère, mais il se grimera de manière à être méconnaissable, sourcils épaissis par le fard, coiffé d'une perruque, là où Louis XVI a jugé un tel travestissement contraire à sa dignité. L'évasion de Monsieur réussit. Il quitte la France pour vingt-trois ans. À Bruxelles, où il retrouve le comte d'Artois, l'effusion des deux frères, qui s'étaient crus séparés pour toujours, fut paraît-il très touchante. Bien des années plus tard, ces deux-là aussi seraient rois et se battraient comme chien et chat pour le pouvoir !

Désormais bien à l'abri, les deux frères vont s'entremettre auprès des souverains étrangers d'une manière qui ne va faire qu'aggraver la situation de Louis XVI et des siens. Aux termes de la convention de Pillnitz, la cause de Louis XVI devient celle de toutes les têtes couronnées d'Europe, qui n'excluent pas de faire la guerre à la France. Furieux qu'Artois se soit rendu à Pillnitz sans son autorisation, Louis XVI, qui dix jours auparavant a accepté la Constitution, écrit à ses frères le 15 septembre 1791 : « Ainsi, vous allez me montrer à la nation acceptant d'une main et sollicitant les puissances étrangères de l'autre. » Il voit juste. La convention de Pillnitz lui sera durement reprochée au cours de son procès.

À Coblence, en Rhénanie, où il a trouvé refuge, Monsieur, dont les événements en France comblent les espérances nourries depuis tant d'années, devient non seulement le chef des émigrés en exil, mais aussi le chef d'un gouvernement en exil. Lorsqu'elle apprend qu'il a formé son gouvernement, Marie-Antoinette écrit : « Caïn, Caïn ! Monsieur nous livre et nous égorge. Quelle âme de fer ! Il ne nous reste donc plus qu'à mourir ! »

Le 21 janvier 1793, Louis XVI est guillotiné. En apprenant la mort de son frère aîné, le comte de Provence manifeste un cynisme monstrueux. Il s'autoproclame « régent du royaume » et écrit à son frère d'Artois : « Vous n'oublierez pas de quelle utilité pour l'État va devenir leur mort. Que cette utilité vous console. » À la mort de Marie-Antoinette, il ne trouve rien de mieux à dire que : « Me voilà dans une belle position ! » Enfin, deux ans plus tard, quand il apprend la mort à la prison du Temple du petit Louis XVII (8 juin 1795), il écrit à nouveau à son frère : « On m'apprend que son fils s'en va mourant. En donnant des larmes à nos proches, n'oubliez pas de quelle utilité pour l'État va devenir leur mort ».

« Je n'ai pas besoin d'ennemis, j'ai de la famille ! » La phrase est de Jean-Jacques Péroni mais on la croirait taillée pour Louis XVI !

Louis XVI sur le divan…

Auteure d'un article intitulé « Louis XVI ne pouvait qu'abandonner[1] », la psychologue Anne Sentuc relate l'anecdote suivante : « Au cours d'une loterie

1. *L'Histoire*, novembre 1985.

organisée par les enfants de la cour, dont la règle était que chacun donnât son cadeau à la personne qu'il aimait le plus, le futur Louis XVI demeura les mains vides. Lorsque le hasard du tirage lui fit enfin recevoir un jouet, il le garda, refusant de le donner à qui que ce fût : "*Je sais que personne ne m'aime et moi, je n'aime personne. Je me crois donc dispensé de faire des présents.*" » D'après la psychologue, c'était là les paroles qui annonçaient le comportement d'un roi qui jamais ne pourrait « donner ». « Un roi doté d'une structure de caractère masochiste, le vouant à la passivité et à l'excès de prudence. » Selon la formule de Sainte-Beuve, Louis XVI fut le « roi empêché ». Empêché sur le plan affectif, politique et sexuel. « Écrasé de culpabilité d'un côté, torturé par son sens des responsabilités de l'autre. » Il ne manquait plus que la Révolution pour achever de le précipiter dans un destin tragique. Anne Sentuc explique ensuite que la passion curieuse de Louis XVI pour la serrurerie, au-delà du symbolisme sexuel, aurait été une façon de permettre aux fantômes qui le hantaient de s'évader !

Quoi qu'il en soit, lorsqu'il rédigea son testament, Louis XVI écrivit : « Je recommande à mon fils, s'il avait le malheur d'être roi… » Car aussi vrai qu'Henri III fut roi « par la grâce de sa mère », Louis XVI, lui, avait été roi « par la disgrâce de Dieu ! »

Dans la famille « Démon de midi et famille recomposée »...

« C'est une grande difformité de la nature qu'un vieillard amoureux. »

La Bruyère

Ce n'est pas d'hier que les messieurs d'un certain âge se désintéressent parfois de leurs épouses pour s'enticher de petites jeunes. Nous avons déjà évoqué dans ce livre la crise de la quarantaine de Charles VII et son coup de foudre pour Agnès Sorel, dont il eut quatre enfants. Mais nous aurions tout aussi bien pu évoquer le célèbre fils du grand Mundzuck. Comment ça, vous ne le connaissez pas? Mais bien sûr que si, voyons! Le fils de Mundzuck, un certain Attila! Or, donc, Attila, fils de Mundzuck, barbare mongol qui inspira la terreur à nos aïeux et fut bouté hors de Paris, grâce à sainte Geneviève, fut saisi par le démon de midi et mourut pendant sa nuit de noces avec une jeunette qui aurait pu être sa petite-fille. Il avait soixante ans, et elle dix-sept. C'est du joli! Qui était-elle? Si l'on en croit Maurice Bouvier-Ajam, auteur d'une remarquable biographie d'Attila, cette demoiselle était selon les récits soit la fille d'un chef franc ripuaire, soit celle d'un ostrogoth ou d'un alaman et elle s'appelait Hildegonde; ou bien c'était une princesse danoise nommée Hilidr ; ou encore une princesse wisigothe d'Aquitaine. Dans tous les cas, son nom aurait été transformé en Ildico par un auteur latin.

Chez les Huns une coutume voulait que le vainqueur épousât la fille ou la femme du vaincu. Or, Ildico est la fille d'un chef (ostrogoth, alaman ou ripuaire ?), qui a supplié Attila de laisser la vie sauve à ce dernier. L'impitoyable Attila ordonne sa décapitation, ou le tue de sa propre main, et met sa fille dans sa part du butin. Il l'épouse donc. Une grande fête est organisée pour la noce, soit dans son palais de Buda, devenue l'actuelle capitale de la Hongrie, soit dans un campement quelconque planté non loin de là, au bord du Danube.

Après avoir bien festoyé, Attila entraîne sa toute jeune femme sous sa tente… Le lendemain matin, quand les serviteurs pénètrent dans la pièce, ils trouvent Ildico prostrée au pied du lit et le « fléau de Dieu » gisant dans une mare de sang. Est-il mort d'une attaque en voulant faire l'honneur de sa couche à sa toute jeune femme ? Ildico a-t-elle assassiné son mari éméché pour se venger de celui qui, après avoir tué et dépouillé sa famille, venait abuser de sa beauté ? Elle prétend qu'il ne l'a pas touchée, qu'il s'est effondré de sommeil par l'ivresse, qu'il a vomi et lui a expressément demandé de n'appeler personne. Il hoquetait, vomissait du sang à flots.

Ainsi périt, en 453, Attila, fils de Mundzuck, vénéré par son peuple comme un dieu. Et, comme aux yeux des Huns, cela la fichait mal d'apprendre au monde entier que le fléau de Dieu était mort assassiné par une donzelle, ou dans une nuit de beuverie, on convint que la « version officielle » de sa mort serait l'apoplexie hémorragique (enfin, son équivalent dans la langue hun au Ve siècle !).

En tout cas, si c'est bien Ildico qui assassina Attila, nous lui devons une fière chandelle, car ce faisant, elle mit un terme à la menace qu'il représentait pour la civilisation chrétienne. En effet, après lui, la discorde s'installera entre ses héritiers. Très original !

Mais venons-en plutôt maintenant à d'autres séducteurs bien de chez nous…

Je demande Henri IV et la petite Charlotte

Henri IV eut une soixantaine de maîtresses, si l'on tient compte uniquement de celles qui appartenaient à la noblesse. Mais si l'on avait une idée du nombre de bergères, de filles de ferme béarnaises et de jolis tendrons qu'il troussa dans les foins ou les recoins du Louvre, on atteindrait des sommets vertigineux. Lui-même avouait trop aimer les femmes et l'amour. Il sema des enfants naturels à tous vents (on en connaît avec certitude une douzaine, ce qui n'est finalement pas grand-chose à côté d'un Jean II de Clèves qui, lui, en eut soixante-trois), dont certains seront d'ailleurs légitimés et élevés à la cour, en même temps que ses cinq enfants légitimes. Ainsi, Marie de Médicis, à peine arrivée en France pour épouser Henri, fut-elle priée d'accepter auprès d'elle la présence des trois enfants de la défunte Gabrielle d'Estrées : le petit César de

Vendôme, Catherine et Alexandre. Par la suite, la joyeuse troupe hébergée à la cour des cinq enfants légitimes et six enfants naturels d'Henri IV comprendra donc trois princes, deux princesses, les trois enfants déjà cités de Gabrielle d'Estrées, les deux d'Henriette d'Entragues marquise de Verneuil et le petit Antoine, comte de Moret, fils de Jacqueline Bueil. Les courtisans appellent cette petite bande le « troupeau » ou le « sérail ». Autant dire qu'avec cette smalah juvénile et bruyante, issue de quatre mères différentes, Henri IV pourrait s'imposer d'emblée comme le champion de notre future « famille recomposée ».

Mais il figure également de plein droit, et de façon bien plus spectaculaire, dans la « famille démon de midi ». En effet, en 1608 et 1609, soit deux ans avant sa mort, il ajoute deux nouveaux enfants à son palmarès avec « la collaboration » de Charlotte des Essarts, âgée de seize ans. Avec l'âge, Henri IV s'intéresse en effet à des femmes de plus en plus jeunes, au grand dam de son épouse, Marie de Médicis, qui passe le plus clair de son temps à lui faire des scènes de ménage. On la comprend d'ailleurs car, selon les mots de Pierre Bayle, cité par Philippe Delorme dans sa biographie de Marie de Médicis, « jamais homme ne fut plus indigne d'avoir une épouse fidèles ».

Si Henri IV n'avait été qu'un vieux barbon parmi des milliers d'autres au cours de notre histoire, nous en resterions là de notre récit. Nous avons assez dit que les histoires d'alcôves ne nous intéressaient guère et que nous souhaitions avant tout

« parler famille ». Seulement voilà : Henri IV est roi de France ; ses foucades ont forcément des conséquences et son ultime coup de foudre faillit bien mettre l'Europe à feu et à sang. Tout ça pour une jouvencelle de quatorze ans et demi qu'il vit pour la première fois alors que lui-même en avait cinquante-six ! Quarante et un ans de plus qu'elle. Il aurait pu être son grand-père, comme Attila pour Ildico !

Charlotte est la fille cadette du connétable de Montmorency, chef de la plus puissante famille de France. (Son grand-père était le connétable Anne de Montmorency qui fut une sorte de père de remplacement pour Henri II.) De l'avis de ses contemporains, Charlotte est une « beauté miraculeuse », sans équivalent à la cour. Henri IV l'aperçoit pour la toute première fois le 16 janvier 1609 alors qu'elle participe à la répétition d'un ballet. Incarnant une nymphe de Diane, légère et court-vêtue, entraînée dans sa chorégraphie, elle porte un léger coup de son harpon doré droit au cœur du roi. C'est un vrai choc pour Henri. « Ce fut une illumination, un embrasement ! Le vieux faune fripé, aux cheveux grisonnants, perclus de rhumatismes, était soudain submergé par une terrible, une folle, une sénile passion, au point de manquer de défaillir », écrit Jean-Christian Petitfils dans *L'Assassinat d'Henri IV*.

Dans un premier temps, Henri, littéralement subjugué, paraît cependant conscient de ce que la différence d'âge rend toute romance inenvisageable.

Son émotion semble lui faire un peu honte. Or, le soir même, il est pris d'une violente crise de goutte qui va le clouer au lit pendant quinze jours. Quinze jours, c'est bien plus qu'il n'en faut pour balayer ses scrupules, pour penser de manière obsessionnelle à la jeune beauté qu'il vient de rencontrer et s'emplir la tête des bluettes relatées dans le « best-seller du moment » *L'Astrée,* d'Honoré d'Urfé, où il n'est question que de « bergers tendres, précieux et platoniques[1] ». Henri IV en berger platonique !? En tout cas, il est amoureux à en perdre le sommeil et la santé. Un géronte ensorcelé ? Ou, plus trivialement, un quasi-sexagénaire esclave de ses pulsions ? Peu importe. Au diable l'âge de la donzelle et le sien. Il la lui faut !

Mais il y a comme un léger problème. La jeune Charlotte est déjà fiancée à un certain Bassompierre, un jeune homme qu'Henri IV apprécie beaucoup. Le roi a d'ailleurs lui-même autorisé le mariage, mais il n'avait pas encore rencontré la fiancée. Henri convoque Bassompierre, lui demande de renoncer à elle et lui propose une autre fiancée, assortie d'une jolie pension. Il lui déclare : « Je suis devenu non seulement amoureux mais furieux et outré de Mademoiselle de Montmorency. Si tu l'épouses et qu'elle t'aime, je te haïrai ; si elle m'aimait, tu me haïrais. »

Bassompierre s'incline, la mort dans l'âme. De son côté, dès qu'il est remis sur pied, Henri IV

1. Philippe Erlanger, *L'étrange mort d'Henri IV, ou les jeux de l'amour et de la guerre*.

retourne aux répétitions du spectacle, mobilise le poète Malherbe pour écrire des vers qu'il destine à Charlotte à qui il adresse également des lettres enflammées. Aussi inattendu que cela puisse nous paraître, la petite Charlotte va répondre aux avances du vieux roi. Derrière ce vieux monsieur décrépit, elle voit le grand roi auréolé de gloire. « Qu'importe sa repoussante crasse, son insurmontable odeur, sa chevelure négligée, son profil de casse-noisette », écrit Petitfils. Henri est galvanisé ; de même que Charles VII avec Agnès Sorel, il se sent rajeunir à vue d'œil. Les deux tourtereaux entretiennent une correspondance secrète où ils se donnent de petits noms sucrés, truffés de doubles « s » symbolisant les cœurs embrasés et les amours indéfectibles. Elle l'appelle « mon tout », « mon cher et divin astre », « mon cœur », « mon chevalier » et lui, la nomme « ma déesse »… Cet amour très pur est partagé.

Pour avoir sa dulcinée sous la main, le roi compte la placer au service de la reine son épouse et lui faire épouser un mari complaisant. Il décide donc de la donner en mariage à « son neveu le prince de Condé » (en réalité son cousin), connu pour ses penchants homosexuels. Il faut reconnaître que, sur le papier, l'idée est excellente. Voici un mari dont on pouvait légitimement espérer qu'il ne rechignerait pas trop à devoir porter des cornes. Condé est loin d'être emballé, mais la riche pension royale que contient la corbeille de mariage finit par le convaincre. Sur ordre du roi, il entreprend de faire à Charlotte une cour qu'Erlanger qualifie avec humour de « maussade ». Signalons au passage, que la dame qui chaperonne alors Charlotte en toute circonstance n'est autre que Diane de France. (Mais si, souvenez-vous, la fille qu'Henri II avait faite à une certaine Dulci, en Italie.) Le projet « Condé » était bien pensé, mais le neveu va se révéler moins complaisant que Bassompierre. S'il accepte le principe du mariage, Condé n'a cependant aucune envie de jouer les cocus officiels... Il temporise, atermoie, hésite même à rompre ses fiançailles.

Pendant ce temps-là, Henri devient fou, il n'en peut plus d'attendre. Ce mariage ne souffre aucune discussion. Il fait accélérer le processus et, le jour venu, n'assiste pas aux noces, histoire de ne pas rendre cette vaste blague trop voyante. Le mariage a lieu le 17 mai 1609, au château de Chantilly. Voilà une affaire rondement menée. Mais Henri n'a pas pour autant le champ libre car Condé tient si bien son épouse à l'œil que les amoureux ne parviennent pas à se voir. De simplement déplacée, la passion d'Henri IV pour cette fillette devient carrément pathologique ! À tel point que lorsque Condé demande à se retirer avec son épouse dans l'un de ses châteaux, ce qui est parfaitement légitime, Henri IV lui en refuse l'autorisation. Il prend le prétexte du prochain mariage de son fils Vendôme auquel il souhaite voir assister Condé... et son épouse. Il écrit : « Votre femme est ma sujette, je puis lui commander de rester aussi bien qu'à vous ! » Condé s'emporte, traite son cousin de tyran. Les choses commencent à s'envenimer. Fort mesquinement, Henri brocarde Condé sur le caractère incertain de ses origines – la mère de Condé a eu en effet autrefois un jeune page pour amant – et, dans la foulée, supprime le versement de sa pension.

Et ce n'est qu'un début. Comme Condé pense se tirer d'affaire en s'éloignant en Picardie, Henri IV se rend sur place.

Dans cette histoire, on se croirait vraiment dans une cour de récréation ! Henri a toujours aimé faire des farces et se déguiser, mais là, pour sa dulcinée, il est prêt à tout. Il se déguise en fauconnier, se cache sous son balcon tel un Roméo rhumatisant. C'est une « furie d'amour » commente un observateur qui précise que le roi de France est incapable de s'occuper de quoi que ce soit d'autre. Et c'est bien le problème, car si le démon de midi chez un préretraité du bas peuple est sans conséquences autres que domestiques, mais le roi de France, lui, a charge d'âme et tient entre ses mains le destin de son royaume.

Le 17 juin 1609, Condé emmène sa femme dans son château de Vallery. Charlotte est désespérée ; il lui semble avoir été livrée à un époux tyrannique qu'elle n'aime pas et qui ne l'aime pas non plus. Henri est accablé et ulcéré d'être privé d'elle. À présent il ne suggère plus, il exige de Condé qu'il soit présent avec sa femme au mariage de Vendôme qui doit avoir lieu le 7 juillet. Condé obtempère.

« On ne reconnaissait plus le vert galant. L'amour, l'amour fou, une envoûtante exaltation, comme il n'en avait peut-être jamais connus, l'avait métamorphosé », écrit Jean-Christian Petitfils qui ajoute non sans humour que, pour accueillir sa belle, Henri IV, chose tout à fait inédite, s'était lavé ! Mais oui, mesdames, lavé !

Un vieux barbon enamouré qui traite son rival de « bougre », un mari homosexuel refusant d'être cocufié, une jouvencelle amoureuse d'un roi, une épouse trompée, des scènes de ménage. Ne riez pas, ce n'est pas une pièce de boulevard, vous êtes à la cour de France, moins d'un an avant l'assassinat d'Henri IV !

Bougre ? Cette fois, c'en est trop ! Condé décide de sauver son honneur en quittant la France. Il kidnappe sa propre femme et part bride abattue pour les Pays-Bas espagnols. Grossière erreur, car un grand seigneur tel que lui ne peut en aucun cas quitter le royaume de France sans en avoir avisé le roi. Lorsqu'il apprend la nouvelle, Henri IV convoque immédiatement ses ministres. Hors de lui, il réunit le conseil dans la chambre où sa femme tente de se reposer un peu, ayant accouché quatre jours auparavant de son sixième enfant. Décidément, cet homme-là perd les pédales, avec tout le respect que l'on doit à Sa Majesté, bien sûr ! Conciliabule ministériel pour faire le point sur la fugue d'une adolescente dont le roi de France s'est entiché. Que faire ? Très simple : si les gouverneurs des Pays-Bas espagnols, l'archiduc Albert et son épouse l'infante Isabelle, hébergent les fuyards et refusent de les livrer, il faut les menacer de guerre. Dans un premier temps, Henri IV décide de mobiliser la garnison, de surveiller la frontière et d'expédier auprès de l'archiduc un émissaire qui réclamera le prince au nom du roi. Henri déclare que si on ne lui rend pas Condé, il ira le chercher lui-même à la tête d'une puissante armée. Une lettre est alors rédigée où Condé est traité d'«ennemi du roi et de l'État» (pauvre gars, il n'a fait qu'emmener sa femme !). On l'adjure de demander un pardon qui lui sera accordé s'il revient.

La tactique est mauvaise ; car les archiducs, vexés d'être traités ainsi, vont au contraire réserver un accueil exceptionnel à Charlotte et accepter de la garder auprès d'eux. Ce qui complique les choses, c'est qu'Henri IV craint que Flamands et Espagnols ne gardent Condé à portée de main pour soutenir sa candidature au trône de France. Les Espagnols n'apprécient pas qu'un protestant règne sur la France. Ils le remplaceraient volontiers par son neveu qu'ils mèneraient comme bon leur semblerait. Le ton monte. Henri menace officiellement l'ambassadeur d'Espagne d'aller chercher son neveu avec cinquante mille hommes et mille chevaux.

Tandis qu'il ronge son frein, Henri IV continue à correspondre secrètement avec Charlotte, toujours cloîtrée au palais ducal de Bruxelles. Une tentative de kidnapping, menée par une douzaine d'hommes décidés, va échouer. L'archiduc et son épouse sont dans une situation délicate. Ils gardent Charlotte, mais demandent à Condé de quitter les Pays-Bas. Mais à Milan, où ce dernier se rend en février 1610, les Espagnols lui proposent de devenir le chef de l'opposition. Ils le poussent à réclamer la couronne en déclarant invalide l'annulation du mariage d'Henri avec Marguerite de Valois. Condé n'en demandait pas tant ! Il voulait juste ne pas être le cocu le plus brocardé du royaume de France !

Submergé par le chagrin, Henri ne mange plus, ne dort plus, se promène seul des heures durant, perdu, infiniment mélancolique. Il finit par se convaincre que le différend avec les gouverneurs des Pays-Bas est si grave qu'il ne peut plus se résoudre que par l'épée. Il va même demander à sa femme, Marie de Médicis, d'écrire aux gouverneurs des Pays-Bas pour les supplier de lui renvoyer Charlotte dont elle prétendra avoir besoin auprès d'elle pour son prochain sacre. Bien sûr, Marie refuse cette demande indécente. Comment? Demander à sa propre épouse de s'entremettre pour faire revenir la petite jeunette qui rend son mari complètement fou? Faut-il qu'Henri soit malheureux et perdu pour lui demander chose pareille.

Ce sera donc la guerre? Le comble dans cette histoire, écrit Isabelle à son frère le roi d'Espagne, c'est qu'elle-même et son mari sont là à choyer et à caresser la cause de cette guerre et sont très mal payés en retour puisque Charlotte est furieuse d'être retenue prisonnière, loin de son bien-aimé, même si ses conditions de détention sont princières. L'archiduchesse Isabelle écrit à son propos : «Elle est d'une beauté si vraiment céleste que s'il fallait faire son portrait, c'est en ange qu'il le faudrait faire et quand je pense à la figure du galant, je ne puis m'empêcher de rire du motif qui susciterait cette guerre.»

Il n'y a vraiment pas de quoi rire: l'armée française est sur le pied de guerre. Trente-deux mille hommes sont massés à Châlons-en-Champagne, ainsi que cinq mille cavaliers. Quatre mille Français attendent leurs ordres en Hollande et une autre armée de quatorze mille hommes se prépare en Dauphiné. On en est là le 30 avril 1610. Le 8 mai suivant, Henri adresse un ultimatum à l'archiduc.

Le 10, il est assassiné par Ravaillac.

Sous ses dehors tragi-comiques, cette bluette, qui faillit tourner en guerre franco-espagnole, ne prête aucunement à rire. Car si l'on en croit Jean-Christian Petitfils, qui a examiné avec soin toutes les hypothèses envisagées, il y eut bel et bien un complot ourdi pour assassiner Henri IV; et ce complot, c'est l'archiduc Albert de Habsbourg qui en fut l'instigateur. Il était affolé à l'idée qu'Henri IV ne déferle sur ses États avec la puissante armée massée en Champagne. Toujours selon Petitfils, un tueur était donc bien parti de Bruxelles afin de tuer le roi de France, seulement ce spadassin belge a été devancé par un exalté à moitié fou nommé Ravaillac.

Henri IV mort, qu'est donc devenue Charlotte? Eh bien, elle a fini par retrouver son mari puis par rentrer en France. Elle aura d'autres enfants de lui et de ce mariage mal assorti, qui avait plutôt mal commencé, naîtra l'un des hommes le plus talentueux, les plus brillants, les plus courageux et les plus séduisants de l'histoire de France, le fameux Grand Condé!

Née un 11 mai, Charlotte dut célébrer son anniversaire, sa vie durant, le lendemain du jour anniversaire de la mort d'Henri IV, son vieil amant qui paya de sa vie d'avoir été trop vert galant.

Après Henri IV, le vert galant le plus célèbre de l'histoire de France n'est pas un roi, mais un écrivain. Le plus grand de tous…

Je demande Victor Hugo et ses dames …

La vie de famille de Victor Hugo fut assez unique en son genre. Pendant près de cinquante ans, Adèle Hugo son épouse, Juliette Drouet sa maîtresse et lui-même, formeront un inséparable ménage à trois. Certes, ils ne vivent pas sous le même toit, mais Mme Hugo connaît parfaitement l'existence de Juliette et sait que son mari l'aime et ne peut se passer d'elle. De 1844 à 1851, une certaine Léonie Biard sera la troisième femme de cœur du poète ; son intrusion dans la vie d'Hugo transformera sept ans durant le trio bien huilé en quatuor. À ce moment de sa vie, le cœur d'Hugo sera donc partagé entre ces trois femmes. Il écrit « des lettres passionnées à Léonie qu'il a dans la peau, des lettres d'amour à Juliette, et des lettres tendres à Adèle ». Hugo, l'homme de cœur, ne peut se passer des femmes qu'il aime, mais Hugo, l'homme sensuel, ne peut se passer des femmes tout court ! Au point qu'en se penchant sur ses frasques, on se demande si l'expression « démon de midi » est bien appropriée. Avec lui, on serait plutôt entre le « fauve affolé » et le « vieillard priapique », pour ne pas dire le « pervers pépère ». Cependant, une fois encore, ce sont moins les détails de l'insatiable appétit sexuel du poète qui nous intéressent ici, que les anecdotes liées à une vie de famille particulièrement originale pour l'époque. On croirait le chapitre « Démon de midi et famille recomposée » taillé sur mesure pour Victor Hugo !

Si l'on devait d'emblée allonger Hugo sur un divan et lui faire raconter son enfance, on constaterait immédiatement qu'en ayant une vie privée aussi libre, il ne fit que reproduire ce que ses propres parents avaient fait avant lui. Conçu dans des conditions très romanesques, à plus de mille mètres d'altitude, sur l'un des plus hauts sommets des Vosges (le Donon), il n'en porte pas moins le prénom de celui qui deviendra l'amant de sa mère : Victor de Lahorie, chef d'état-major du général Moreau. De son côté, quinze jours à peine après son mariage, Léopold Hugo, général d'Empire, père de Victor, est déjà en train de tromper sa femme Sophie Trébuchet. Qui dit mieux ?

Toute son enfance, Victor aura vu ses parents se quereller pour un oui ou un non, pour leurs infidélités mutuelles ou l'argent du ménage qui n'arrive pas. Léopold finit par avoir une maîtresse attitrée, une certaine Catherine, qui partage sa vie de garnison, tandis que sa femme Sophie s'installe à Paris avec son amant, Lahorie, le parrain de Victor, qui sera fusillé en 1812 comme complice dans la conspiration du général Mallet.

Autant dire que Victor Hugo appartient lui-même à une « famille recomposée ». Ses frères et lui seront constamment ballottés entre Besançon et Bastia, où ils vivront plusieurs mois séparés de leur mère, puis entre Paris, l'Italie, et l'Espagne où se rend leur mère pour régler ses différends matrimoniaux avec Léopold. Mais l'essentiel de leur enfance se déroule à Paris, loin de leur père. Après des années de déchirements et de procès, leurs parents finissent par se séparer définitivement en 1814. Victor Hugo a douze ans.

Sophie Trébuchet est une mère sévère, à laquelle Hugo et ses deux frères, aînés, Abel (né en 1798) et Eugène (né en 1800), obéissent au doigt et à l'œil. « J'eus dans ma blonde enfance, hélas trop éphémère, trois maîtres : un jardin, un vieux prêtre et ma mère », écrira un jour Hugo. Il y aurait de quoi dire sur Sophie Trébuchet la Vendéenne, mais nous n'en sommes plus au chapitre des mères abusives.

Le jardin cité dans ce vers est bien entendu celui des Feuillantines, le « vert paradis des amours enfantines », un jardin partagé avec la famille d'Adèle Foucher, petite voisine des frères Hugo. Les enfants jouent ensemble, sont tous amoureux, mais déjà Adèle n'a d'yeux que pour Victor. Les jeunes gens seront séparés, car Sophie estime qu'Adèle n'est pas assez bien pour son fils. Mais lorsque Sophie Trébuchet meurt, le 27 juin 1821, Hugo, alors âgé de dix-neuf ans, court en avertir Adèle qu'il n'a plus vue depuis longtemps, ayant respecté à la lettre les injonctions maternelles. Il l'a toujours aimée. Il l'épousera.

Le 28 août 1822, il écrit à celle qui va devenir sa femme : « Ô mon Adèle, je me conserverai comme toi, sois-en sûre, jusqu'à la nuit enchanteresse des noces, mon heureuse ignorance. Je t'apporterai des caresses aussi neuves que celles que je serai si heureux de recevoir. » Leur mariage est célébré le 12 octobre 1822 à Saint-Sulpice, Hugo a alors vingt ans.

Hélas, leur nuit de noces n'est pas aussi « enchanteresse » qu'espérée, du moins pour Adèle qui est traumatisée par la fougue de son jeune mari et va conserver de ces ébats trop énergiques un dégoût qui s'effacera difficilement. Elle confiera plus tard à Sainte-Beuve qu'elle s'était sentie « brisée, évanouie ». Par la suite, il lui arrivera souvent de refuser les avances, ou plutôt les assauts, de son mari qui lui reprochera de se laisser « embrasser comme une victime ». Pour ne rien arranger, en 1823, le jeune ménage Hugo perd son premier enfant : un nourrisson d'un an, prénommé Léopold. L'enfant suivant sera une fille qui portera le même prénom féminisé : Léopoldine. Mais dans ces deux premières années de mariage, Victor Hugo est accaparé par son œuvre et n'a guère de temps à consacrer à une épouse rêveuse et endolorie qui semble bien décidée à limiter son devoir conjugal au minimum syndical !

Entre-temps, Sainte-Beuve est devenu l'ami intime du ménage. Il n'a rien d'un séducteur : assez laid, cheveux roux plutôt rares, figure ronde, long nez. D'un naturel mélancolique, il est discret, tempéré, moins égoïste et plus disponible que Victor dont il est secrètement jaloux – il faut dire que Hugo, à trente ans, est déjà considéré comme le plus grand écrivain vivant.

Sainte-Beuve tombe amoureux d'Adèle et devient son amant. C'est lui qui en informe Victor

Hugo (1831). Maladivement jaloux, Hugo souffre affreusement et propose de s'effacer devant les amants. Mais c'est finalement Sainte-Beuve qui va rompre. Malheureux comme les pierres, Hugo tente d'oublier ses déboires conjugaux en travaillant avec l'énergie du désespoir à la rédaction de *Notre-Dame de Paris*. Mais il fait des scènes à son épouse, épie, questionne ; il est malheureux. Il sait qu'Adèle s'éloigne de lui. Plus que jamais, elle se refuse à lui.

Un an plus tard, en février 1833, Victor Hugo voit Juliette Drouet, pour la toute première fois, à l'occasion d'une séance de lecture de sa propre pièce, *Lucrèce Borgia*. De son vrai nom Julienne Gauvain, elle est déjà nantie d'une fille, dont le père est le sculpteur James Pradier, et court les rôles et les protecteurs. Hugo est ébloui et décrira la rencontre en ces termes « un rayon est allé de ton cœur au mien, comme de l'aurore à une ruine ». Ce jour-là naissait un amour qui devait durer plus de cinquante ans.

Dans la nuit du 16 au 17 février 1833, Victor Hugo et Juliette Drouet deviennent amants. Dans *Les Misérables*, cette même date est le titre du chapitre dans lequel Cosette et Marius passent leur première nuit ensemble ! Pendant cinquante ans, Victor, alias Toto et Juliette, alias Juju, vont s'écrire 2 650 lettres ; une correspondance amoureuse riche et pleine de charme, car Juliette aussi a une très jolie plume.

Jamais Hugo ne semble avoir envisagé de quitter sa femme pour elle. Il lui a bien dit qu'il l'aimait encore et l'aimerait toujours. Mais Juliette va prendre place dans sa vie. Ensemble, ils feront chaque année un long voyage d'un mois, et, le reste du temps, Hugo fera toujours en sorte qu'elle ne se trouve jamais trop loin de lui. Elle lui est entièrement dévouée, lui fait office de secrétaire. C'est elle qui recopie tous les manuscrits qu'elle seule sait parfaitement déchiffrer. Dans ses lettres, elle s'adresse à lui avec beaucoup d'humour et de familiarité. Quand il veut se rajeunir et porte de jolies chemises roses, elle écrit : « Toto se serre comme une grisette, Toto se frise comme un garçon tailleur ; Toto a l'air d'une poupée modèle. Toto est ridicule ; Toto est académicien ! »

Adèle, qui est redevenue fidèle au moment même où Victor devenait infidèle, voit cette liaison d'un très mauvais œil, car elle comprend vite qu'il s'agit d'une véritable histoire d'amour et non d'une passade. Elle va donc faire son possible pour nuire à Juliette. Elle adresse au directeur du théâtre de la Renaissance, où se produit sa rivale, une lettre d'une parfaite mauvaise foi afin que ce dernier retire à celle-ci le rôle qu'il lui avait promis dans *Ruy Blas*. Juliette n'aura pas le rôle. De toute façon, elle est une actrice médiocre, elle le sait, et se dévouer corps et âme à son Toto lui convient très bien. De son côté, Victor se montre tyrannique avec elle, l'oblige à se cloîtrer et lit toutes ses lettres.

Adèle Hugo ferme les yeux sur les innombrables aventures de son époux, car elle sait que chacune d'elles fait perdre quelques plumes à Juliette qui, lentement mais sûrement, devient plus amie qu'amante ! Quand en 1844, Victor rencontre Léonie Biard, pour laquelle il se consume de désir, Adèle pense tenir sa revanche sur Juliette. Née en 1820 (elle a donc dix-huit ans de moins qu'Hugo), Léonie, d'Aunet de son nom de jeune fille, est une très belle femme, mariée au peintre François-Auguste Biard qui l'a emmenée avec lui dans une expédition au Spitzberg et en Laponie. Léonie est la première Occidentale à participer à une expédition boréale. De plus, elle écrit et publiera en 1854 les souvenirs de ce voyage. Voici une femme qui a tout pour plaire à Hugo : jeune, belle, intrépide et talentueuse.

Le 5 juillet 1845, Victor et Léonie sont pris en flagrant délit d'adultère (à l'époque on parle de « conversation criminelle »), dans un hôtel du passage Saint-Roch à Paris. À la faveur de ce scandale, Adèle devient la confidente de Victore, dans une affaire dont Juliette ignore tout et ne sera informée que plus tard par voie de presse. Adèle devient une sorte de complice pour son mari et c'est maintenant Juliette qui est le dindon de la farce. C'est Adèle qui soutient Hugo pour faire face au scandale. Pour ce « crime », Léonie fera deux mois de prison à Saint-Lazare. Quant à Victor Hugo, sauvé à la fois par sa qualité de pair de France et par l'intervention de Louis-Philippe qui a poussé le mari cocu à retirer sa plainte, il sera la risée du Tout-Paris, mais en sera quitte pour se terrer quelque temps chez lui. Ce scandale rapidement étouffé fera dire à Lamartine qu'« en France, on se relève de tout, même d'un canapé ! » Par la suite, non seulement Adèle rendra visite à Léonie au couvent des Augustines, où elle vivra six mois après sa sortie de prison, mais elle la prendra sous son aile. Elle contribuera à lancer sa carrière littéraire, tandis que Léonie lui donnera des conseils vestimentaires ou l'aidera à décorer sa maison. D'une manière générale, tout ce qui peut être désagréable à Juliette est agréable à Adèle. Adèle et Léonie deviennent amies, réunies dans un même ressentiment contre la pauvre Juliette, dans l'objectif commun de l'évincer. « Elles s'aimaient de détester ensemble. » Cette phrase d'Hugo n'a pas été écrite pour ces dames, mais trouve ici sa plus édifiante application.

De toute façon, ces manœuvres sont vaines car Juliette aime assez son Toto pour passer sur toutes ses infidélités. Et puis, les drames à répétition ont fait de ces amants un couple indestructible : le 4 septembre 1843, alors qu'Hugo se trouve à Rochefort avec Juliette, Léopoldine, sa fille préférée, meurt noyée au cours d'une promenade en bateau sur la Seine. Hugo est dévasté par le chagrin. Et voilà maintenant que Juliette, à son tour, perd Claire, sa fille unique, son « clairon », sa « péronnelle », qui meurt de la tuberculose à moins de vingt ans, le 21 juin 1846. Le jour de ses obsèques, auxquelles Juliette est hors d'état d'assister, deux hommes sont en tête de cortège : James Pradier, le père de Claire, et Victor Hugo, qui depuis des années lui rendait visite avec Juliette, tous les jeudis, dans son pensionnat de Saint-Mandé.

Viennent le coup d'État du prince Napoléon, l'opposition d'Hugo à l'avènement du Second

Empire et la suite logique de ces événements : l'exil ! La liaison Léonie/Hugo s'arrête là. Léonie obtiendra la garde de ses enfants en 1855, et Victor Hugo lui versera de l'argent jusqu'à sa mort en 1879, pour l'aider à les élever correctement bien qu'il n'en fût pas le père.

Juliette, elle, va suivre la famille Hugo à Jersey, puis à Guernesey, pour dix-neuf ans d'exil. Dans leur fuite précipitée, c'est elle qui sauve la malle qui contenait les manuscrits des *Misérables*.

Dès le lendemain de leur arrivée à Jersey, à la fois pour passer le temps et s'approprier sur le papier un mari qu'elle doit partager avec la terre entière dans la vraie vie, Adèle décide de le statufier vivant, en écrivant l'histoire de sa vie. Cela donnera *Victor Hugo, raconté par un témoin de sa vie*. Alain Decaux a qualifié de « supercherie parfaite » ce travail littéraire où Hugo, contribuant à sa propre légende, a ajouté ce que bon lui semblait et dont l'essentiel a été écrit par Auguste Vacquerie. Dans ce récit, qui s'arrête en 1841, Adèle et Vacquerie censurent tout de ce qui pourrait ternir l'auréole du proscrit. De plus, il n'est question dans ce livre que de la vie publique d'Hugo.

Sur la vie privée, Adèle reste muette ! Pas une seule fois le nom de Juliette Drouet, le grand amour d'Hugo, son ombre depuis trente ans, n'est mentionné dans le livre. Au point d'ailleurs qu'Adèle se paie le luxe d'en dédicacer un exemplaire à Juliette : « À madame Drouet, écrit dans l'exil, donné par l'exil. Adèle V.H H.H[1] 1863. »

1. HH, pour Hauteville House.

Au moment de la publication du livre, Adèle est à Paris, car elle étouffe à Hauteville House. Sous le moindre prétexte, elle fait ses bagages et part sur le continent. Elle encourage ses fils à faire de même, pour fuir l'ambiance orageuse qui règne parfois chez eux. Il faut dire que la cohabitation n'est pas facile. Juliette s'est installée dans une petite maison à portée de regard d'Hauteville House et Victor Hugo lui rend visite tous les jours. Alors Adèle s'évade. Ses navettes entre Paris, Bruxelles et Guernesey sont de plus en plus fréquentes et ses séjours sur le continent de plus en plus longs. Bien sûr, Hugo la rejoint de temps en temps, à Bruxelles, mais il est alors toujours « flanqué » de sa Juliette, ce qu'Adèle n'apprécie guère. Mme Hugo, c'est elle !

Côté femmes, que ce soit à Guernesey ou à Paris, après son retour en 1870, Victor Hugo parvient toujours à dénicher des jeunes femmes capables de combler son appétit sexuel. Avec l'âge, comme un Henri IV (ou plus près de nous un Dominique Strauss-Kahn), il ne cessera jamais de « consommer » des demoiselles. Il note leur nom dans un carnet, le nombre de fois où elles sont venues le voir et le prix de leurs services, pour celles dont les prestations sont tarifées. Cet appétit charnel est quasiment pathologique. Dans son petit carnet, Hugo utilise parfois l'espagnol pour tromper la vigilance de Juliette. Ainsi, le 2 novembre 1875 (il a donc alors soixante-treize ans), il y écrit : « SB. No sera el

Chico hecho », ce qui pourrait signifier : « Sarah Bernhardt. L'enfant ne sera pas fait. » Se serait-il contenté de lutiner la comédienne ? Comme elle a quarante ans de moins que lui, la chose est tout à fait vraisemblable ! Il entreprend aussi bien la fille de Théophile Gautier que la jeune femme de chambre de Juliette à Guernesey. Tout est bon, tout y passe !

Entre Adèle et Juliette, le temps va finir par apaiser les choses. Après tout, toutes deux sont maintenant de vieilles dames ayant chacune perdu une fille. (Les deux fils Hugo ne mourront qu'en 1871 et 1873. Adèle, la seule survivante des cinq enfants Hugo, mourra à quatre-vingt-cinq ans, en 1915, à l'hôpital de Suresnes où son père l'a fait enfermer quarante-trois ans plus tôt, pour aliénation mentale !)

Adèle Foucher-Hugo meurt le 27 août 1868, à Bruxelles, dans les bras de son mari. Sur la photo d'elle, qu'Hugo dépose sur son lit de mort, il écrit : « Adieu, chère morte pardonnée. » Quand on pense à toutes les infidélités qu'il lui a fait subir ! Il ne manque pas d'air d'évoquer, en de telles circonstances, l'adultère éclair dont sa défunte épouse se rendit coupable. C'eût plutôt été à lui de demander pardon. Le fit-il ? À en juger par le texte qu'il choisit pour la pierre tombale de sa femme, l'autocritique et l'humilité n'étaient pas sa tasse de thé : « Adèle, femme de Victor Hugo. » Pas facile d'être la femme d'un génie égoïste, dont la devise, faut-il le rappeler, était « *Ego Hugo* » !

Après leur retour à Paris, en 1870, Juliette et Victor Hugo vivent enfin sous le même toit. Pendant treize ans, son vieux Toto sera enfin tout à elle.

Le 11 mai 1883, Juliette Drouet meurt dans sa soixante-dix-huitième année. Victor Hugo n'est plus «qu'un corps sans âme», écrit André Castelot. Il n'a même pas la force de suivre le convoi qui conduit sa chère Juliette au tombeau de Saint-Mandé. Terrassé par le chagrin, il n'écrira plus une ligne, jusqu'à sa mort qui survient le 22 mai 1885, deux ans quasiment jour pour jour après la disparition de Juliette.

Sur sa tombe il fait écrire ces vers : «Quand je ne serai plus qu'une cendre glacée. Quand mes yeux fatigués seront fermés au jour. Dis-toi, si dans ton cœur ma mémoire est fixée : Le monde a sa pensée, Moi, j'avais son amour!»

Adèle Hugo sur le divan...

Ce n'est pas sur ces vers magnifiques que nous fermerons ce chapitre consacré à Hugo, mais sur quelques lignes écrites par Adèle Hugo. Certes, elle en avait fait voir de toutes les couleurs à Juliette, mais que n'avait-elle pas elle-même enduré? De ce point de vue, le génie de Victor Hugo fut aussi d'avoir choisi deux femmes admirables pour l'accompagner fidèlement sa vie durant et lui permettre de créer l'œuvre monumentale qui fit de lui l'un des plus grands noms de l'histoire de la littérature. Adèle et Juliette ont eu leur part dans cette épopée littéraire. Juliette avait fini par faire partie du clan Hugo. Le temps ayant pansé les blessures, Adèle sut faire preuve vis-à-vis d'elle d'une suprême élégance et d'une grandeur d'âme qui évoquent, plus près de nous, celles qui, lors des obsèques de François Mitterrand, présidèrent entre les deux femmes de sa vie.

Voici les mots qu'adressa Adèle Hugo à ses enfants : « Vous agiriez, mes chers enfants, contre mon désir, si après avoir pris connaissance des papiers qui accompagneront ce mot, vous en abusiez contre Mme Drouet. Je veux, au contraire que, tant qu'elle vivra, elle soit l'objet de vos égards et que vous respectiez ceux de votre père pour elle. Il est juste, dans nos larges idées, que Mme Drouet ait, dans la vie douce que votre père nous a faite, sa part de bonheur. »

Parmi les exemples de familles recomposées harmonieuses, nous aurions très bien pu évoquer l'exemple de Louise de Savoie qui va décidément finir par faire figure de fil rouge dans le présent ouvrage. Nous l'avons déjà croisée dans « Pères indignes », échangeant ses petits-fils sur la Bidassoa, dans « Mères abusives », à propos de ses relations fusionnelles avec son fils François Ier, et nous la retrouvons maintenant dans « Famille recomposée ». En effet, lorsque, toute jeune femme, elle arriva à Cognac, résidence de son mari Charles d'Angoulême, Louise de Savoie y trouva les deux maîtresses de son mari : Antoinette de Polignac, fille du gouverneur d'Angoulême, et une belle roturière nommée Jeanne Comte. Plutôt que de priver son époux de cette aimable compagnie, Louise fit d'Antoinette sa dame d'honneur et de Catherine sa suivante. En 1494, toutes trois furent enceintes en même temps des œuvres de Charles ! Et quand celui-ci mourut d'un chaud et froid, le 1er janvier 1496, Louise conserva Antoinette et Catherine à ses côtés et ces dames vécurent en bonne intelligence. Même largesse d'esprit chez l'Américaine Miss Howard, richissime maîtresse de Louis-Napoléon Bonaparte qui lui procura les financements nécessaires à la préparation de son coup d'État. Quand le futur empereur la laissa tomber, elle partit en Angleterre, emmenant avec elle les deux garçons que son amant avait eus avec Éléonore Vergeot, la jeune femme de chambre et lingère placée à son service pendant sa captivité au fort de Ham. Elle les éleva avec dévouement, jusqu'à l'avènement du Second Empire.

Mais venons-en maintenant à un autre cas de démon de midi, issu lui aussi du monde littéraire …

Je demande la famille cachée d'Émile Zola…

En 1888, Émile Zola a quarante-huit ans. Il est riche et célèbre. Il est aussi très gros. Son tour de taille atteint 1,20 m, il pèse plus de 96 kg pour 1,72 m. Comme, selon la terminologie de l'époque, il souffre de « dilatation gastrique », il s'essouffle rapidement et s'endort parfois sur une page commencée. Avec les années, Zola s'est laissé aller, s'est empâté ; sans s'en rendre vraiment compte, il a pris un gros coup de vieux. Avec Alexandrine Meley, son épouse, il forme un ménage plutôt harmonieux et complice où chacun éprouve pour l'autre une affection sincère ; les époux se donnent de gentils petits surnoms un peu mièvres : Mimi, Loulou chien ou Loulou chat ; mais ils sont typiquement l'un de ces couples que l'absence d'enfant a fait vieillir prématurément. Ils en sont très malheureux, mais il leur a fallu se faire une raison. Leur vie est appelée à suivre inexorablement son train-train quotidien.

Le problème avec Alexandrine, qui n'a pourtant que quarante-neuf ans, c'est qu'elle a toujours mal quelque part et passe de plus en plus de temps au lit. De quoi souffre-t-elle ? Mystère ! Crises d'asthme, rhumatismes, crises d'angoisse, selon l'académie. Mais ne s'agirait-il pas plus simplement d'une forme de dépression ou de culpabilité liée à l'absence d'enfant ? Elle même a bien eu une fille, il y a vingt ans. Mais avec Émile, il n'y a pas eu moyen.

Auprès d'Alexandrine, Zola commence à s'ennuyer. Son ménage entre lentement, mais sûrement, dans la crise de la cinquantaine. C'est la période des regrets, de la lassitude, du renoncement. Sa femme le croit comblé par la gloire, alors que lui-même se demande s'il n'a pas « raté sa vie ». Il a peur de vieillir, il est frustré. Il a le sentiment que le travail a dévoré sa vie. Dans ses lettres, il parle de son « corps qui s'en va », et dit éprouver le besoin d'être aimé.

Du jour au lendemain, Zola décide de se reprendre en main. En novembre 1887, il entreprend un régime alimentaire excluant vin, alcools, féculents. En trois mois, il perd 14 kg. La minceur le fait paraître bien plus jeune. Hélas, la crise de la cinquantaine chez Alexandrine ne se traduit pas par une reprise en main, mais au contraire par un grand laisser-aller. Dans les mois où son mari est au régime, elle prend six kilos, alors qu'elle frôlait déjà les quatre-vingts kilos pour la même taille que lui.

Au moment même où il se sent plus fringant et mieux dans sa peau, sa femme semble avoir renoncé à séduire et reste clouée au lit par des malaises inexplicables.

En mai 1888, Alexandrine embauche comme lingère et femme de chambre une jeune femme de vingt et un ans nommée Jeanne Rozerot. Alexandrine l'emmène à Médan, dans les Yvelines, où les Zola ont une maison de campagne. Elle a éprouvé d'emblée une sympathie particulière pour Jeanne, sans doute pace qu'elle se retrouve en elle. Elle aussi était lingère dans sa jeunesse, chez sa tante Marguerite. Et puis, comme elle, Alexandrine est orpheline de mère et a souffert du remariage de son père avec une marâtre. Jeanne est discrète, efficace. C'est une perle et Alexandrine est enchantée de cette nouvelle employée qu'elle emmène avec elle pour passer les fêtes à Royan.

Zola est en pleine forme. Ses amis ne l'avaient pas vu aussi heureux depuis des lustres. Plus que jamais, il surveille son poids qu'il note soigneusement, tous les matins, sur un petit carnet. Il se fait coiffer, tailler la barbe et troque ses vieilles redingotes contre de beaux costumes sur mesure. Il parcourt la campagne à bicyclette. Il est méconnaissable !

Quelques semaines plus tard, au retour des vacances, alors que Jeanne donnait entière satisfaction à sa patronne, elle demande son congé. Alexandrine n'y comprend rien et se montre très déçue. Tout cela est pourtant d'une très grande banalité : saisi par le démon de midi, Émile a « couché avec la bonne » !

Plus tard, il « couchera » aussi ses impressions sur le papier, faisant dire au docteur Pascal, son double dans le roman éponyme : « Il avait une faim dévorante de cette jeunesse, de cette fleur de chair si pure et qui sentait si bon. »

Plus question pour Jeanne Rozerot de faire le ménage. Émile Zola l'installe, non loin du domicile conjugal, dans un petit appartement au 66 rue Saint-Lazare, au coin de la rue Blanche.

Alexandrine ne se doute de rien et va tout ignorer de cette histoire pendant trois ans, alors que tout Paris ne bruisse que de cela. Et pour cause, Zola n'hésite pas à s'afficher en compagnie de Jeanne dans les cabarets parisiens. Et puis, Goncourt fait courir le bruit qu'Émile se fait « restituer des forces amoureuses » (par des piqûres) chez le célèbre docteur Brown-Sequart, avant d'aller rue Saint-Lazare «présenter ses hommages» à Jeanne Rozerot. Zola est fou d'elle. Il la couvre de bijoux, lui offre les services d'une femme de chambre et d'une cuisinière, lui fait donner des leçons de piano... bref, le vrai «quinqua» bien installé dans la vie, chouchoutant soudain une amoureuse béate d'admiration devant lui, de vingt-sept ans sa cadette. Quelle originalité!

Pendant ce temps-là, Alexandrine poursuit paisiblement sa petite vie routinière. Que son mari soit métamorphosé ne semble pas la surprendre. Elle constate seulement qu'il travaille un peu moins, ce qui n'est pas pour lui déplaire. Mais elle est un peu à la traîne. Ses migraines et ses sautes d'humeur sont de plus en plus fréquentes, elle devient chaque jour plus grincheuse et même, si l'on en croit Goncourt, tout à fait acariâtre : «Elle avait l'aigreur qui s'infiltre dans la voix d'une poissarde qui va bientôt vous engueuler.»

Pour Zola, être condamné à vivre dans le mensonge n'est pas facile à assumer, car il respecte sa femme. Mais rien ne saurait plus gâcher son bonheur, car il vient d'apprendre, de la bouche de Jeanne, qu'il sera bientôt père. Sa fille, Denise Rozerot, naît le 20 septembre 1889. C'est Zola qui a choisi ce prénom de Denise qu'il avait donné à l'héroïne de son roman *Au Bonheur des dames*. Pour pouvoir être le plus souvent possible auprès de Jeanne et de leur fille, il choisit de situer son roman suivant, intitulé *L'Argent*, rue Saint-Lazare. Deux ans plus tard, lui vient un fils dont la naissance donnera lieu à un épisode bien connu. Comme il devait partir en voyage dans les Pyrénées avec Alexandrine, au moment même où Jeanne était censée accoucher, Émile demanda à son ami Henri Céard de l'informer du sexe de l'enfant par une annonce dans *Le Figaro*, en annonçant «faisan» pour un garçon et «faisane» pour une fille. Deux heures après l'accouchement, Céard court au *Figaro*, le petit texte à la main : «Faisan bien arrivé.» Jacques naît le 25 septembre 1891. Comme sa sœur aînée, il est déclaré «de père non dénommé».

La double vie de Zola suit son long fleuve plus ou moins tranquille, jusqu'au 10 novembre 1891, jour où quelque âme bien intentionnée dévoile le pot aux roses à Alexandrine, par une lettre anonyme. «Penser que cet homme dont elle a partagé la vie depuis vingt-huit ans, dont elle n'a jamais douté un seul instant, qu'elle a toujours soutenu, toujours aimé, en qui elle a toujours cru, ait pu lui mentir pendant trois ans. Trois ans et deux enfants[1]...». Comme l'auteur de la lettre anonyme a pris soin de lui indiquer l'adresse de Jeanne, Alexandrine se précipite rue Saint-Lazare, tambourine à la porte, se fait ouvrir. Une fois à l'intérieur, elle cherche fébrilement les lettres de Zola, qu'elle trouve dans un secrétaire, et les brûle sur-le-champ. Puis les insultes fusent. Emportée par sa colère, Alexandrine aurait même menacé Jeanne de la tuer ainsi que ses enfants.

1. Evelyne Bloch-Dano, *Madame Zola*.

Ulcérée, humiliée, elle s'imagine qu'elle est depuis trois ans la risée de tout Paris.

Alexandrine n'est pas dans la situation d'une Adèle Hugo. Adèle au moins avait des enfants alors que la seule « raison sociale » d'Alexandrine est d'être Madame Zola. « Sentimentalement, psychologiquement, socialement, de la tête aux pieds, elle EST Madame Zola. » C'est pourquoi, sa réaction va bien au-delà de celle d'une femme trompée, écrit Evelyne Bloch-Dano dans sa biographie d'Alexandrine.

On s'en doute, le malheureux Émile dut passer un mauvais quart d'heure ce soir-là ! Sans ses enfants, il aurait peut-être renoncé à Jeanne, car malgré son infidélité, il reste tout dévoué à Alexandrine dont il a besoin. Tous deux ont mangé de la vache enragée, comment l'oublierait-il ? Mais il vient de découvrir à cinquante ans le bonheur d'être père et n'est pas prêt à y renoncer.

Les mois qui suivent cette grande scène du trois seront très difficiles pour tout le monde. Alexandrine épie le moindre des faits et gestes d'Émile, le questionne sans cesse, surveille son courrier. Émile ne peut plus venir aussi souvent qu'il le souhaiterait voir Jeanne et ses enfants. « Ma femme est devenue folle », se lamente-t-il à cette époque, avant de faire capitonner les murs de sa chambre pour étouffer les cris d'Alexandrine.

L'année 1893 commence d'une étrange façon. Alexandrine demande à Émile de lui faire rencontrer ses enfants. Jeanne accepte car elle pense que si Madame Zola les rencontre, elle cessera peut-être de les considérer comme une sorte d'entité ennemie. Mais alors que les choses auraient pu s'arranger doucement, la crise entre les époux Zola va soudain atteindre son paroxysme, avec la publication dans la série des Rougon-Macquart du *Docteur Pascal*, transposition romanesque par Zola de sa propre histoire avec Jeanne. Il y est question d'un médecin âgé de cinquante-neuf ans qui a consacré sa vie à son travail et a oublié d'aimer. Il tombe éperdument amoureux de sa nièce, âgée de vingt-cinq ans, et sa vie bascule.

Alexandrine a tout loisir de découvrir par le menu au fil des pages les ébats amoureux de son mari avec Jeanne. Rien ne lui est épargné : corps jeune et frais, peau soyeuse, joie de la virilité retrouvée, « allongement fin de son corps, jambes fuselées », « éternel désir à étreindre »… Et, comme si voir son infortune étalée dans un roman n'était pas suffisant, Alexandrine se reconnaît dans le personnage de la marâtre qui envoie une lettre anonyme pour dénoncer la liaison de son fils, et se reconnaît dans le personnage de Martine, la fidèle domestique du docteur, amoureuse de lui depuis toujours. Autrement dit, dans ce roman, elle ne joue que les mauvais rôles : la méchante, la domestique, l'amoureuse évincée ! De la part d'Émile, c'est d'une indélicatesse achevée ! D'autant qu'il a le culot de lui dédier ce livre ainsi qu'à sa mère. Quelle impudeur, quelle goujaterie ! N'aurait-il pas pu épargner à son épouse le récit détaillé de ses turpitudes ? En l'occurrence, on ne peut s'empêcher de penser qu'il s'est comporté comme un petit, tout petit monsieur !

Par chance, Alexandrine n'aura jamais en main l'exemplaire du *Docteur Pascal* dédicacé à Jeanne, car elle aurait instantanément sorti son rouleau à pâtisserie : « À ma bienaimée Jeanne, à ma Clothilde[1], qui m'a donné le royal festin de sa jeunesse et qui m'a rendu mes trente ans en me faisant le cadeau de ma Denise et de mon Jacques, les deux chers enfants pour qui j'ai écrit ce livre afin qu'ils sachent, en le lisant un jour, combien j'ai adoré leur mère […]. »

La publication du *Docteur Pascal* met Alexandrine dans une telle fureur qu'elle décide de quitter Zola. On la comprend. Mais Zola ne peut pas vivre sans elle ; il est bien temps de s'en rendre compte ! Alors, pour qu'elle renonce au divorce et pour éviter que le scandale ne devienne public, il accepte de vivre à nouveau en résidence surveillée. En juillet 1894, il écrit : « Je ne suis pas heureux. Ce partage, cette vie double que je suis forcé de vivre finissent par me désespérer. J'avais fait le rêve de rendre tout le monde heureux autour de moi, mais je vois bien que cela est impossible. »

Pourtant, avec le temps, Alexandrine va se faire à l'idée de ne plus être la seule femme dans la vie d'Émile. Après tout, elle reste Madame Zola. C'est elle qui partage la gloire de son mari, alors que Jeanne et les enfants restent dans l'ombre. Les honneurs c'est elle, les enfants c'est Jeanne ! Voilà un modus vivendi acceptable. Zola se partage

1. Nom de l'héroïne dans le roman.

entre ses deux foyers. Dans un premier temps, quand Jeanne et les petits sont à Cheverchemont, maison qu'Émile a achetée pour eux, non loin de Médan, les enfants voient peu leur père qui doit se contenter de les apercevoir discrètement à la jumelle, comme Juliette et Victor Hugo le faisaient à Guernesey. Mais à partir de 1895, c'est avec l'accord d'Alexandrine qu'Émile vient prendre tous les jours le thé chez ses enfants. Il n'a plus besoin de se cacher. Dans ses lettres, Alexandrine demande maintenant régulièrement des nouvelles des deux enfants surnommés Coco (Jacques) et Poulet (Denise).

Sans doute le sentiment de culpabilité lié à l'absence d'enfant a-t-il aidé Alexandrine à accepter cette situation. Toujours est-il que, petit à petit, ces enfants lui deviennent chers. Elle leur rapporte des cadeaux de ses voyages, entre dans leur vie et gagne leur affection. Les enfants l'appellent « bonne Mie » et la considèrent un peu comme une vieille tante ou une marraine. « Ce faisant, Alexandrine reconquiert sa place auprès de Zola, mieux que si elle s'était enfermée dans le refus ou la dépression. Compromis, tolérance, acceptation, lui permettent de respecter la règle d'un jeu à trois dont chacun est à la fois le gagnant et le perdant », écrit Evelyne Bloch-Dano.

Si la situation se normalise plus ou moins, jamais Émile Zola ne vivra avec ses enfants, à l'exception de deux mois en Angleterre durant l'exil auquel l'ont condamné ses prises de position courageuses dans l'affaire Dreyfus.

Le 29 septembre 1902, Zola est retrouvé mort intoxiqué par la cheminée de sa chambre. Alexandrine a survécu. Zola disparu, elle pourrait s'approprier entièrement ce grand mort. Elle n'en fait rien et fait immédiatement prévenir Jeanne. Par la suite, au moment de fermer le cercueil, alors que l'un de ses proches lui propose d'y déposer une photo des enfants, Alexandrine demande à ce que l'on y ajoute aussi une photo de leur mère. Elle n'aura pas le courage d'assister aux obsèques de son mari. Jeanne et ses enfants ne peuvent évidemment pas y assister non plus. Ils sont la famille cachée du grand écrivain et, plus que jamais, doivent rester dans l'ombre. Ils sont perdus dans la foule, anonymes. Pour Denise, âgée de treize ans, ce sera un moment très pénible qu'elle ne pourra jamais oublier.

Alexandrine a encore de belles années devant elle (vingt-trois ans). Va-t-elle faire le choix de couper les ponts avec sa rivale ? Tout au contraire, elle va la prendre sous sa protection et leurs liens vont se resserrer. « Une troisième famille va se former : l'épouse, la maîtresse et les enfants. » Moins de deux mois après la mort d'Émile, Alexandrine invite Jeanne et les enfants à venir déjeuner chez elle. Par la suite, Jeanne et elle correspondront beaucoup. On a conservé quatre-vingt-dix de leurs lettres échangées entre 1903 et 1913. Ces lettres sont pleines de « chère madame », mais on s'y « embrasse affectueusement ». Sur le plan matériel, comme Zola n'avait pris aucune disposition pour son second foyer, Alexandrine aurait parfaitement pu laisser tomber Jeanne et ses enfants. Au lieu de cela, elle leur verse une rente régulière. Pour ce faire, elle se prive et devra se séparer d'une partie de la collection d'œuvres d'art de Zola. Du vivant d'Émile, elle et lui avaient toujours dépensé sans compter ; mais avec l'affaire Dreyfus, ils avaient soudain dû faire face à de gros frais de justice et à la mévente des livres d'Émile. Certes, Alexandrine a toujours des revenus confortables, mais c'est loin d'être la richesse d'avant, et aider Jeanne et ses enfants constitue pour elle un réel sacrifice. Quand Jacques sera atteint d'une tuberculose osseuse, les deux femmes se soutiendront mutuellement. Cette épreuve fera d'elles des amies, liées à la fois par leur amour pour un même homme, comme le furent avant elle Adèle Hugo et Juliette Drouet, mais aussi par leur amour partagé pour les enfants. D'ailleurs, quand Alexandrine parlera dans ses lettres de Denise et Jacques, elle écrira « nos enfants » ! Si Zola avait pu voir ça !

Alexandrine Zola sur le divan…

Le vrai drame d'Alexandrine n'est pas seulement de ne pas avoir eu d'enfant avec Zola, c'est aussi d'avoir donné naissance, dans sa jeunesse, à une fille qu'elle a abandonnée à l'Assistance publique. À l'époque, les filles-mères étaient mises au ban de la société ; elle a voulu échapper à ce destin et rencontra Zola.

Bien des années plus tard, elle tentera de savoir ce qu'était devenu l'enfant en question, mais apprendra qu'il était mort quelques semaines après sa naissance. Sa fille aurait-elle survécu si elle s'était occupée d'elle ? Cet abandon sera la blessure qu'Alexandrine portera toute sa vie ; elle sera rongée par le remords, par un sentiment de culpabilité qui ne la quittera jamais et qu'elle somatisera par des malaises récurrents.

Voilà sans doute pourquoi, après la rage, la jalousie et le sentiment d'injustice, elle en vint finalement à considérer les enfants naturels de Zola comme les siens. Quelle noblesse et quelle intelligence du cœur de la part de cette femme. Aurait-elle mieux fait de se draper dans sa dignité de veuve, de mépriser Jeanne Rozerot qu'elle dominait par sa position sociale et son intelligence, et de passer les dernières années de sa vie seule, confite en dévotion dans la mémoire d'un cher disparu qui n'aurait appartenu qu'à elle ? Au lieu de cela, elle eut la grandeur d'âme de pardonner et de tendre la main à son ancienne femme de chambre. Grâce à quoi, elle vécut entourée d'affection jusqu'à sa mort. En 1906, c'est elle qui lance la procédure auprès du Conseil d'État pour que Denise et Jacques puissent prendre le nom de Zola. Deux ans plus tard, Jeanne et elle assistent ensemble à l'entrée de Zola au Panthéon. Jeanne meurt en mai 1914. C'est donc Alexandrine qui devient une seconde mère pour les enfants Zola, jusqu'à sa propre disparition, le 25 avril 1925.

Dans son testament, elle fait des enfants de Zola, héritiers des droits d'auteur de leur père. Puis, détail qui a son importance, comme une sorte de revanche posthume sur son Loulou qui lui en avait fait voir de toutes les couleurs, elle écrit : « Que Denise et Jacques se souviennent qu'ils sont Zola par moi, non par leur père. »

Et toc !

À côté des exemples très significatifs qui viennent d'être évoqués, notre double famille « Démon de midi et famille recomposée » aurait pu comporter bien d'autres personnages historiques que nous ne ferons que signaler ici à nos lecteurs comme autant de pistes à explorer. Ainsi, se pencherait-on avec bonheur sur le cas d'un Chateaubriand, qui tomba amoureux à soixante et un ans d'Hortense Allard, une jeune femme de vingt-huit ans très douée, qu'il rencontra à Rome en 1829. Peut-être l'auteur du *Génie du christianisme* trouvait-il piquant que trente-trois ans, l'âge du Christ, le séparassent de sa jeune maîtresse ?

Ensuite, à ceux de nos lecteurs qui jugeraient par trop masculine la sélection présentée, nous rétorquerons que les femmes sont à l'évidence moins concernées par le démon de midi que les messieurs. On trouverait cependant quelques traces de démone de midi dans l'amour de Diane de Poitiers pour Henri II. Diane a trente-neuf ans et lui dix-neuf au moment où se noue leur histoire d'amour, et le jour où Henri II trouve la mort au cours d'un tournoi, le 10 juillet 1559, il a donc quarante ans et Diane soixante. Diane de Poitiers, cougar de la Renaissance ?

Pour trouver un autre exemple de la même eau, il faut franchir le cap du XIXe siècle. On tombe alors sur l'écrivain Colette qui, à quarante-sept ans, fit l'éducation amoureuse de son beau-fils Bertrand de Jouvenel, alors âgé de seulement seize ans. (1920). Colette venait tout juste de publier *Chéri*, roman prémonitoire racontant l'histoire d'amour d'une femme mûre et d'un jeune homme. Cette liaison, qui dura cinq ans, inspira à Colette son roman *Le Blé en herbe* relatant l'éducation sentimentale et sexuelle de deux adolescents parisiens. Il est vrai qu'en matière de pratiques sexuelles Colette avait depuis longtemps pris le parti de ne pas circonscrire son champ d'investigation, puisque non contente d'apprécier les adolescents, elle avait eu de nombreuses liaisons homosexuelles.

Au registre des familles recomposées, le cas du duc de Morny, demi-frère de Napoléon III, offrirait des ramifications particulièrement spectaculaires. En effet, par suite de trois adultères successifs, Morny était à la fois fils de la reine Hortense, petit-fils de Talleyrand et arrière-petit-fils de Louis XV ! Ajoutons que le duc de Morny épousa Sophie Troubezkoi, elle-même fille naturelle du tsar Nicolas Ier et qu'il avait une maîtresse, la comtesse Lehon, à laquelle il fit une fille : « Quel est ce visage blond Qui ressemble à la reine Hortense. C'est la fille à Monsieur Lehon, Morny soit qui mal y pense ! » Tout cela fera dire à un journal satirique : « Je dis comte à mon père, sire à mon frère, princesse à ma fille ; je suis duc, et tout cela est naturel ! » Comte à mon père, pour le comte Flahaut ; sire à mon frère, pour l'empereur Napoléon III ; princesse à ma fille, car épouse du prince Poniatowski ; et je suis duc, car fait duc par Napoléon III.

Venons-en aux amours ancillaires. En plus de Zola, amoureux de sa femme de chambre Jeanne Rozerot, nous aurions pu raconter comment Karl Marx eut un enfant naturel de sa « bonne » Hélène Demuth (1851-1929), alors que lui-même était marié depuis huit ans. Ce fils naturel, Frederick Demuth, fut reconnu non par son vrai père, mais par un ami de celui-ci, tout aussi connu d'ailleurs, en la personne de Friedrich Engels ! C'est du joli ! Hélène Demuth sera enterrée avec les Marx… non pas à la demande du courageux Karl, mais à celle de Jenny Marx, son épouse. Décidément, on ne m'ôtera pas de l'idée que, dans toutes les histoires que nous venons de passer en revue, les femmes sont bien souvent plus élégantes que les hommes !

Enfin, plus proche, sans pour autant être aussi sulfureux, de l'exemple extraordinaire que nous allons maintenant examiner, nous aurions pu aller à la rencontre de l'écrivain russe Tourgueniev qui, pendant quarante ans, forma un ménage à trois avec Pauline Viardot et son mari.

Mais tirons plutôt maintenant notre prochaine carte : le Mistigri.

Mistigri

« La maîtresse du roi des Belges Léopold II avait quarante-huit ans de moins que lui. À la stupéfaction générale, il en avait eu deux fils.

— “Avec l’aide de Dieu”, assurait-il.

— “Avec l’aide de camp”, rétorquaient les caricaturistes ! »

Cité par Jean des Cars

Dans certains jeux des sept familles, le Mistigri est cette carte encombrante et unique en son genre, dont on doit se débarrasser à tout prix en la faisant piocher dans son propre jeu par ses adversaires.

Le Mistigri que voici est bien un individu unique en son genre, incarné par l'un de nos présidents de la République. Attention, exemple à ne pas suivre !

Les trois femmes du Président…

Le récent vaudeville qui s'est joué à l'Élysée entre ex-compagne, première dame, et dernière maîtresse en date de notre président de la République a fait les choux gras de la presse people. Certes, François Hollande n'est pas le premier de nos présidents à prendre son café croissant « en ville », mais jamais la vie privée de ses prédécesseurs n'avait occupé à ce point le devant de la scène.

Il faut pourtant se rendre à l'évidence, c'en est bien fini de l'époque où la rumeur des aventures extra-conjugales et des enfants cachés de nos présidents, colportée exclusivement sous le manteau entre happy few autorisés, pouvait mettre plusieurs années à franchir le périphérique. Désormais, la nation tout entière est informée pour ainsi dire en temps réel des petites virées en scooter de son chef d'État.

Certains observateurs optimistes voient dans cette situation un heureux signe des temps. L'époque est à la tolérance. Un président de la République du XXIe siècle peut se séparer de la mère de ses enfants et vivre en concubinage avec sa compagne sans que cela constitue un problème. Et lorsqu'il prend son petit déjeuner chez sa maîtresse, on ne lui reproche que son manque de discrétion. Il faut s'y faire, nous dit-on, les mœurs ont changé, nous ne sommes plus à l'époque où Yvonne de Gaulle refusait de recevoir des divorcés à l'Élysée, ce dont Brigitte Bardot faillit faire les frais, ni même à celle où François Mitterrand croyait devoir cacher au monde l'existence de sa fille Mazarine. Le modèle idéal d'un président marié et fidèle à la première dame tient tout à la fois de l'affichage et de la préhistoire. Ce modèle a vécu, un point c'est tout, nous laisse-t-on entendre. Fermez le ban.

Charles de Gaulle et Tante Yvonne, quarante-neuf longues années de cauchemar monogame au compteur ; c'est d'un ennui, et ringard avec ça ! Tandis que trois « compagnes » se disputant au grand jour les faveurs d'un président de la République. Voilà qui est *up-to-date* et inédit !

Vraiment? Eh bien, c'est ce que nous allons voir...

Retournons au XIXe siècle, et même au siècle précédent, puisque l'homme auquel nous allons maintenant nous intéresser est né en 1797.

Il s'agit d'Adolphe Thiers.

Le personnage est un peu oublié de nos jours et lorsque l'on se souvient de lui, c'est presque toujours comme de l'affreux petit bonhomme qui réprima la Commune de Paris en 1871. Or, le réduire à cela est assez injuste, car il fut aussi un politicien très populaire et un grand homme d'État.

Deuxième président de la République de notre histoire, après Louis Napoléon Bonaparte, Thiers joua un rôle majeur dans les différents régimes politiques qui suivirent la Restauration. À seulement trente-cinq ans, il était déjà académicien et ministre de l'Intérieur, à trente-neuf ans, président du Conseil de Louis Philippe. Certes, l'histoire récente de la République française nous a offert naguère l'édifiant exemple d'un Laurent Fabius, Premier ministre de François Mitterrand en 1984, à l'âge de trente-sept ans, mais jamais celui-ci ne prétendit occuper simultanément un fauteuil à Matignon et un autre sous la coupole. Si Thiers fut si précocement accueilli par les immortels, c'est qu'en lui l'homme d'État était doublé d'un très talentueux écrivain qui sut toujours mettre à profit ses traversées du désert pour se consacrer à deux ouvrages majeurs, *L'Histoire de la Révolution française,* dont il rédigera les dix tomes en l'espace de quatre ans, et l'*Histoire du Consulat et de l'Empire*, deux œuvres qui furent en leur temps des best-sellers.

Pendant près de cinquante ans, l'ambitieux Méridional ne quittera la scène politique que par parenthèses, gravissant patiemment les marches menant au pouvoir suprême.

Mais, on s'en doute, plus que les succès politiques et littéraires d'Adolphe Thiers, c'est évidemment le caractère pour le moins original de sa vie privée qui nous intéresse ici. Car il n'hésita pas à braver avec panache la morale bourgeoise de son temps en assumant une situation familiale unique en son genre et, dans les termes de l'époque, jugée «inconvenante» par la plupart de ses contemporains. Encore un président de la République que Tante Yvonne n'aurait pas reçu à l'Élysée!

Quoi qu'il en soit, que rangent leurs illusions au vestiaire ceux qui croient encore qu'avec l'actuelle présidence nous vivons une situation inédite, frappée du sceau valorisant de la tolérance et de la «modernité». Près de deux cents ans avant François Hollande, Adolphe Thiers vit plus grand, alla plus loin dans la liberté et la provocation, au nez et à la barbe d'une opinion publique mi-choquée, mi-amusée.

Lui aussi eut trois femmes de sa vie ; non pas successivement, comme notre actuel président, mais simultanément! Mieux encore, et la chose, même en 2015, paraît à peine croyable, les trois femmes en question étaient de la même famille. Une mère et ses deux filles. On imagine la pétaudière…

Cette situation unique dans les annales de la présidence de la République incite à en savoir plus sur l'étonnant spécimen que fut Adolphe Thiers.

Dès le berceau, sa situation familiale en fait un cas intéressant. Adolphe naît le 15 avril 1797 à Marseille, mais il s'en est fallu de peu pour qu'il ne voie le jour dans la localité toute proche de Bouc-Bel-Air, dont sa mère était originaire ; un lieu de naissance dont le nom eût été prédestiné pour un futur séducteur en série ! Il est le fruit des amours adultères d'une certaine demoiselle Amic, fille de négociants marseillais ruinés par la Révolution, et de Pierre Thiers, un homme marié, héritier fantasque d'une famille bourgeoise. Adolphe a bien failli être un enfant naturel, « un bâtard », dans une époque où cela change encore tout. Heureusement pour lui, l'épouse de son père, Claudine Fougasse, disparaît fort opportunément un mois avant même sa naissance, de sorte que, désormais veuf et très consolable, M. Thiers peut épouser in extremis Mlle Amic et reconnaître l'enfant qu'elle portait.

Pierre Thiers sera un père déplorable. Non seulement il quitte Marie-Madeleine Amic quelques semaines après l'avoir épousée, mais il ignorera totalement son fils dont il ne se souviendra que lorsqu'il pourra lui emprunter de l'argent. Le duc de Castries, auteur d'une biographie de Thiers, nous dit de ce dernier qu'il « disparut dans un monde d'aventure où il sema quatre enfants adultérins et reparut quand son fils fut au pouvoir, se signalant par ses indélicatesses ». Pierre Thiers apparemment incapable d'occuper quelque profession que ce fût sans se livrer à des malversations, fera même de la prison à plusieurs reprises entre 1805 et 1811.

Un père un tantinet escroc, irresponsable et absent, voilà tout l'héritage paternel d'Adolphe, élevé par une grand-mère et une mère sans le sou. Mais comme il est brillant et volontaire, il obtient une bourse. Après les années de lycée à Marseille, il fait son droit à Aix-en-Provence, réussit sa licence et devient avocat.

Mais au fait, à quoi ressemble physiquement notre futur *serial lover* ? Surement pas au playboy auquel on pourrait s'attendre compte tenu des succès féminins qu'il accumula sa vie durant. De très petite taille, 1,54 m, plutôt étriqué, le front agrémenté d'une houppette à la Tintin, il porte d'épaisses lunettes rondes, met des gilets aux couleurs criardes qui jurent avec son habit et s'exprime d'une petite voix aigre et flûtée, avec un accent méridional prononcé qui dut, au moins dans un premier temps, susciter amusement et condescendance chez la gentry parisienne à laquelle il rêvait d'appartenir. En somme, il est très voyant mais loin d'être beau. Maurice Reclus nous dit de lui qu'il ressemblait « à l'un de ces petits perruquiers du Midi qui vont de porte en porte offrir leurs savonnettes » ; de nos jours, on parlerait d'un plouc un peu ringard débarquant chez des bobos parisiens.

Et pourtant, Adolphe va séduire, subjuguer même ! Aussi bien hommes que femmes, d'ailleurs. Comme il s'intéresse à tout et qu'il est servi par une mémoire exceptionnelle, il impressionne tous ceux qu'il rencontre, par sa culture et sa « verve endiablée ». Force de travail hors du commun, véritable tornade blanche se déployant tous azimuts, cet être infatigable qui carbure au café froid et à la brandade de morue donne couramment audience chez lui dès 5 heures du matin. Lamartine résumera cela à sa façon, en écrivant de Thiers qu'il avait en lui « assez de salpêtre pour faire sauter dix gouvernements », tandis que Francis Franck, dans sa *Vie de Monsieur Thiers*, le qualifie de « lutteur le plus infatigable de son siècle ».

Thiers, c'est le mélange d'une énergie et une ambition hors du commun. À vingt-quatre ans, le petit homme est déjà bien trop grand pour se contenter d'Aix-en-Provence. Tout voir, tout entendre, tout apprendre, réussir, arriver, voilà l'objectif. Sur les conseils de son ami Mignet, parti en éclaireur, il monte donc à Paris en 1821, ayant obtenu un poste de secrétaire du duc de la Rochefoucault-Liancourt. En quittant Aix, Thiers a laissé sur le carreau une certaine demoiselle Bonnafoux à laquelle il avait promis le mariage. Le père de la demoiselle, un ancien grognard pas du genre à badiner avec l'honneur de sa fille, rejoint Adolphe à Paris et lui demande raison. On se bat le 12 septembre 1822. Le grognard manque son coup, Thiers, élégamment, tire en l'air. Fin des projets matrimoniaux aixois d'Adolphe Thiers et début de sa vie parisienne. Les débuts sont austères : avec son ami Mignet, il occupe une mansarde passage Richelieu.

Contemplant Paris qui s'étend à ses pieds, un jeune homme fraîchement débarqué dans la capitale s'exclame : « À nous deux maintenant ! » Cette phrase bien connue est prononcée par Eugène Rastignac, jeune provincial dévoré par l'ambition, personnage de Balzac dans *La Comédie humaine*. Mais ce que l'on sait moins, c'est que c'est justement Adolphe Thiers qui inspira à Balzac ce personnage d'arriviste. Dans son roman, Balzac complète d'ailleurs la formule citée plus haut par un ironique : « Et pour premier acte de défi que Rastignac portait à la société, il alla dîner chez la baronne de Nucingen. »

Ce que le personnage de Delphine de Nucingen est à Rastignac dans le roman de Balzac, Sophie Dosne le fut pour Thiers dans la réalité. Dans le roman, la Baronne a sept ans de plus que Rastignac et son mari est banquier ; dans la réalité, Sophie Dosne a trois ans de plus que Thiers et son mari, de treize ans son aîné, est un agent de change ayant des activités foncières. C'est chez elle qu'Adolphe vient dîner un soir, probablement entre 1824 et 1827, à l'instigation du général Antoine Fortuné de Brack.

Thiers n'est alors plus secrétaire particulier. Cet intermède n'aura duré que trois mois. Il a rencontré un certain Manuel, député aixois, avocat comme lui, qui l'a présenté à l'influent banquier Laffitte, puis au propriétaire du journal *Le Constitutionnel*. Arrivé le 1er novembre 1821 à Paris, Thiers est embauché le 31 au *Constitutionnel*, journal le plus influent du moment. Il n'a pas perdu de temps ! Ses articles vont faire mouche et il devient très vite le chouchou du directeur. Quand il rencontre les

Dosne pour la première fois, il n'est donc déjà plus un parfait inconnu. Talleyrand qui a alors déjà croisé son chemin ne s'y trompe pas, qui déclare à son sujet : «Ce n'est pas un parvenu, c'est un "arrivé" qui ira plus loin que nous tous.»

Quel genre de femme pourrait convenir à un ambitieux de sa trempe? Il faut qu'elle soit riche et influente, qu'elle puisse l'introduire auprès de personnalités importantes qu'il ne connaît pas encore, qu'elle lui apprenne à louvoyer, à éliminer les gêneurs et à se placer dans le sillage des hommes qui montent. Bref, il faut qu'elle puisse le servir dans sa carrière.

Cette femme, ce sera Sophie Dosne, laquelle, pour conserver «le petit» près d'elle, finira par le mettre entre les pattes de ses filles Élise et Félicie. «Ces dames», comme aimait à les qualifier Adolphe, seront tout à la fois ses maîtresses, belle-mère, épouse, belle-sœur, et amies; cinquante années durant, elles l'aimeront, le choieront, le pousseront, et, telles des vestales vouées au culte d'un dieu unique, serviront jusqu'à leur dernier souffle leur cher petit Grand homme.

Que dire de ce trio? Il y a donc la mère, Sophie, née Eurydice Matheron, le 2 mars 1794. Elle appartient à une famille auvergnate montée à Paris pour y ouvrir un magasin de parapluies et de nouveautés. Ses parents lui avaient choisi un prénom romantique à souhait, auquel cette femme de tête, sans doute consciente du ridicule qu'ils s'étaient donné là, choisit elle-même de renoncer pour celui plus simple de Sophie. En 1811, à l'âge de dix-sept ans, Eurydice alias Sophie, épouse Alexis Dosne qui va se révéler très doué pour les affaires. Il spécule sur des terrains, achète, revend, bâtit dans le quartier en pleine expansion de la Chaussée d'Antin et fait aussi l'acquisition des mines d'Anzin. À ce train-là, il amasse une jolie fortune.

Élise et Félicie naissent respectivement en 1818 et 1823. Tout ce petit monde loge au n°30 de la rue de Provence, dans le quartier à la mode de la Nouvelle Athènes, entre Notre-Dame-de-Lorette et Pigalle.

Les Dosne, mari et femme, vont prendre Adolphe sous leur aile. Chacun, à sa manière, va lui apprendre le monde des affaires, lui présenter la cour et la ville. Dans les salons de la bourgeoisie libérale opposée à Charles X, Thiers croisera Stendhal, Mérimée, Ingres, Chateaubriand, Victor Hugo, La Fayette ou Sainte-Beuve… bref, tout ce « gratin » dont il rêvait. Balzac résume en ces termes la volonté d'ascension sociale du jeune ambitieux : « Monsieur Thiers est une girouette qui malgré son incessante mobilité reste sur le même bâtiment… Monsieur Thiers a toujours voulu la même chose, il n'a jamais eu qu'une seule pensée, un seul système, un seul but. Tous ses efforts y ont constamment tendu : il a toujours songé à Monsieur Thiers. »

Femme forte, femme d'esprit, résolue, passionnée, Sophie serait devenue la maîtresse d'Adolphe en 1828. Elle prend sa carrière en main et va rendre un fieffé service à son poulain en l'aidant à se lancer en politique. En janvier 1830, quand le très conservateur Polignac arrive au pouvoir, Thiers décide de défendre les idées libérales et fonde avec deux associés, Mignet et Armand, *Le National*, journal hostile au régime de Charles X et financé par Talleyrand. Ce titre dont Thiers est directeur est bientôt interdit, lui-même est décrété de prise de corps. Il doit se retirer un temps à Montmorency.

Après les Trois Glorieuses (juillet 1830), ayant favorisé l'accès au trône de Louis-Philippe d'Orléans, Thiers recueille aussitôt les fruits de son appui en devenant conseiller d'État et sous-secrétaire d'État aux Finances. Il envisage alors de se présenter aux législatives et aurait d'ailleurs toutes les chances d'être élu, mais on est encore dans un système électoral censitaire et Thiers n'a pas les revenus suffisants pour se présenter. Il faut payer mille francs d'impôts annuels pour pouvoir être candidat.

Qu'à cela ne tienne ! La société immobilière Dosne lui cède un immeuble place Saint-Georges à Paris dont la valeur déclarée est de cent mille francs. La maison Dosne lui accorde un crédit total et gratuit. L'acte d'achat est signé le 18 octobre 1830. Un bel exemple de trafic d'influence ! Voilà qui permet en tous cas à Adolphe de devenir député des Bouches-du-Rhône un mois plus tard ; il le restera jusqu'en 1848.

La bête politique est lâchée. Récompenser son bienfaiteur sera quasiment son premier acte officiel : il nomme Alexis Dosne receveur général des Finances, mais le plus loin possible : à Brest ! Sophie, quant à elle, reste à Paris avec les filles.

Deux années passent quand, en 1833, pour s'attacher définitivement son amant, Sophie Dosne a la brillante idée de lui faire épouser sa propre fille Élise. Fiction et réalité se rejoignent à nouveau car, dans le roman de Balzac publié quatre ans plus tard, la baronne de Nucingen fait, elle aussi, épouser sa propre fille à Rastignac.

Que pense Élise de ce mariage ? Lui a-t-on seulement demandé son avis ? Elle se contente d'obéir docilement à sa maman. Au reste, quelque désargenté qu'il soit, Thiers est indéniablement un parti prometteur. Le 6 novembre 1833, on signe donc le contrat de mariage en présence des plus hauts personnages de l'État. Le document est ensuite porté aux Tuileries afin que le roi et la reine eux-mêmes y apposent leur signature. Quand on pense que, douze ans plus tôt, Adolphe vivait dans une mansarde avec cent francs en poche !

Comme le dirait un jour le célèbre dandy Boni de Castellane à propos de la riche héritière qu'il s'apprêtait à épouser à contrecœur, Élise Dosne est « très belle de dot ». Ses parents l'ont nantie de trois cent mille francs, somme dont M. Dosne, qui pour être un mari complaisant n'en est pas pour autant un créancier facile, va déduire les cent mille francs avancés à Adolphe pour l'acquisition de l'hôtel particulier de la place Saint-Georges.

La nouvelle de ce mariage fait jaser dans tout Paris. La très spirituelle journaliste Delphine Gay, amie de Balzac qui habite à quelques encablures de Thiers et de ces dames, écrit dans l'un de ses drames en vers, *L'École des journalistes*, à propos du mari cocu : « Ce gros frisé qui, pour mieux resserrer les liens de sa famille, À l'amant de sa femme a marié sa fille. »

Il y a en effet de quoi rire, mais rire jaune : Thiers a trente-six ans et sa femme à peine quinze ! Un excellent prétexte pour que Sophie, au moins dans un premier temps, ne cède pas à sa fille la place qu'elle occupe alors dans le lit de son gendre. À l'un de ses amis, Thiers écrit : « J'épouse Mlle Dosne que vous connaissez et dont je n'ai rien à vous dire. » Hélas, tout est dit au contraire.

Nul ne conteste que le mariage de Thiers soit un mariage d'amour ; seulement c'est un mariage d'amour non avec sa femme mais avec sa belle-mère ! On dira d'ailleurs de cette union entre Adolphe et Élise qu'elle fut essentiellement platonique. Pouvait-il en être autrement, alors qu'Élise savait pertinemment que son mari était l'amant de sa mère ?

En compensation – bien tardive – de son sacrifice sur l'autel de l'adultère et de l'ambition, Élise Dosne deviendra trente-huit ans plus tard, en 1871, la toute « première première dame », de l'histoire de la République française. En effet, Louis Napoléon Bonaparte, élu premier président de la République bien avant Thiers, en 1848, est déjà devenu empereur lorsqu'il épouse Eugénie de Montijo en 1853.

Chose étrange, les démêlés sentimentaux de François Hollande ont beau avoir fait couler beaucoup d'encre, il ne s'est pas trouvé une gazette pour évoquer la personnalité de la « première première dame » de notre histoire. Cela aurait permis de relativiser le caractère prétendument inédit de la situation actuelle, même si cette appellation de « première dame » n'apparaît que sous la IVe République avec l'épouse de René Coty. Comme nous allons le voir, les titres des journaux relatifs à Valérie Trierweiler (« la première gaffe de France », « une peste à l'Élysée ») auraient en effet tout aussi bien pu s'appliquer à Élise Thiers cent quarante ans plus tôt.

Lorsque Thiers l'épouse, Élise est encore presque une enfant ; une enfant gâtée, capricieuse, boudeuse, et pas très jolie. Elle est petite, le front saillant, la bouche dédaigneuse, mais a de grands yeux et de beaux cheveux. Avec le temps, elle gagnera tout à la fois en élégance et en aigreur !

Thiers ne s'intéressera guère à elle et aura quelques aventures en dehors de la place Saint-Georges… On lui prêtera notamment une liaison avec la duchesse de Dino, nièce et maîtresse de Talleyrand, et une autre avec Mlle Odier, maîtresse de Mérimée. Le politicien, Scheurer-Kestner, évoque également, dans ses Mémoires, certaine maîtresse de Thiers logée rue de Vaugirard. De toute façon, chez Thiers, l'ambition passe avant l'amour et pour le « reste » en d'autres termes, pour « la gaudriole », il aura plutôt recours à des relations tarifées.

Épouse trompée, Élise lui rendra la monnaie de sa pièce en prenant pour amant le député Édouard Roger du Nord qui restera un familier du ménage. Chez les Dosne-Thiers, on est du genre tolérant.

Malheureuse Élise, vivant dans la dépendance d'une mère toute-puissante, contrainte de cohabiter avec elle toute sa vie. On peut comprendre son aigreur. Comment s'étonner qu'elle n'ait pas été plus aimable? On raconte que sa mère lui donnait des ordres à longueur de journée, d'où son surnom de « Madame j'or dosne ». « Habille-toi, nous allons à la Chambre », lui ordonnait-elle, comme si Élise était encore une petite fille.

Pendant trente-sept ans, ce ne sera pas elle mais sa mère qui fixera les dates des dîners et des réceptions, qui supervisera la carrière de Thiers, lui fera porter à l'Académie ou à l'Assemblée le café froid qu'il boit en faisant ses discours, et prendra quotidiennement des notes sur le moindre fait et geste de son cher petit héros. Jamais Thiers ne prendra une décision sans la lui soumettre. Dans la *Revue Parisienne*, Balzac souligne ce rôle d'éminence grise tenu par Sophie : « Vous ne sauriez croire jusqu'où a été poussée la ruse méridionale de ce dernier, unie à la finesse de cette bourgeoise. » « Le pouvoir de cette femme est immense, en maintes occasions elle a fait revenir Monsieur Thiers sur une décision. » Et Balzac ajoute : « Elle est à peu près reine de France. »

Ces deux-là forment un vrai couple au beau milieu duquel l'épouse soumise comptera toujours pour du beurre.

Compassée, peu amène, semblant « juger tout ce qui l'entoure, sa mère avec peu d'estime, son mari avec une nuance de pitié », écrit Rémusat, Élise va compenser les frustrations qu'elle endure dans son mariage en collectionnant les porcelaines et les satisfactions mondaines. Avec les années, elle devient d'un snobisme maladif et ne rêve que de fréquenter la noblesse. Elle ne se rend pas compte que le roi Louis-Philippe et son épouse Amélie la trouvent vulgaire. La reine qui surnomme Thiers « le poney blanc », ou « l'odieux petit nain engraissé » répugne à recevoir ces parvenus vivant dans le péché, mais Adolphe, très *fair-play*, n'acceptera jamais de se rendre à des invitations prestigieuses sans Sophie, Élise et Félicie. Lui-même assume parfaitement le caractère étrange et choquant pour autrui de sa situation. Il considère qu'au même titre que lui ses compagnes méritent tous les honneurs, à tel point d'ailleurs qu'il sera déçu de n'être fait que baron en 1836, estimant qu'Élise méritait au moins un titre de duchesse !

Dans les années 1840, le ménage Dosne voyagera beaucoup. Dans ces occasions, Thiers ne cesse de correspondre avec sa belle-mère. Leur correspondance entre 1841 et 1865, soit vingt-quatre années de lettres échangées, sera publiée non par Élise, on s'en serait douté, mais par Félicie, en 1904. Adolphe donne à Sophie du « chère mère », mais termine ses lettres par « tout à vous ». Quant à elle, ses lettres pourtant adressées à sa fille se terminent par : « Mille tendres amitiés à Monsieur Thiers. » Elle prend des nouvelles de sa fille et demande : « Élise est-elle un peu aimable ? Est-elle un peu contente de ce qu'elle voit ? » À quoi Thiers répond : « Élise n'est pas plus mal que d'ordinaire, mais elle se plaint toujours beaucoup. »

Autant Élise est maussade, autant sa jeune sœur Félicie est enjouée et maligne. Thiers va essayer de la marier. D'abord au comte Walewski, ce qui ferait de sa belle-sœur la belle-fille de Napoléon Ier. Le projet échoue. Il cible alors un général héros de la guerre d'Algérie qui a dix-sept ans de plus que Félicie. Il la courtise assidûment, demande plusieurs fois sa main, mais Félicie temporise, tant et si bien que le malheureux général renonce. Félicie admire trop son beau-frère pour le quitter. Qu'à cela ne tienne, comme dans la chanson de Fernandel, Thiers aura « Félicie aussi »…

Félicie fut-elle, comme sa mère et sa sœur avant elle, la maîtresse de Thiers ? Dans les salons parisiens nul n'avait à ce sujet le moindre doute, au point que l'on en vint finalement à qualifier avec esprit le trio familial constitué par ces dames, des « Trois moitiés de Monsieur Thiers ».

Au début de son mariage, Thiers emmène les femmes de sa vie en voyage en Italie, en Belgique puis à Valençay, chez Talleyrand. Au cours de cette équipée, le quatuor fera une courte pause à Lille pour y rendre une petite visite à Alexis Dosne. Ce dernier a en effet quitté Brest, Thiers l'ayant nommé receveur général des Finances de Lille, un poste important et lucratif. Évoquant cette brève visite, Guy Breton écrit avec beaucoup d'humour qu'« Il était juste que le brave homme eût, lui aussi, de temps en temps, le plaisir de tenir Monsieur Thiers dans ses bras ! »

À ce stade de notre récit, récapitulons brièvement la situation familiale des Dosne-Thiers : nous avons donc Adolphe qui couche avec sa belle-mère, avec sa femme et probablement aussi avec sa belle-sœur, tandis que le père se trouve à Brest, puis à Lille. L'amant de la femme de Thiers est un familier du ménage. Cela semble un peu compliqué, mais c'est en fait très simple et très bien pensé. Comme le résume Charles Pomaret[1], Adolphe « a donc trois femmes chez lui, cet enfant gâté, centre d'un monde où chacun a sa place. Sophie, Élise, Félicie ; l'administration, la poupée, l'admiration. Sophie Dosne, Madame Jor'dosne, dirige toute la maison ».

Ces dames monopolisant toute son attention, Thiers ne s'intéresse aux membres de sa propre famille que contraint et forcé : sa mère est *persona non grata* place Saint-Georges ; elle ne s'entend pas du tout avec Sophie qu'elle surnomme « Madame la Coquine ». Elle vit quant à elle très modestement dans un petit entresol, rue Taitbout, non loin de chez son fils qui la maintient dans un dénuement relatif, autant par indifférence que par pingrerie. Cela fait longtemps déjà que Thiers s'est éloigné de sa mère ; il a honte de ses manières provinciales, au point d'ailleurs qu'il ne la laissera même pas assister à son mariage ! Bien plus tard, en 1848, alors qu'elle est atteinte d'une affection aphteuse, il lui interdira l'entrée de son hôtel.

Quant à ses demi-frères, Thiers, lassé de leurs perpétuelles demandes de secours, cherchera à s'en débarrasser en les expédiant aux Indes. Il nomme Germain juge à Pondichéry, alors que ce dernier était encore peintre en bâtiment à Paris quelques temps auparavant ! Il lui sera plus difficile de se

1. Cité par Francis Franck, *Vie de Monsieur Thiers*.

débarrasser de son père devenu un importun, un « tapeur » qui se présente partout comme « le père de l'illustre ». Thiers finira par accepter de lui servir une pension annuelle à condition qu'il réside définitivement à Carpentras, sous la surveillance du sous-préfet. « En vérité, peu d'hommes politiques de l'envergure de Thiers ont eu famille plus compromettante et ont traîné aussi lourd boulet », résume Pierre Guiral, dans sa biographie de Thiers.

Les années passent. Le Paris qui compte s'est habitué aux mœurs et coutumes des Thiers-Dosne. Il fallait bien se montrer pragmatique et « courtiser ce harem pour plaire au sultan », résume le duc de Castries. De son côté, le vieux roi Jérôme Bonaparte, gouverneur des Invalides et ami de Thiers, décrit en ces termes la situation : « Il promène sa famille avec désinvolture. On ne sait laquelle est la femme et laquelle est la belle-mère. Je crois vraiment qu'il préfère cette dernière. Elle m'a semblé beaucoup moins bête que l'autre. »

En 1848, le soir même de l'élection présidentielle qui suit la proclamation de la IIe République, Thiers fait les honneurs de sa table au prince Louis Napoléon Bonaparte. Il tient « pour un crétin qu'on mènera » celui que, huit ans auparavant, il faisait enfermer au Fort de Ham, mais il convient de flatter l'homme du jour. Au cours de ce dîner mémorable, les trois Dosne sont présentes, bien sûr, Élise est assise à côté de son amant Roger du Nord. Un éternel absent : le discret M. Dosne, qui finira d'ailleurs sous peu par quitter définitivement la scène, puisqu'en avril de l'année suivante il meurt, victime de l'épidémie de choléra.

Quatre ans plus tard, hostile au coup d'État du 2 décembre 1851, fomenté et mené à bien par le prince-président Louis Napoléon Bonaparte, Thiers est arrêté chez lui, emprisonné à la prison Mazas, et reçoit le 8 décembre l'ordre de quitter la France. Il fuit à Bruxelles, puis à Londres où il reçoit un accueil si exceptionnel qu'il invite « ces dames » à l'y rejoindre. Puis ce sera l'Allemagne, la Suisse et l'Italie, mais seul cette fois. L'exil n'est que de courte durée. Thiers rentre à Paris le 20 août 1852, mais n'exercera plus de fonction politique, et ne sera plus ni député, ni ministre, jusqu'en 1863. Il attend son heure et, dans ces premières années du Second Empire, achève la rédaction des vingt tomes de son *Histoire du Consulat et de l'Empire* qui lui rapportera une fortune colossale.

Au début des années 1860, la santé de Sophie Dosne se dégrade brusquement… Elle meurt le 27 août 1869, dans l'appartement de l'avenue d'Eylau où elle s'était retirée. Thiers est fou de douleur. Les deux nuits qui suivent l'enterrement, il dort dans la chambre où Sophie est morte. Il déclare autour de lui qu'il réalise n'avoir jamais connu la vraie douleur avant cette disparition. Alors âgée de quarante-six ans, Félicie va lui être plus que jamais indispensable. Elle devient pour lui une sorte de secrétaire particulière que l'on finira par surnommer affectueusement la « demoiselle d'État ».

Sur le plan politique, l'apothéose du « petit » restait à venir, un triomphe auquel Sophie ne devait malheureusement pas assister. Les événements sont connus entre la capitulation de Napoléon III à Sedan, la déchéance de l'empire le 3 septembre 1870, la proclamation de la République le lendemain. En 1871, c'est à Thiers, élu député par vingt-six départements, qu'il revient de négocier la paix avec Bismarck. Sur proposition de Jules Grévy, il est nommé président de l'Assemblée nationale puis, le 17 février, est désigné comme chef du pouvoir exécutif de la République française par le gouvernement alors réfugié à Bordeaux. Vainqueur de la commune, Thiers connaît une immense popularité dans la France entière. Le 31 août 1871, le parlement vote la loi qui lui confère le titre de président de la République.

Comme il dut penser à Sophie à ce moment-là. Maman Dosne aurait été fière de lui !

Thiers quitte alors Paris pour Versailles où il habitera deux ans, les communards ayant rasé son hôtel particulier. Fort heureusement, avant qu'il n'y soit mis le feu, l'artiste peintre Courbet s'est interposé pour sauver les collections de tableaux et de porcelaines. Dans les belles avenues de Versailles, on peut alors croiser Thiers se promenant, une femme à chaque bras. La presse ironise : « Je n'ai Montespan ni Fontanges, La Vallière ni Maintenon ; mais j'ai Madame Thiers un ange, et Félicie, un joli nom. »

Comme sa popularité est au firmament, Thiers peut se permettre de réclamer un million six cent mille francs pour reconstruire intégralement un hôtel particulier qui n'en avait coûté que cent mille, quarante ans plus tôt ! L'hôtel Saint-Georges sera donc reconstruit en 1873, aux frais de l'État, par l'architecte Alfred Aldrophe pour plus d'un million de francs ! Le ménage à trois réintègre ainsi la place Saint-Georges.

Jusqu'à sa mort, qui survient le 3 septembre 1877, Thiers y coulera des jours paisibles occupé essentiellement à écrire et à dissimuler à Élise, qui l'a mis au régime d'autorité, les boîtes de brandade de morue que lui apporte en cachette son vieil ami Mignet.

Thiers, alias Rastignac, meurt riche à millions.

Élise ne survivra que trois ans à son mari. Elle s'éteint à son tour le 15 décembre 1880, à l'âge de soixante-deux ans. Après la mort de sa sœur, Félicie fait don à l'Institut de l'hôtel de la place Saint-Georges contenant les quatre-vingt mille volumes de la bibliothèque de Thiers, et remet au Louvre les collections de tableaux constituées par son beau-frère. Elle fait également don à la Bibliothèque nationale de toutes les archives et manuscrits. Félicie survit vingt-six ans à Élise et disparaît le 26 janvier 1906.

Prolongeant *ad patres* leur cohabitation plus ou moins harmonieuse, ces mesdames, mesdemoiselles, messieurs Alexis, Sophie, Adolphe, Élise et Félicie ont été inhumés côte à côte dans le plus monumental et le plus « m'as-tu vu » des mausolées du Père-Lachaise. Érigé près de la chapelle du cimetière, ce tombeau de la taille d'un temple a fait l'objet d'un attentat en 1971 à l'occasion du centenaire de la Commune, et il est aujourd'hui encore presque aussi souvent tagué que la tombe de Jim Morrison !

Le 24 mai 1873, jour de sa démission de la présidence de la République, Thiers affirmait qu'un retour à la Monarchie était impossible, car il y avait alors trois prétendants, le comte de Chambord, le comte de Paris et le prince impérial, fils de Napoléon III. Il déclara à la tribune : « Il n'y a qu'un trône et on ne peut l'occuper à trois. » Plus d'un député dut rire sous cape en songeant qu'il n'y avait eu qu'un Thiers et qu'on l'avait bel et bien « occupé » à trois…

Finalement, ainsi que nous venons de le voir, les embrouilles familiales du président Hollande apparaissent comme plutôt pâlichonnes et sans originalité, comparées à celles d'un Thiers. Pour trouver un équivalent contemporain plus proche dans ses modalités et plus « pimenté », il faudrait plutôt évoquer les turpitudes d'un certain ancien ministre des Finances.

Dans un cas comme dans l'autre, ce qui a changé, c'est la publicité faite à la vie privée de nos présidents et de nos hommes politiques en général. Elle a pris une tout autre ampleur, échappant maintenant au seul microcosme. Désormais, les secrets d'alcôves de nos politiques, de l'adultère à l'*outing* font la une non seulement des journaux télévisés, mais d'une presse dite d'information, qui se vantait naguère de ne pas sombrer dans la « peopolisation » de la politique. Les photos volées peuvent être prises au moyen de drones, les détails les plus croustillants et les plus médiocres en sont dévoilés dans des livres à gros tirages, édités dans le plus grand secret, mais dont les versions « pdf » ne tardent pas à circuler librement sur Internet. Cette récente « dévoration de la geste présidentielle par la vie privée » laisse malgré tout présager d'une conséquence positive : à l'avenir, un président qui assumera ouvertement les vicissitudes de sa vie privée sera jugé moins durement par l'opinion publique que celui qui s'épuisera inutilement à en dissimuler les secrets.

Tout bien considéré, depuis le XIXe siècle, le vrai progrès réside donc moins dans une illusoire évolution des mœurs que dans la possibilité pour une mère de famille – en l'occurrence, Ségolène Royal, mère des quatre enfants du président Hollande – de présenter sa candidature à l'élection présidentielle avant son compagnon. Si Sophie Dosne a financé la carrière politique de Thiers, elle vécut dans son ombre, par procuration. Elle aurait eu toutes les qualités pour faire une grande femme politique, mais elle vécut dans une époque où les femmes n'avaient pas davantage le droit de vote qu'elles n'étaient éligibles.

C'est de cette évolution qu'il convient de se féliciter, en concluant avec le journaliste et romancier Aurélien Scholl par une vérité dont Thiers aurait été le premier à témoigner et qui se vérifie aujourd'hui de manière éclatante : « On compare généralement la politique à un échiquier. On a tort, c'est un jeu de dames. »

Thiers sur le divan…

Dès sa naissance, Thiers est pris en charge exclusivement par des femmes. Ce sont sa mère et surtout sa grand-mère, à laquelle il voue un véritable culte, qui l'élèvent et ce sont sa tante et sa marraine qui financent ses études et son logement. Dans sa construction personnelle, aucune image de père, ou si peu, et négative. Fils unique, il est accoutumé à être le seul homme de la famille entouré de toute l'attention des femmes qui l'aiment. Passer le plus clair de sa vie d'homme entouré de trois femmes, qui assument toute l'intendance pour lui et l'admirent, n'est finalement que la suite logique de ses années d'enfance ! De quoi digérer les complexes liés à son physique et à son milieu social d'origine. Quoiqu'il n'ait quasiment pas de relation avec son père, il va reproduire cependant un schéma familial similaire ; Pierre Thiers, lui aussi, après ses deux premiers mariages, formera un ménage à trois avec deux sœurs, les Italiennes Thérèse et Louise Cavallieri, dont il aura trois enfants. C'est d'ailleurs là que s'arrête la comparaison entre Adolphe et son père : Pierre Thiers eut huit enfants, de trois ou quatre femmes différentes, Adolphe vécut avec trois femmes, mais ne laissa aucune postérité. Balzac n'avait pas tort de dire qu'aux yeux de Thiers tout devait commencer et finir avec lui.

Côté Élise : Au moment des obsèques d'Adolphe, c'est Élise qui prend la main : elle refuse qu'on lui impose quoi que ce soit et c'est notamment elle qui décide qui tiendra les cordons du poêle ! Elle règle seule les détails de la cérémonie ; aucun discours autre que ceux validés par la famille ne sera autorisé. « Jusqu'à la mort de Thiers, elle avait passé dans la vie effacée et sans rôle. Thiers disparu, sa mission devint plus haute. Toute son énergie fut déployée à la gloire de celui qui n'était plus », commente le romancier Jules Claretie. Puis, il ajoute : « Elle était, dans ses dernières années, comme attelée à la mémoire de son mari. »

La comparaison est pertinente, car, tels les chevaux du char d'Hélios filant vers le soleil, ces dames avaient bien constitué un attelage tirant à hue et à dia dans un même but : la gloire de leur champion.

Un bémol cependant : comme un magistral coup de pied de l'âne, non seulement Félicie, dernière survivante de l'attelage, va refuser la proposition de transférer les cendres de Thiers au Panthéon pour garder son cher petit homme dans le caveau familial, mais par ailleurs, lorsqu'elle crée une Fondation, elle ne l'intitule pas Thiers-Dosne, mais bien Dosne-Thiers. Ce choix, qui pour la première fois plaçait « ces dames » sur le devant de la scène aux yeux de la postérité, reléguant Thiers au second plan, rendait au passage un hommage tardif à celui qui avait été bien délaissé dans toute cette histoire, l'énigmatique ou faut-il dire l'« ectoplasmique » Alexis Dosne !

Bonne pioche…

« Le maréchal de Villars, écrivit à sa femme : “Je me propose de livrer bataille aux ennemis, envoyez-moi mon fils.” On fait partir le jeune Villars qui ne se rend pas au lieu indiqué, parce qu'il avait peur de la guerre. Le Maréchal, furieux, récrit à sa femme : “Je vous avais prié de m'envoyer mon fils, vous m'avez envoyé le vôtre.” »

Charles-Simon, *Mémoires.*

Voici maintenant notre bonne pioche où l'on trouvera, selon une présentation chronologique, quelques exemples des situations familiales parmi les plus étonnantes de notre histoire.

Je demande Isabelle de France, ou l'erreur de casting…

Au cours de l'histoire de France, il est arrivé que des mariages royaux soient de monumentales erreurs de casting, lourdes de conséquences. Celle dont fut victime Isabelle de France, fille unique de Philippe le Bel et sœur de trois rois de France successifs, fut sans doute l'une des plus spectaculaires.

Le 25 janvier 1308, Isabelle n'a pas treize ans lorsqu'elle épouse, à Boulogne-sur-Mer, le roi d'Angleterre Edouard II, jeune monarque de vingt-quatre ans qui a succédé à son père moins d'un an auparavant. En quoi cela constitue-t-il une erreur de casting, me direz-vous ? Peut-être leur différence d'âge ?

Pas du tout ! À cette époque, l'âge légal du mariage est de douze ans pour les filles et de quatorze ans pour les garçons. D'ailleurs, nous avons bien vu que Louis IX avait dix-neuf ans et Marguerite de Provence seulement douze lorsqu'ils se marièrent, ce qui ne les empêcha pas de former un ménage uni et plutôt heureux. En fait, le mariage d'Isabelle et d'Edouard aurait pu être tout aussi harmonieux, si seulement ce dernier n'avait pas montré davantage d'intérêt pour ses favoris que pour sa jeune épouse.

Tous les historiens s'accordent en effet à penser qu'Edouard II eut une nette préférence pour les hommes, même s'il eut quatre enfants d'Isabelle pour d'évidentes raisons dynastiques. Hâtons-nous de préciser ici qu'au Moyen Âge, les manifestations de tendresse entre personnes de même sexe ne sont pas considérées comme particulièrement choquantes. Certains chroniqueurs du XIIe siècle parlent bien d'« amour » entre Richard Cœur de Lion et Philippe-Auguste, et rapportent qu'ils auraient partagé la même couche lorsqu'ils participèrent ensemble à la Troisième Croisade, fin 1190. À ceux qui se sont empressés de voir là le signe d'une relation homosexuelle entre les deux monarques, l'historien médiéviste Jean Flori, spécialiste de la chevalerie, rétorque qu'une telle pratique n'avait pas du tout « la connotation sensuelle qu'on peut y déceler aujourd'hui ».

Aux yeux d'un chrétien du Moyen Âge, ce qui est en revanche considéré comme le péché des péchés, c'est la pratique de la sodomie, « délit impie et abominable ». D'une manière générale, toutes les conduites sexuelles contre nature sont d'ailleurs considérées comme un défi à l'œuvre de Dieu et le Lévitique (texte biblique, enseignant les préceptes moraux de la loi de Moïse) prévoit la mort pour quiconque aurait eu une union charnelle proscrite ! Or, il y a fort à croire que les relations d'Edouard II avec ses favoris relevaient davantage de la proscription du Lévitique que de l'innocente « camaraderie de chambrée » de Richard Cœur de Lion et Philippe-Auguste. C'est en tout cas l'avis de l'auteur anonyme de la *Vita Edwardi Secundi*, « Vie d'Edouard II », ubliée en 1326 : « Je ne me rappelle pas avoir entendu dire qu'un homme en aimât autant un autre. Jonathan chérit David ; Achille aima Patrocle. Mais nous ne lisons pas qu'ils furent immodérés. Notre roi, lui, fut incapable de faveur modérée, et pour Piers, s'oubliait lui-même ; et ainsi disait-on de Piers qu'il était sorcier. »

On retrouve chez Edouard II d'Angleterre bien des points communs avec Frédéric II, dont nous avons évoqué les tendances homosexuelles dans notre famille « Pères indignes » (sachant que le terme « homosexuel » n'existe évidemment pas à l'époque ; le mot n'apparaîtra qu'en 1868, en langue allemande). Le père d'Edouard est un grand chef de guerre qui va chercher à transmettre à son fils son goût pour la chose militaire alors que ce fils n'aime que la musique, la poésie et les travaux manuels. En tant que père, Edouard Ier nous fait irrésistiblement penser au Roi Sergent, père de Frédéric II : un patriarche obsédé par son armée, dominateur, inflexible, et qui rudoie son fils dont il fait exiler le meilleur ami, en l'occurrence Pierre de Gavaston, alias Piers Gaveston en anglais, jeune chevalier gascon qui appartenait à la suite du jeune prince. C'est le roi lui-même qui l'avait placé auprès de son fils, car il appréciait son adresse dans les tournois et pensait qu'il contribuerait à aguerrir un fils trop doux et trop pusillanime à son goût. Mais bientôt, estimant ces deux jeunes gens trop proches et lassé des privilèges exigés par son fils pour son favori, Edouard Ier renvoie Gaveston de sa cour (23 février 1307), exactement comme le fera quatre siècles plus tard le Roi Sergent avec von Keith, ami de cœur de Frédéric. Ce renvoi est précédé d'une violente dispute au cours de laquelle le roi se rue sur son fils, lui arrache les cheveux par touffes et le roue de coups. Il s'ensuivra une brouille de plusieurs mois entre père et fils. Edouard Ier accorde à Gaveston une pension que celui-ci ne pourra toucher que lorsqu'il aura quitté l'Angleterre, et exige des deux amis qu'ils lui fassent le serment de ne jamais se revoir sans sa permission.

Dans un tel contexte, la mort d'Edouard Ier le 7 juillet 1307 survient comme une libération pour son fils. Il rappelle immédiatement son favori qu'il va couvrir de cadeaux somptueux et d'honneurs, et auquel, à l'indignation générale de ses barons, il va attribuer le comté de Cornouaille initialement destiné à son propre frère. Désormais Edouard est roi, il est libre de mener sa vie comme il l'entend. Or, il est à ce point inféodé à son ami (amant ?), qu'il va aller jusqu'à lui confier la régence, plutôt qu'à un prince ou un grand seigneur de ses proches, pendant que lui-même se rend en France pour y épouser Isabelle

(1308). En outre, il donne à Gaveston la main de sa propre nièce, fille de sa sœur Jeanne d'Acre, alors que le rang médiocre de ce jeune homme n'aurait jamais dû lui permettre de nouer une alliance aussi noble.

Dès le début de son mariage, Isabelle, qui ne donnera naissance à son premier enfant qu'en novembre 1312 (soit cinq ans après ses noces), se plaint, dans ses lettres à son père, de la conduite d'un époux qui la repousse au profit d'un favori auquel il ne peut rien refuser. Dans cette histoire, c'est elle la principale victime, humiliée publiquement au sein d'une cour étrangère, sacrifiée sur l'autel de la diplomatie franco-anglaise. Isabelle est l'une des femmes les plus belles et des plus intelligentes de son temps. Elle a tout pour inspirer respect et amour, mais son mariage mal assorti semble bien devoir la condamner à jamais à être privée de l'un comme de l'autre. Bien sûr, dès la première minute de son mariage, elle se met à détester cordialement Gaveston, ce qui ne peut que la rendre plus antipathique encore aux yeux de son mari. Songez que le jour où les jeunes époux sont sacrés, le favori, qui a revêtu la pourpre royale réservée aux monarques, porte un habit plus luxueux que celui du roi, et prend place juste à côté des époux, comme s'il était leur égal. Pendant toute la durée des réjouissances, Edouard se tient non pas auprès de sa femme, qu'il ignore « royalement », mais près de son favori. Pour agrémenter la salle où se déroule le banquet, le jeune roi a fait réaliser des tapisseries à ses armes et à celles de Gaveston. Celles de sa femme n'y figurent même pas ! Enfin, Edouard va faire à Isabelle l'affront de donner à son favori tous les bijoux qui lui ont été offerts pour son mariage par le roi de France Philippe V, alors que chacun s'attendait à ce qu'il en fît cadeau à la reine son épouse. Bref, barons anglais et dignitaires français présents ce jour-là manquent de s'étouffer d'indignation.

Bientôt, sur fond de nouveau conflit avec les Écossais, les grands barons, excédés de l'influence de Gaveston sur le roi et jaloux des privilèges exorbitants dont il jouit, exigent son bannissement. Influençable, velléitaire, Edouard II commence par céder pour éviter un conflit armé avec ses barons ; Gaveston quitte l'Angleterre (1311). Mais son exil ne durera que deux mois. Edouard ne peut pas se passer de lui, le rappelle et le restaure dans toutes ses possessions. Trop sûr de lui, Gaveston rentre triomphant, fanfaronnant et poussant l'insolence jusqu'à affubler de surnoms ridicules tous les grands seigneurs de la cour : « Monsieur Panse crevée », « Fils de pute », « le péquenot », des sobriquets plus insultants les uns que les autres.... Cette fois la coupe est pleine ! Gaveston va être contraint à un troisième exil qui sera le dernier. La fine fleur de la chevalerie anglaise lui étant maintenant hostile, il n'existe pour lui plus aucun endroit sûr dans le pays. Le 19 juin 1312, il est arrêté, passé au fil de l'épée, puis décapité. Les dominicains d'Oxford l'embaument et recousent sa tête. La douleur d'Edouard est indescriptible. Au-delà du désespoir, il s'agrippe au corps de son ami, refuse de le quitter des jours durant, et l'on devra finalement l'arracher de force à ce cadavre. Il va refuser plus de trois ans que la dépouille de son ami, fort heureusement embaumée, soit mise en terre.

Mais retrouvons Isabelle de France. On imagine qu'il ne devait pas être bien joyeux pour elle de se retrouver en Angleterre, coupée de ses racines et de sa famille, avec un roi de mari qui ne s'intéressait qu'à son amant. Dans *Les Rois maudits*, Maurice Druon montre bien comment Isabelle, qu'il surnomme dans son roman « la louve de France », malheureuse souveraine vivant une situation ô combien difficile, fut indignée, lors de sa venue à Paris en 1313, de découvrir que ses belles-sœurs trompaient leurs époux (ses frères à elle), à la Tour de Nesle. Chacune d'entre elles n'avait-elle pourtant pas la chance d'avoir un mari honorable et aimant les femmes ? Elle-même, sacrifiée aux intérêts de la couronne de France à un souverain « sodomite », se conduisait en souveraine irréprochable. Enfin provisoirement…

Gaveston disparu, Edouard II a tôt fait de lui trouver un remplaçant en la personne de son jeune neveu Hugues le Despenser. Inutile de s'appesantir sur les détails de cette nouvelle amitié, elle est en tout point semblable à celle qu'avait eue Edouard avec Gaveston. Mêmes causes (faveurs, titres et privilèges éhontés accordés au nouveau favori), mêmes effets (exaspération de la noblesse anglaise qui ne songe plus qu'à une seule chose, se débarrasser d'un roi dont le règne est jugé désastreux). En ce qui concerne Isabelle, la situation avec Hugues le Despenser est bien pire qu'avec son prédécesseur. Hugues est devenu une sorte de roi supplétif qui décide de tout. Il prend la haute main sur les possessions anglaises d'Isabelle qu'il confisque. Il fait emprisonner tous les Français de sa suite et la prive de ses plus jeunes enfants. Indignée, la reine écrit à son frère, le roi de France, qu'elle est traitée comme la dernière des servantes dans le palais de son époux. Bientôt, elle ne peut plus s'exprimer librement car ses lettres sont lues.

À l'avènement de Charles IV, dernier fils de Philippe le Bel et frère d'Isabelle, les relations entre la France et l'Angleterre se détériorent brusquement. Edouard tente par tous les moyens d'échapper à la cérémonie d'hommage à laquelle il doit se soumettre, étant le vassal du roi de France pour ses terres de Gascogne. Par mesure de rétorsion, Charles s'empare de ses possessions en Aquitaine (1325). Isabelle est donc chargée de se rendre en France pour y obtenir de son frère, qu'Edouard soit dispensé de cette cérémonie qu'il juge humiliante. Or, le défaut d'hommage d'un vassal est chose très grave, car il peut entraîner la confiscation de ses terres par son suzerain.

Après des années d'absence, Isabelle retrouve son pays d'origine où elle n'était pas revenue depuis plus de dix ans. La voici enfin loin de cette cour anglaise où elle est quotidiennement humiliée, loin de Despenser et de son mari qu'elle hait autant l'un que l'autre. Elle va parvenir à négocier un traité de paix, favorable à la France, aux termes duquel Edouard II accepte finalement de rendre hommage à son suzerain, non pas en personne, mais en envoyant son fils de treize ans le faire à sa place. Cet événement est capital. Le futur Edouard III rend hommage au roi de France ; à la mort de ce dernier, qui surviendra en 1328, Edouard pourra légitimement prétendre lui-même au trône de France, puisqu'il sera le dernier petit-fils de Philippe le Bel. Mais c'est alors que les Français ressortiront fort opportunément du placard une très ancienne loi dite « loi salique », privant les femmes de l'accession au trône. Or, Edouard III descend de Philippe par sa mère Isabelle. Ce conflit dynastique sera l'une des causes de la guerre de Cent Ans qui débutera une décennie plus tard, en 1337.

Edouard II commet une lourde erreur en envoyant son fils en France. Car Isabelle, désormais entourée des siens, de tous les Anglais opposés au roi d'Angleterre réfugiés en France, et ayant sous la main son fils aîné héritier en puissance de la couronne anglaise, va déclarer qu'elle ne remettra pas les pieds en Angleterre tant que les Despenser, père et fils, n'en seront pas chassés. Et pour faire bonne mesure, après dix-sept ans d'un mariage pas vraiment épanouissant avec Edouard, elle retrouve à Paris un certain Roger Mortimer, opposant d'Edouard, qui devient son amant. Enfin, un homme, un vrai ! Quand on a été fan de la série télévisée *Les Rois maudits*, diffusée dans les années 1970, on a vibré avec la superbe Isabelle de France lorsqu'enfin elle découvre le véritable amour ; sachant ce qu'elle avait enduré en Angleterre, on avait bien du mal à lui en vouloir d'avoir cédé aux tentations de l'adultère avec le beau Mortimer.

La suite ? Nous renvoyons nos lecteurs à la lecture de livres d'histoire spécialisés sur cette période ou bien encore à celle des *Rois maudits*. Mais disons, en quelques mots, qu'Isabelle, accompagnée de Mortimer et de son fils, va partir en septembre 1326 à la reconquête d'une Angleterre au bord du chaos où Edouard est alors plus que jamais impopulaire ; à tel point d'ailleurs que la plupart de ses vassaux refusent de se battre avec lui. Edouard se voit dans l'incapacité de réunir une armée et ses propres serviteurs s'enfuient. Abandonnés de tous, Despenser et lui-même sont finalement arrêtés par le duc de Lancastre, fin octobre. Le 24 novembre, Despenser est exécuté très cruellement, place du marché à Londres, en présence de la reine et de Mortimer. Il est pendu, châtré, puis écartelé. Une chance pour lui que les opérations n'aient pas eu lieu dans un ordre différent !

Quant au roi, alors là, c'est une tout autre histoire qui aujourd'hui encore continue de faire couler des litres d'encre ! On va l'obliger à abdiquer en faveur de son fils. Ce fils est jeune, Isabelle pense pouvoir le contrôler longtemps encore. Mais on ne saurait courir le moindre risque d'un retournement de situation. Exécuter Edouard serait la bonne solution, mais il est roi de droit divin, sa personne est sacrée et, dans la mentalité d'un chrétien du Moyen Âge, attenter à la vie du roi est un crime abominable. Un roi désigné par Dieu ne peut être légalement déposé. On décide donc dans un premier temps de l'emprisonner à vie. Le parlement consent à ce que le roi soit démis, si celui-ci l'accepte aussi, formellement. Edouard accepte d'abdiquer en faveur de son fils le 24 janvier 1327. Destitué il est ensuite tondu, comme on le faisait depuis la nuit des temps pour les rois déchus. Le lendemain, son fils de quatorze ans est proclamé roi sous le nom d'Edouard III.

Par la suite, Edouard II sera assassiné, probablement par des créatures d'Isabelle et de Mortimer. Un billet très équivoque est adressé à ses geôliers. La formule latine, dépourvue de ponctuation, peut en être interprétée de deux manières différentes. Soit on la lit : «*Eduardum occidere nolite timere bonum est*», ce qui signifie «il est bon de craindre de tuer Edouard», autrement dit bon de ne pas le faire ; soit on peut la lire, «ne craignez pas de tuer Edouard, car c'est une bonne chose». Ainsi les rédacteurs du billet pourront-ils prétendre ne pas avoir été compris. Quoi qu'il en soit, ses geôliers ont considéré qu'il leur était demandé d'exécuter le pauvre Edouard. Ce qui fut fait dans la nuit du 11 octobre 1327.

Une dizaine d'années après cet événement, un chroniqueur nommé Higden écrivit que le roi avait été tué «*cume veru ignitio inter celanda confosus*», c'est-à-dire avec un fer rouge dans le fondement. Thomas More allait reprendre cette même version des faits, en précisant qu'on avait utilisé pour ce faire un tube de métal qui devait éviter les brûlures visibles, au cas où le corps aurait été examiné, et faire ainsi passer cette mort pour naturelle. Vrai ou faux ? Dans les trois premières années qui suivirent la mort du roi, il fut plutôt fait état d'une mort par étouffement ou par strangulation ; mais la légende noire d'une mort administrée par voie de fer rouge fit florès, sans doute parce qu'elle suggérait l'idée réconfortante pour de bons chrétiens que, somme toute, ce mauvais monarque avait péri par là où il avait péché. Paradoxalement, cette mort en martyr contribuera à sa réhabilitation *post mortem* et nombreux seront les croyants à venir se recueillir sur le magnifique tombeau édifié par son fils, à son intention, à l'abbaye de Westminster.

Débarrassée de son fâcheux mari, Isabelle de France ne profitera pas pour autant bien longtemps de son amant Mortimer. Quatre ans de bonheur, tout au plus. Puis, son propre fils Edouard III, humilié de voir le pouvoir accaparé par l'amant de sa mère, finira par le faire exécuter, en 1330, en vertu de nombreux chefs d'accusation dont celui de régicide. Edouard laissera la vie sauve à sa mère, mais exigera qu'elle se retire loin de Londres. Elle mourra bien des années plus tard, le 23 août 1358, à l'âge de soixante-trois ans, dans la sinistre forteresse de Castle Rising, dans le Norfolk.

Sur le site internet officiel de ce spectaculaire château fort, plus ou moins en ruine de nos jours, on peut lire que, contrairement à une légende tenace, Isabelle vécut ici dans des conditions agréables et même dans une grande opulence. Elle disposa d'un important personnel et d'une magnifique bibliothèque. En outre, elle ne fut en aucun cas prisonnière, mais libre de ses mouvements.

En revanche, toujours selon le site officiel du château, ses dernières années auraient été assombries par de violentes crises de démence, au cours desquelles ses serviteurs devaient l'enfermer dans une chambre aux murs nus, blanchis à la chaux. Ne s'agit-il pas plus vraisemblablement d'une grosse dépression liée à la mort de son amant ? Quoi qu'il en soit, dans le très sérieux ouvrage consacré par Richard Jones aux châteaux hantés d'Angleterre et d'Irlande, il est longuement question du « *Ghost of Queen Isabelle of castle Rising* ». Le donjon, nous dit-on, est aujourd'hui encore hanté par le fantôme d'Isabelle de France, et lorsque l'on se promène dans les couloirs du château, on peut entendre l'écho de « ses cris hystériques ». Aux petites heures du matin, poursuit Richard Jones, les habitants du village voisin seraient fréquemment indisposés par ses « ricanements maniaques ». Ces Anglais sont d'un désobligeant !

Voilà qui soulève, tout de même, une grave question : d'où vient qu'Edouard II, pourtant mort dans des conditions atroces, repose en paix (nul n'ayant signalé son fantôme dans les corridors de Westminster), là où l'âme d'Isabelle erre encore douloureusement dans les couloirs glacés de Castle Rising ? Peut-être parce qu'entre Edouard et Isabelle, ce ménage si mal assorti, seul Edouard connut une vraie passion amoureuse et se livra corps et âme à l'homme qu'il aimait, illustrant magistralement le beau vers de Musset : « Aimer est le grand point, qu'importe la maîtresse, Qu'importe le flacon pourvu qu'on ait l'ivresse. »

Je demande le Régent : grand-père bigame, père homo, mère garçon manqué, précepteur pervers, filles alcooliques et nymphomanes ou lesbiennes…

De tous les personnages que nous avons passés en revue jusqu'à présent, Philippe d'Orléans, dit « le Régent », est celui dont la situation familiale fut sans doute, en son temps, l'une des plus exceptionnelles. Dieu sait pourtant que nous en avons vu des vertes et des pas mûres, depuis le début de ce livre ! Il était le fils unique de « Monsieur », frère cadet de Louis XIV, dont nous avons déjà fait la connaissance dans la famille « Frères ennemis ».

Ironie du sort, le Roi-Soleil eut au moins vingt-trois enfants (six de son épouse, la reine Marie-Thérèse, une dizaine d'enfants légitimés de ses principales maîtresses, Madame de La Vallière et Madame de Montespan, plus divers bâtards dont un petit dernier de la des Œillets, femme de chambre de la Montespan). Mais c'est finalement le fils unique de son frère qui allait régner pendant la minorité du futur Louis XV.

Nous avons quitté « Monsieur » le 9 juin 1701, alors qu'il venait de mourir d'une attaque, au soir d'une violente prise de bec avec Louis XIV au sujet de son fils Philippe. Mais revenons un peu en arrière. Henriette de France, première épouse de Monsieur, meurt le 30 juin 1670. Aussitôt, Louis XIV se met en quête d'une seconde épouse pour son petit frère et porte finalement son choix sur une princesse allemande et protestante,

Charlotte Élisabeth du Palatinat, née à Heidelberg en 1652. À la cour de France, elle sera Madame de France, princesse Palatine.

Une bien curieuse famille que celle de la Palatine ! Son père d'abord. Estimant que sa femme n'était pas assez enthousiaste au lit, il décide d'en divorcer sans même la consulter pour épouser morganatiquement Louise von Degenfeld, dame d'honneur de sa cour, à laquelle il fait treize enfants. Quelle santé ! Ouvertement bigame aux yeux de l'Église il va vivre trois ans, à partir de 1654, avec ses deux femmes, dans son château d'Heidelberg. Il aurait bien voulu faire reconnaître sa bigamie par l'Église protestante, à laquelle il appartient, mais on s'en doute, il lui a été répondu qu'il n'en était pas question. Lorsque son divorce sera enfin rendu officiel, sa première épouse partira vivre à Hanovre avec sa fille Charlotte. On a beau être au beau milieu du XVIIe siècle, on se retrouve dans les considérations de n'importe quels parents divorcés et de n'importe quelle famille recomposée contemporaine. On se partage les châteaux au lieu de se partager les petites cuillères, voilà tout ! Quand Charlotte, Liselotte pour ses parents, reviendra au château de son père en 1662, elle se retrouvera face à une flopée de frères et sœurs dont on s'était bien gardé de lui communiquer l'existence. Elle en gardera une sainte aversion pour la dissimulation, l'hypocrisie et les faux semblants. Quant à son côté garçon manqué, il se pourrait que sa mère, passablement échaudée par l'insatiable appétit sexuel de son mari, l'ait influencée pour une part en encourageant sa fille à se méfier des hommes.

En tout cas, Charlotte aurait vraiment préféré être un garçon. Elle ne s'apprête jamais, n'utilise ni fard, ni falbalas, n'aime que la vie au grand air, les chiens, les chevaux, la chasse et les armes. Elle chasse le cerf, le sanglier et parfois même le loup des journées entières. En 1709, elle écrira avoir vu tuer plus de mille cerfs et être tombée de cheval vingt-six fois ! Un genre de Charles IX en jupons. Et encore, même pas « en jupons », car la plupart du temps, elle met des habits d'homme.

Charlotte a dix-neuf ans quand on lui annonce qu'elle va devenir la belle-sœur du roi Louis XIV. Pour le Palatinat, c'est une alliance prestigieuse, mais Charlotte, elle, est absolument furieuse, car elle n'a pas envie d'épouser qui que ce soit. « Rogue et fière Allemande », selon le mot de Saint-Simon, elle a déjà refusé plusieurs soupirants. Finalement, si la découverte de son futur mari constitua probablement un sacré choc pour elle, elle allait très bien s'entendre avec son beau-frère Louis XIV, pour qui elle allait ressentir une forme d'amour platonique qu'elle ne s'avoua jamais ; lui, de son côté, apprécierait beaucoup son franc-parler.

Charlotte a écrit quelque soixante mille lettres. Même si nombre d'entre elles ont disparu, celles qui restent constituent une précieuse chronique familiale de la cour. Comme dans un journal intime ou un album photo, elle y relate les naissances, les mariages et les deuils dans l'entourage de Louis XIV. On y découvre que la Palatine avait horreur de l'étiquette, des intrigues de cour et des flagorneurs de tout poil. Dans ses lettres, elle n'épargne personne et utilise parfois un langage de charretière. Elle déteste sa belle-fille qui « ressemble à un cul, comme deux gouttes d'eau », et sa seconde belle-sœur, Madame de Maintenon, qu'elle traite dans ses lettres de « vieille conne », de « ratatinée », de « crotte de souris », de « vieille ordure » ou de « ripopée », c'est-à-dire en gros, de raclure ! Saint-Simon écrit de Charlotte qu'elle avait un visage de rustre ; mais, on le voit, il arrivait aussi qu'elle en eût le langage ! Il la dit aussi « vraie et grossière, dangereuse à faire des sorties publiques et fort allemande dans ses mœurs ».

Voici donc le portrait brossé à la hâte de la seconde épouse de Monsieur frère du roi. Après un an et demi de veuvage, celui-ci l'épouse par procuration, le 19 novembre 1671, à la condition expresse d'un retour en grâce de son amant, le chevalier de Lorraine, exilé à Rome quelques années auparavant, à la demande d'Henriette. Charlotte adopte les deux filles nées du premier mariage de son mari et lui donnera elle-même trois enfants. Après quoi, les époux se mettront d'accord pour s'épargner réciproquement la corvée du devoir conjugal.

Avec les parents du Régent, nous sommes face au ménage le plus original que nous ayons croisé dans ce livre, un couple composé d'un homme qui eût probablement préféré être une femme et d'une femme qui eût probablement préféré être un homme, « étonnant contraste d'une amazone et d'un hermaphrodite », écrit Jean-Christian Petitfils. Le philosophe Locke en put témoigner qui croisa un jour à la cour la Palatine coiffée d'une perruque d'homme et habillée en homme, jusqu'à la ceinture. Entre deux orgies de choucroute et de soupe à la bière, Madame allait à la chasse pendant que Monsieur se rendait à la mascarade. « Dans ce couple glorieux on ne saurait dire précisément lequel fut Monsieur et laquelle fut Madame[1]. »

Après la naissance de son fils aîné Philippe, le 2 août 1674, la Palatine écrit qu'« il est si énorme qu'il ressemble plutôt à un Allemand, et même à un Westphalien, qu'à un Français. Tout le monde ici dit qu'il me ressemble ; vous pouvez bien penser dès lors que ce n'est pas un très beau garçon ». Plus tard, elle complétera ce tableau peu élogieux : « Mon fils n'est pas beau, il a de grosses joues, il est petit, gras et fort rouge [...] ses mauvais yeux font qu'il louche parfois et il a une mauvaise démarche. » Pas joli-joli le futur Régent, peut-être ; mais aimé, ça oui ! La Palatine aime passionnément son fils, ce qui ne l'empêche pas de l'élever à la dure : « Quand mon fils était petit, je ne lui ai jamais donné un soufflet, mais je l'ai fouetté si vigoureusement avec des verges qu'il s'en souvient encore. » Pendant que sa mère le punissait, le fouettait ou même l'enfermait pour la moindre vétille, c'est son père qui épongeait ses larmes et lui donnait des friandises pour le consoler. Entre deux parents aussi originaux, voilà un petit garçon qui ne devait pas savoir à quel « sein » se vouer. Un jour, alors qu'on lui demandait s'il aimait les

1. André de Maricourt, *Les Bourbons*.

cérémonies et les parures, il répondit : « Je ne les hais pas tant que Madame, mais je ne les aime pas tout à fait autant que Monsieur. »

Le père de Philippe aura à cœur de choisir pour son fils des précepteurs de haut niveau, mais l'un d'eux va avoir l'idée exécrable de faire appel aux services d'un certain abbé Dubois, pour aider le prince, alors âgé de neuf ans, dans la préparation de ses devoirs. Notre lecteur aura peut-être vu le magnifique film de Bertrand Tavernier *Que la fête commence*, sorti en 1975, dans lequel Philippe Noiret campe un merveilleux Régent, munificent et désabusé, constamment accompagné de son mauvais génie d'abbé, interprété par Jean Rochefort. Eh bien, l'abbé Dubois est ce répétiteur du Régent que nous venons d'évoquer. Il devint rapidement précepteur en titre, puis se mua en « initiateur ». Les historiens semblent s'accorder sur un point : c'était un être absolument immoral, débauché et blasphémateur. « Il ne croyait pas plus au vice qu'à la vertu, il les ignorait comme des affectations sans réalité, des niaiseries capables tout au plus de divertir un moment l'esprit[1]. » À son propos, Saint-Simon n'est pas plus indulgent : « Tous les vices combattaient en lui, à qui en demeurerait le maître. Ils y faisaient un bruit et un combat continuel entre eux. L'avarice, la débauche, l'ambition étaient ses dieux ; la perfidie, la flatterie, les servages, ses moyens ; l'impiété parfaite, son repos. »

1. Dom Henri Leclerc, *Histoire de la Régence*.

C'est à l'abbé Dubois que le Régent doit d'avoir très tôt perdu la foi, ce qui en soi est déjà un comble, et de plus Dubois sera aussi en partie responsable des mœurs déplorables de son élève. On disait à la cour qu'il lui procurait des jeunes filles peu farouches. Évoquant ce rôle absolument inavouable, pour un homme qui serait un jour élevé au rang de cardinal par le pape, l'écrivain Roger Peyrefitte écrit : « le Pape est un fin cuisinier qui sait faire d'un maquereau un rouget. » (Le rouget faisant ici allusion, on l'aura compris, à la pourpre cardinalesque.) D'après la Palatine, l'abbé Dubois accompagnait le Régent au bordel ! De simple compagnon de débauche, il deviendra une sorte de ministre des plaisirs pour Philippe, ce qui était une façon de lui demeurer indispensable. Sous l'influence de ce cynique, qui deviendrait son ministre des Affaires étrangères, Philippe se rebellait à tout bout de champ contre l'austérité de la cour qu'il jugeait vieille et bigote, remplaçait les livres de messe par du Rabelais et manifestait en toute occasion son irréligion.

Pourtant, le Régent était doué pour tout, ce que sa propre mère a d'ailleurs exprimé avec esprit en écrivant qu'« il avait tous les dons, hormis celui de s'en servir ». Comme Dubois était lui-même exceptionnellement cultivé, il avait encouragé son élève à manifester de la curiosité intellectuelle, de sorte que Philippe s'intéressa à toutes sortes de disciplines. Ce fut d'abord la chimie. Il se fit construire un laboratoire au Palais-Royal, où il mettait au point ses propres parfums. Les parfums n'eurent qu'un temps. Il s'en détourna pour se passionner pour la musique et écrire un opéra avec son maître, le grand Marc-Antoine Charpentier. Quand ce fut au tour de la peinture et du dessin, il se mit à réaliser de très délicates miniatures. C'était au reste un homme raffiné qui tenait de son père l'amour du luxe et de la parure et se vêtait toujours avec goût. Finalement, il était bien plus intelligent que son père, mais malheureusement, il était le type même du dilettante qui se passionne pour tout sans jamais rien maîtriser parfaitement, souffrant à la fois d'une certaine faiblesse de caractère et d'une dangereuse tendance à la mélancolie.

Bientôt, alors qu'il a dix-huit ans, on lui fait épouser Mademoiselle de Blois, fille légitimée de Madame de Montespan et de Louis XIV. Apprenant qu'il a donné son accord au roi en bredouillant, pour ce mariage qu'elle considère comme indigne et destiné à abaisser la branche Bourbon Orléans qu'il représente, sa mère aurait tourné le dos au roi, après lui avoir fait la révérence, et aurait administré en public une claque magistrale à son fils. Trop tard ! Le mariage a lieu le 18 février 1692. La Palatine déteste sa belle-fille dont nous avons vu qu'elle la traitait de « cul » et qu'elle accuse de trop manger et surtout de trop boire ! Pour Charlotte qui est très active, il est pénible de voir sa belle-fille « jouer couchée, manger couchée, lire couchée, toujours couchée ». Quant à Philippe, n'aimant pas la femme qu'on lui a fait épouser, il en aimera une autre, Mademoiselle de Séry, dont il aura un fils et avec laquelle il entretiendra une sorte de second ménage, pendant près de dix ans. Un jour, son oncle Louis XIV le sermonne sur cette liaison qui fait offense à sa fille. De la part de l'homme aux seize ou dix-sept enfants naturels, c'était vraiment fort de café ! Louis XIV lui promet de donner son petit-fils, le duc de Berry, en mariage à sa fille s'il cesse sur-le-champ sa liaison avec Mademoiselle de Séry. Philippe aime tant sa fille aînée qu'il accepte ce marché et renonce à sa maîtresse bien-aimée. Cet événement, qui le désespère, le précipitera à nouveau dans le libertinage où il tentera d'oublier son chagrin et son mal de vivre.

Ainsi que nous l'avons vu au chapitre « Frères ennemis », c'est donc à la suite d'une « engueulade monumentale » entre les deux frères que Monsieur, frère du roi, passera l'arme à gauche. Son fils Philippe était au cœur de cette célèbre altercation que purent entendre tous ceux qui se trouvaient alors dans les salons voisins (8 juin 1701). Louis XIV reprochait à son frère la conduite libertine de son fils. Monsieur ne se laissa pas démonter et reprocha à son tour à son frère d'avoir promis monts et merveilles à son fils pour épouser sans amour Mademoiselle de Blois, et de ne lui avoir encore confié aucun « gouvernement » – aucune place forte ou territoire à administrer. Philippe comptait obtenir pour son fils quelque commandement qui le tiendrait éloigné des alcôves, mais le roi n'avait pas tenu parole. Et Philippe de conclure : puisque son frère n'avait pas honoré sa promesse, lui-même n'empêcherait pas son fils de trouver des consolations là où il le pouvait. C'est alors qu'un huissier vint leur signaler que tout le monde profitait de leur conversation. Sur ce, on le sait, Monsieur, rouge de colère, quitta définitivement non seulement la pièce mais la scène elle-même, puisqu'il mourut le 9 juin, terrassé par une crise d'apoplexie, au lendemain de cette ultime altercation avec son aîné.

Le défunt frère du roi avait vu juste. Louis XIV traînait des pieds pour nommer son neveu, car il lui fallait admettre que ce fils unique de son frère efféminé était bien plus brillant que ses propres enfants ! Et puis, par quelle injustice était-il encore en vie alors que ses enfants légitimes tombaient tous comme des mouches ? L'un de ses médecins, auprès duquel il s'en étonnait, lui avait répondu assez brutalement, en faisant allusion à ses aventures extraconjugales : « Rien d'étonnant : Votre Majesté n'apporte à la reine que la rinçure de son verre ! »

Son frère mort, Louis XIV très affecté, sans doute mû par un lourd sentiment de culpabilité, va confirmer son neveu Philippe dans tous ses privilèges, lui conférer le titre de « petit fils de France », ce qui lui donne une place spécifique à la cour, et il lui confie enfin un commandement.

Philippe avait déjà eu l'occasion de prouver sa bravoure à son oncle aux Pays-Bas (batailles de Mons, de Steinkerque et de Neerwinden en 1693), où il commandait un corps de cavalerie. Après quelques années de disgrâce, le roi l'envoie à présent comme généralissime en Italie (1706) où il fera preuve, comme son père avant lui, d'un très grand courage physique qui lui vaudra l'estime de ses soldats. Blessé à deux reprises, il rentrera à Versailles en triomphateur. Cette fois, son oncle, qui est à présent un vieux monsieur, ne prendra pas ombrage de la gloire acquise par un autre que lui. Il le place à la tête des troupes françaises qui partent combattre en Espagne (mars 1707), où Philippe, une fois encore, se couvrira de gloire. Digne arrière-petit-fils d'Henri IV, il en a le courage, comme son père avant lui. Philippe se vantait d'ailleurs souvent d'imiter son aïeul, le Vert galant, aussi bien dans son intrépidité au combat que dans ses frasques !

À son retour d'Espagne, ce grand provocateur devant l'éternel fera la bêtise de porter un toast obscène à Madame de Maintenon. La sanction ne se fait pas attendre. Le voilà à nouveau *persona non grata* ! Qu'à cela ne tienne, il se replonge aussitôt dans la fête et l'orgie et organise au Palais-Royal des ballets interprétés par des femmes à moitié nues. De temps en temps, celui que Louis XIV surnomme « le fanfaron du vice » fait serment de s'amender, mais bien sûr ce ne sont là que des serments d'ivrogne qu'il est tout à fait incapable de tenir.

Grand-père bigame, père homo, mère garçon manqué, précepteur pervers, ayant été passés en revue, il nous reste à évoquer en quelques mots les relations du Régent avec ses filles. En la matière, non seulement Philippe d'Orléans a été accusé d'avoir des relations incestueuses avec sa fille aînée, elle-même nymphomane, mais une autre de ses filles a été soupçonnée d'aimer les femmes.

Si le Régent n'aimait pas sa femme, qu'il surnommait « Madame Lucifer », il en eut tout de même huit enfants dont un fils ; et c'est avec la préférée de ses filles, Louise-Élisabeth, surnommée « Jouflotte » ou «la Vénus du Luxembourg», que ce père dénaturé aurait eu des relations incestueuses. «C'était le diable sur ses genoux», écrit Michelet, qui cite par ailleurs cette épigramme contemporaine suggérant que le Régent aurait pu être le père du premier enfant de Louise-Élisabeth : «Que notre régent et sa fille, Commettent maintes peccadilles, C'est un fait qui semble constant ; Mais que, par lui, elle soit mère ; Se peut-il que d'un même enfant, Il soit le grand-père et le père ?» «On ne saura jamais jusqu'où la fille et le père poussèrent leur folie, écrit Maricourt, mais on sait que toute jeune il l'avait menée chez ses maîtresses, qu'il l'associait à ses débauches, que tous deux s'enivraient de compagnie.»

Chez les détracteurs du Régent, on prétend que Louise-Élisabeth fait régulièrement des séjours chez les Carmélites, entre deux parties de jambes en l'air avec son père. Chez les défenseurs de Philippe d'Orléans, on rétorque au contraire qu'il s'était tout simplement occupé d'elle avec dévouement lorsque enfant celle-ci avait été gravement malade. Elle avait échappé par miracle à une méningite, c'est pourquoi Philippe lui était particulièrement attaché, ne savait rien lui refuser et l'emmenait partout, y compris dans des lieux où une jeune fille n'avait pas sa place. De là à parler d'inceste !

Quoi qu'il en soit, force est de constater que l'ivrogne et nymphomane patentée «Messaline de Berry» mourra à vingt-quatre ans, au terme d'une courte vie de débauche. Autre rumeur que l'on fit courir à l'époque, une autre des filles du Régent aurait eu des relations lesbiennes avec douze de ses femmes de service. Rien que ça ? Toujours est-il, lorsqu'on se penche sur la brève existence de ces demoiselles, on a l'impression que toutes sont des amoureuses déchaînées, souffrant de désordres alimentaires et consommant trop d'alcool. À leur sujet, Maricourt ne fait pas dans la dentelle ; il considère qu'elles sont vraisemblablement tout à la fois hystériques et cyclothymiques. En tout cas, toutes mourront entre vingt et vingt-quatre ans.

Contre toute attente, l'être étrange dont nous venons d'évoquer la non moins étrange vie de famille allait faire un régent remarquable et ses pires adversaires conviennent que, s'il était irrécupérable sur le plan moral, il sut montrer toutes les qualités d'un grand roi. Il fut le « serviteur vigilant, perspicace et fidèle de la France », écrit Dom Leclercq dans son *Histoire de la Régence*.

Devenu Régent à l'âge de quarante et un ans, au lendemain de la mort de Louis XIV survenue le 1er septembre 1715, Philippe se met à travailler comme un fou. Pendant ses premières années au pouvoir, il rétablit la paix, crée un conseil composé de grands seigneurs (la polysynodie) là où son oncle avait régné seul, entreprend des réformes financières et annonce son intention d'établir un système d'imposition plus juste. Hélas, il sera vite rattrapé par la réalité (peste de Marseille et effondrement du système Law en 1720) et par ses mauvais démons. Il va se lasser du pouvoir comme il se lasse de tout. Il retourne sans joie à ses frasques. Les orgies du Palais-Royal, les petits soupers et autres « tableaux vivants », composés par de jolies femmes à moitié nues, ne parviennent plus à le sortir de sa torpeur. Engraissé, fatigué de tout, il n'a plus envie de rien : ni de pouvoir, ni de femmes, ni de boire. Tout le dégoûte.

Après le sacre de Louis XV, le 25 octobre 1722, la déclaration de sa majorité en 1723, suivie de près par la mort de Dubois, qui était alors son principal ministre, le nouveau roi fait de son oncle affectionné une sorte de Premier ministre. Mais quelques mois plus tard, le 2 décembre 1723, le Régent meurt subitement d'une crise d'apoplexie, tout comme son père.

Curieux homme que ce Régent, dont l'évocation nous laisse une impression mitigée; tantôt il nous inspire une certaine sympathie, tantôt du dégoût. Même Saint-Simon, son ami d'enfance qui tente d'adoucir au maximum le portrait qu'il dresse de lui, a bien du mal à gommer les faiblesses de ce maître «infiniment séduisant et toujours décevant[1]». Michelet, qui l'a pourtant accablé pour ses relations avec ses filles, écrit de lui : « Il n'est pas le meilleur des princes, il est le plus bon.»

Voilà le paradoxe de cet homme. C'est un chic type, un homme attachant malgré ses frasques. En tout cas, si l'en est un qui peut prétendre à certaines excuses pour «lourd passé familial» c'est bien lui. Du pain bénit pour le divan…

Le Régent disparu, son fils Louis prit à son tour le titre de duc d'Orléans. À votre avis, qu'advint-il du fils unique de ce vieux débauché cynique de

1. Jean Meyer, *La Vie quotidienne sous la Régence*.

Philippe ? Devenu veuf, Louis entendit l'appel de Dieu et entra dans les ordres et dans l'histoire sous le nom de… « Louis le Pieux »

Eh oui, il arrive que l'Éternel aime à se moquer de sa créature !

Je demande les cinq sœurs de Mailly-Nesle…

« L'une est presque en oubli, L'autre presque en poussière, La troisième est en pied, La quatrième attend, Pour faire une place à la dernière. Choisir une famille entière, Est-ce être infidèle ou constant ? »

Qui donc sont les cinq femmes brocardées dans cette chanson qui circula sous le manteau en 1742 ? Il s'agit de maîtresses du roi Louis XV. Et après, me direz-vous ? Louis XV n'eut-il pas des maîtresses par dizaines ? Bien sûr, mais ces cinq-là avaient pour particularité… d'être toutes sœurs ! « Choisir une famille entière, est-ce être infidèle ou constant ? »

Les contes pour enfants raffolent des histoires de rivalité entre sœurs, de Javotte et Anastasie (les vilaines demi-sœurs de Cendrillon) aux sœurs de Belle (dans *La Belle et la Bête)*. Mais dans la vraie vie, une fois que l'on a cité le cas de Mary et Anne Boleyn, qui se disputèrent âprement les faveurs du roi Henri VIII d'Angleterre, on a bien du mal à dénicher d'autres exemples. Or, avec les Mailly-Nesle, nous tenons cinq sœurs rivales d'un coup. Si ce n'est pas de la bonne pioche !

Ce ne sont pas les motivations d'un Louis XV, trouvant probablement piquant de coucher avec chacune d'entre elles pour établir des comparaisons scabreuses, qui nous intéressent ici, mais l'ambiance qui devait régner dans la fratrie. Car se disputer un amant est déjà chose épineuse dans n'importe quelle famille mais se disputer les faveurs d'un roi est une affaire d'une tout autre envergure.

En fait, la chanson en rajoute un peu. Seules quatre des cinq sœurs furent véritablement les maîtresses de Louis XV. Pourquoi pas la cinquième, puisque toutes les autres étaient déjà passées à la casserole ? (En fait de casseroles, ce sont d'ailleurs plutôt les assiettes qui devaient voler bas dans les déjeuners familiaux !) C'est ce que nous allons voir.

Les Mailly-Nesle appartenaient à une noblesse très ancienne n'ayant jamais quitté la cour. Le vieux marquis, après avoir dissipé la fortune familiale à tout vent, s'était retrouvé veuf, avec ses cinq filles, toutes nées entre 1710 et 1717 : Louise, comtesse de Mailly, mariée à seize ans à son cousin germain (sœur 1) ; Pauline-Félicité, future comtesse de Vintimille (sœur 2) ; Diane-Adélaïde, future duchesse de Lauraguais (sœur 3) ; Hortense-Félicité, future marquise de Flavacourt (sœur 4) et Marie-Anne, future duchesse de Châteauroux (sœur 5).

Il y a donc sept ans de différence entre l'aînée et la petite dernière. Dans ce gynécée, qui devait tenir de la volière, on croit retrouver le livre de Jane Austen *Orgueil et préjugés* publié en 1813. Le père de famille n'est pas veuf, mais il a aussi cinq filles à marier sur les bras.

Louise de Mailly-Nesle (sœur 1) et son époux ne s'entendent guère. Pour faire vite, Louise va devenir dame du Palais et entamer en 1733 avec Louis XV une liaison que le roi tiendra cachée le plus longtemps possible. Louise est vraiment amoureuse ; non seulement Louis XV est roi, ce qui rendrait séduisant le plus vilain des crapauds, mais de fait, il est effectivement très bel homme. Leur liaison est dévoilée au grand jour, le jour même de la naissance du dernier enfant du ménage royal... charmant cadeau de naissance pour Marie Leczinscka ! Il faut dire que, depuis quelque temps déjà, la reine n'en peut plus d'être constamment enceinte et se montre de plus en plus réticente à l'idée de laisser son mari accéder à sa chambre. Mariée à Louis XV en 1725, elle lui a donné dix enfants entre 1727 et 1737, soit un par an pendant dix ans, sans compter quelques fausses couches. Les médecins s'accordent à penser qu'elle ne supporterait pas une onzième grossesse. Cela l'oblige à refuser l'accès de sa chambre à son mari, ce qui n'est pas pour lui déplaire ; car pour ce qui est des plaisirs de la chair, il semblerait, selon le mot même de son époux, qu'elle ait l'ardeur de la banquise. Par la suite, on lui prêtera d'ailleurs l'exclamation fameuse : « Toujours coucher, toujours grosse, toujours accoucher », qui est en fait une attribution apocryphe.

Louis XV lui avait été fidèle les sept premières années de leur mariage, mais la froideur résignée et blessante de son épouse le poussa à aller chercher ailleurs les satisfactions sensuelles de nature à combler son impétuosité amoureuse. Sans doute se trouva-t-il quelque intime bien intentionné pour lui suggérer que bien des femmes seraient ravies de combler ses ardeurs. Dès lors, le roi se jeta « dans ces dissipations, comme l'homme triste et désabusé s'oublie dans l'ivresse » et, désormais, « une favorite allait en chasser une autre », écrit Jean-Baptiste Honoré Raymond Capefigue.

Louis XV n'est pas vraiment attaché à Louise de Mailly, pourtant plaisante et enjouée (sœur 1), même si leur relation dure quelques années. La preuve en est qu'il ne lèvera pas le petit doigt pour la tirer d'embarras, lorsque son ménage sera dans la gêne. Isolée à la cour, Madame de Mailly obtient du roi l'autorisation de faire venir auprès d'elle sa sœur Pauline-Félicité (sœur 2), alors élève au couvent de Port-Royal de Paris, qui est présentée au roi en même temps qu'Hortense-Félicité (sœur 4) devenue entre-temps marquise de Flavacourt.

Fraîche émoulue de son couvent, Pauline-Félicité (sœur 2) va remplacer son aînée dans le lit de Louis XV, à partir de 1740. Mais comme on est entre sœurs aimantes, elle accepte que celle dont elle a pris la place reste auprès d'elle à Versailles. Voilà qui était tout de même un peu spécial, non ? Plus jeune, plus attrayante et plus gracieuse que son aînée, Pauline-Félicité mène le roi par le bout du nez, sachant faire mille caprices auxquels le monarque se plaît à céder. Elle excelle dans l'art de le distraire, une qualité précieuse aux yeux de ce roi, sujet à la neurasthénie. La comtesse de Mailly (sœur 1) assiste impuissante à l'ascension de sa sœur Pauline-Félicité, devenue comtesse de Vintimille (sœur 2).

Fin 1740, la comtesse de Vintimille accouche d'un enfant dont tout le monde sait qu'il est du roi, mais que Louis XV ne veut pas reconnaître pour éviter les diverses complications rencontrées par ses prédécesseurs Henri IV et Louis XIV avec leurs bâtards légitimés. Il considère qu'un roi pouvait avoir des amours coupables, mais qu'il ne devait en faire peser le poids ni sur sa maison, ni sur son pays.

Malheureusement l'accouchement de la jeune femme se passe très mal ; victime d'une fièvre puerpérale, elle meurt le 9 septembre 1741 au matin. Elle aurait pu exercer longtemps encore son empire sur le roi si cette cruelle catastrophe n'avait détruit « cet empire de roses, d'éventails et de frivoles couronnes », comme l'écrivit par la suite le duc de Richelieu. Louis XV, qui lui était sincèrement attaché, n'a pas quitté son chevet et se montre très affecté de sa disparition. Il s'enferme dans ses appartements et refuse de voir qui que ce soit. Quant au jeune enfant, Charles de Vintimille du Luc, son extraordinaire ressemblance avec le roi lui vaudra bien plus tard à la cour le surnom de « demi Louis ».

Madame de Mailly ne sait comment consoler le roi. Naguère évincée par Pauline-Félicité de Vintimille, qu'elle avait introduite dans la place, voilà qu'elle s'entremet à présent pour faire nommer dame du Palais une autre de ses sœurs : Marie-Anne, marquise de la Tournelle, veuve depuis deux ans (sœur 5). Il est vrai qu'avoir un membre de sa famille dans le lit du roi bénéficie généralement à l'ensemble du clan.

On prend les mêmes, ou à peu près, et on recommence : Madame de la Tournelle, la plus belle et la plus intrigante des cinq sœurs, devient la maîtresse du roi. Mais, contrairement à la sœur 2, à laquelle elle succède, elle exige le départ de sa sœur aînée (sœur 1). À contrecœur, la comtesse de Mailly, victime de son sens de la famille, doit se démettre de la charge de dame d'honneur de la reine qu'elle occupait depuis des années. Elle quitte définitivement la cour en novembre 1742, tandis que son ingrate petite sœur évoque, dans une lettre au duc de Richelieu, le mal qu'elle a eu à « faire déguerpir » son aînée. Qu'en termes élégants…

Le règne de la sœur 5 peut maintenant commencer. Il est inauguré avec faste lorsqu'en octobre 1743 elle reçoit le titre de duchesse de Châteauroux, agrémenté d'une rente très substantielle. Elle a eu la perspicacité de se laisser longuement désirer, ce qui a eu pour effet de disposer le roi à assortir, pour la première fois, galanterie et gratifications diverses. Il lui attribue, à Versailles, un grand appartement qui devient le centre névralgique de la cour. Madame de Châteauroux exerce une très forte influence sur son amant qu'elle veut audacieux, conquérant et qu'elle encourage à aller se couvrir de gloire dans les Flandres. Rien ne se fait plus à la cour sans son assentiment. Son influence sur le roi est telle qu'elle ne craindra pas de faire venir auprès d'elle sa sœur Diane-Adelaïde (sœur 3), devenue duchesse de Lauraguais, surnommée « la grosse réjouie », et de l'encourager à devenir elle aussi la maîtresse de l'insatiable Louis XV.

Ces deux sœurs-là s'accordent parfaitement. Madame de Lauraguais a l'esprit ouvert. N'est-ce pas elle qui disait de son époux : « Mon mari m'a tellement trompée, que je ne suis pas sûre d'être la mère de mes propres enfants. »

Marie-Anne de Châteauroux est alors au sommet de sa popularité auprès du roi ; tant et si bien qu'elle décroche la très honorifique fonction de surintendante de la maison de la Dauphine, tandis que sa sœur, Madame de Lauraguais (sœur 3), en devient dame d'atours. Ces titres ne nous disent pas grand-chose, mais à l'époque, une telle nomination est ahurissante et inédite. Signalons, au passage, que durant toutes ces années, Hortense de Flavacourt (sœur 4) appartiendra à une coterie farouchement opposée à celle de sa sœur.

C'est alors que va se dérouler un épisode bien connu de notre histoire. Pendant la campagne des Flandres, Louis XV tombe gravement malade, à Metz. On le croit à l'article de la mort. L'évêque de Soissons accepte de lui administrer les derniers sacrements si le roi fait acte de contrition publique et met un terme à ses liaisons scandaleuses. Se croyant perdu, Louis XV accepte et fait également vœu de bâtir une église s'il s'en sort. La Châteauroux et la Lauraguais sont priées de quitter Metz sur-le-champ. Alors qu'elles sont demeurées constamment au chevet du mourant, au risque de contracter sa maladie, voici maintenant qu'on les chasse. Elles fuient Metz dans la réprobation générale et la populace jette des pierres sur le carrosse qui les ramène à Paris.

Rétabli et de retour à Versailles, Louis XV n'oublie rien de la promesse qu'il a faite de faire bâtir une église : ce sera l'église Sainte-Geneviève, édifiée par Soufflot (actuel Panthéon). En revanche, le roi n'a aucunement l'intention de renoncer à sa maîtresse. Il souhaite la rappeler auprès de lui, ainsi que sa sœur Madame de Lauraguais, et lui fait porter, fin novembre, l'ordre de revenir à la cour. Hélas, cette fois, c'est elle qui tombe gravement malade.

Apprenant la maladie de sa sœur, la brave Madame de Mailly (sœur 1, évincée à deux reprises par ses sœurs 2 et 5), court les églises et adresse au ciel d'ardentes prières pour la conservation de sa benjamine. Prières inutiles car, après trois jours de cruelles souffrances, la duchesse de Châteauroux meurt, le 8 décembre 1744, à l'âge de vingt-sept ans, probablement d'une péritonite. Avec elle, c'est la fin de l'ère Mailly-Nesle ; la fin d'une époque. Elle aura été la toute dernière maîtresse royale en titre, issue de l'aristocratie. La maîtresse suivante de Louis XV sera Jeanne Poisson, fille d'un magouilleur condamné à la pendaison et petite-fille d'un boucher aux Invalides ! Une fille du peuple, mieux connue sous le nom de Madame de Pompadour.

Exilée de la cour, la comtesse de Mailly passera ses dernières années à fréquenter assidûment églises et monastères. Elle donnera la majeure partie de ses revenus aux pauvres, ne gardant plus que le strict nécessaire, et mourra à quarante et un ans, en décembre 1751. Madame de Lauraguais (sœur 3) disparaît quant à elle en 1769, à l'âge de cinquante-cinq ans.

Reste la sœur 4, la marquise de Flavacourt, surnommée « la poule ». Avec elle, Louis XV tentera sa chance à plusieurs reprises mais, outre qu'elle était lotie d'un mari très amoureux et très jaloux, qui avait menacé de la tuer si « elle s'avisait d'être aussi putain que ses sœurs », Hortense était vertueuse et aimait tendrement son mari. N'étant jamais passée par la couche royale, elle ne connut jamais la disgrâce.

Non seulement elle fut très aimée de l'épouse de Louis XV, Marie Leczinska, auprès de qui elle occupa vingt-quatre ans la charge de dame du Palais, mais elle fut aussi l'amie des maîtresses du roi : Madame de Pompadour et Madame du Barry.

Hortense de Flavacourt sera la dernière survivante des cinq sœurs. Elle ne mourra qu'en 1799, ayant atteint l'âge vénérable de quatre-vingt-quatre ans, là où ses quatre sœurs étaient mortes respectivement à vingt-sept, vingt-neuf, quarante et un et cinquante-cinq ans. À croire que la vertu conserve ! Hortense est entrée dans l'histoire comme la seule des cinq Mailly-Nesle à s'être refusée au roi Louis XV, mais aussi pour le fameux trait d'esprit qu'elle fit au duc de Richelieu. Comme celui-ci ne comprenait pas pourquoi elle avait toujours refusé les nombreux avantages que lui aurait procurés une liaison avec le roi, ou avec lui-même, elle lui avait rétorqué avec panache : « Je préfère l'estime de mes contemporains. »

Je demande les plus mauvais pères de l'histoire de France…

Comme caricature de père indigne, deux exemples nous avaient d'abord semblé particulièrement édifiants : ceux de Louis XIV et de La Fontaine. Mais tout bien réfléchi, la palme, ou plutôt le « pompon », du père indigne (car il n'y a quand même pas de quoi pavoiser) revient à notre avis à l'un de nos plus célèbres philosophes. De qui s'agit-il ? Patience, nous allons y venir, mais évoquons tout d'abord brièvement les bien mauvais pères que furent le Roi-Soleil et le plus fameux de nos fabulistes.

On peut aisément l'imaginer, il ne devait pas être facile tous les jours d'être le fils aîné d'un Louis XIV, monarque à la très forte personnalité, brillant, munificent, mais jaloux de son pouvoir, égocentrique et passablement mégalomane ; d'autant que le Roi-Soleil, jouissant d'une santé de fer, allait connaître le règne le plus long de toute l'histoire de la monarchie française. Cinquante-quatre ans de règne, entre 1661 et 1715. Pendant tout ce temps, Louis de France, son fils aîné, dit « Monseigneur » ou « le Grand Dauphin », écrasé par ce père tout-puissant, allait devoir ronger son frein et endurer le plus long « delphinat » de l'histoire de France. Quarante-neuf ans dans l'ombre du Roi-Soleil pouvaient difficilement produire autre chose qu'un successeur bien pâlichon.

Le seul exemple contemporain équivalent qui nous vienne à l'esprit est celui du prince Charles d'Angleterre, dont la mère a fêté son jubilé de diamant en 2012, c'est-à-dire ses soixante années de règne. Autant dire qu'à soixante-six ans, le prince de Galles est sans aucun doute le futur monarque le mieux préparé du Gotha !

Mais revenons à Louis XIV et à son fils aîné. Le 1er novembre 1661, dès que son fils voit le jour, Louis XIV informe les souverains européens de l'heureuse naissance d'un autre « lui-même » ! Pauvre dauphin, à peine né et déjà bon pour le divan ! À son sujet, nous ne disposons que d'informations très parcellaires car, lorsqu'il sera emporté à quarante-neuf ans par la variole, le 14 avril 1711, Louis XIV brûlera la plupart de ses papiers. Tout comme il avait disposé de la vie de son fils, il disposait maintenant de sa mort, et surtout de sa postérité, en détruisant quasiment toute trace de lui.

Ni son père ni personne ne porta jamais grand intérêt à Louis de France. Peut-être même pas lui-même, écrit André Maricourt, dans l'ouvrage qu'il a consacré aux Bourbons, car la modestie de ses lettres montre que ce pauvre garçon ne se prenait pas en grande considération.

Lorsqu'il a sept ans, on croit lui donner le meilleur gouverneur du moment, en confiant son éducation à un certain Charles de Sainte-Maure, duc de Montausier, ancien soldat, intègre, mais bien trop sévère, dont on pense par ailleurs qu'il servit de modèle au personnage d'Alceste dans *Le Misanthrope* de Molière. Joyeuse compagnie qu'un tel triste sire pour un petit garçon ! Si l'enfant oublie un mot de sa prière le soir, Monsieur de Montausier «se jette sur lui à coups de poing de toute sa force»; et tout est à l'avenant dans sa pédagogie «faite de férules et d'étrivières». À ce train-là, le prince malmené ne voudra bientôt plus rien savoir, refusera d'apprendre, s'entêtera, se butera et deviendra «muet et sans manières».

Timide, d'un tempérament doux et lymphatique, il ne sait que balbutier lorsqu'il est mis en présence de son père qui l'écrase, comme ce dernier écrase tout son entourage. L'éducation par trop rigide qui lui est dispensée l'empêche de s'épanouir. Alors, les années passant, Monseigneur le Grand Dauphin se remplit gloutonnement, mange tant et plus, prenant une indolence propre à l'adolescent obèse qu'il est devenu avec les années.

Dans ses *Mémoires*, Saint-Simon étrille littéralement le malheureux dauphin en nous le présentant comme noyé dans la graisse, l'apathie et les ténèbres. Il écrit à son propos : «De caractère il n'en avait aucun, du sens assez, sans aucune sorte d'esprit… de l'opiniâtreté sans mesure et un tissu de petitesses arrangées qui formaient tout le tissu de sa vie; doux par paresse et par une sorte de stupidité, Monseigneur était sans vice ni vertu, sans lumières ni connaissances quelconques, radicalement incapable d'en acquérir, très paresseux, sans imagination ni production, sans goût, sans choix, sans discernement, né pour l'ennui qu'il communiquait aux autres, et pour être une boule roulant au hasard par l'impulsion d'autrui, opiniâtre et petit en tout à l'excès… Absorbé dans sa graisse et dans ses ténèbres, sans avoir aucune volonté de mal faire, il eût été un roi pernicieux ! »

Infortuné dauphin, il constitue une proie facile pour un Saint-Simon que l'on a rarement vu aussi impitoyable ; la barque est trop chargée pour ce bon gros garçon, quand les vrais coupables de sa mollesse et de sa bêtise ne sont autres que le duc de Montausier et le roi lui-même. Loti d'un père tout-puissant, écrasant et d'un gouverneur qui le morigène sans cesse et le moleste à l'occasion, comment Louis de France aurait-il pu être bien dans sa peau ?

Montausier aura beau lui donner d'exceptionnels éducateurs, comme Bossuet, rien n'y fera. Le Grand Dauphin semble avoir un esprit médiocre et ne manifeste aucun goût ni pour la lecture, ni pour l'étude.

À partir de 1691, comme son fils a désormais trente ans, Louis XIV juge qu'il est temps de l'associer un peu aux affaires du royaume. Il le fait donc venir régulièrement au Conseil. Seulement voilà, le dauphin s'y ennuie à mourir. Il n'ose jamais poser de questions de peur de se faire rabrouer par son père, ni ne donne jamais son sentiment sur rien. « Le Conseil terminé, écrit André Castelot, il demeurait assis de longues heures en tapotant le bout de ses souliers du bout de sa canne. » Et, plus loin, il ajoute : « L'état de nullité où le maintenait Louis XIV fut sa seule excuse. »

Toute sa vie, le Grand Dauphin va vivre dans la dépendance de son père. Il n'a le droit ni de s'exprimer, ni d'aller et venir comme bon lui semble. Trop proche du trône, il ne peut prétendre à aucun emploi, alors que ses demi-frères sont grand maître de l'artillerie ou amiral de France. Lui-même n'aura jamais aucune fonction précise, ni aucun rôle à jouer. Il ne peut distribuer aucune charge, ni aucun privilège et toutes ses dépenses sont contrôlées. De plus, il ne possède aucun bien en propre. Il se croit bien propriétaire, à Meudon, d'un domaine qu'il passera des années à faire embellir. Mais un beau jour, son père décide de le récupérer. Finalement, il se ravise et partage le domaine en question entre ses petits-fils, ce qui est une façon de reconnaître que son propre fils possédait tout de même bien quelque chose à lui. Mais, en dernière analyse, c'est bien lui et lui seul qui a la haute main sur ce que son fils croyait naïvement détenir en propre.

Ce fils devait pourtant bien avoir quelques qualités ? Certes, des qualités de cœur, bonté, indulgence et patience, autant de vertus qui le firent aimer du peuple, mais n'étaient pas de nature à émouvoir son père. Car ce ne sont pas là les mérites qui font un grand roi. Mais il est cependant un domaine, un seul, où Louis XIV se reconnaît en ce gros nounours emprunté. Comme lui, le dauphin aime les femmes et comme lui, il est coureur de jupons.

Après la mort de son épouse, Marie Victoire de Bavière, le dauphin se lie avec une certaine Émilie de Joly de Choin. La demoiselle portait bien mal son nom, puisqu'aux dires de Saint-Simon, elle était la femme la plus laide de la cour. La princesse Palatine en brosse un portrait sans appel : « Petite, avec de courtes jambes, un visage rond, un nez court et relevé, une grande bouche remplie de dents pourries qui répandait une telle puanteur qu'on pouvait la sentir à l'autre bout de la chambre. »

Voir « la Choin », son surnom à la cour, était pourtant la seule chose qui parvenait à faire sortir le Grand Dauphin de sa torpeur. Louis XIV était opposé à cette liaison, parce qu'il trouvait la Choin hideuse et qu'il ne digérait pas que son fils s'amourachât d'un tel laideron !

Indigné par cette injuste immiscion paternelle dans son intimité, le Grand Dauphin osa aller lui parler en face, pour la première fois de sa vie ; et pour la première fois de sa vie, il allait aussi lui désobéir puisque, toujours selon Saint-Simon, il épousa secrètement sa bien-aimée Choin, vers 1695.

En avril 1711, lorsque le Grand Dauphin est emporté par la variole, Louis XIV est sans doute attristé, mais son chagrin est adouci par la présence auprès de lui de son petit-fils, le duc de Bourgogne, bien plus brillant que ne l'était son défunt père. Quand celui-ci mourra à son tour, le vieux roi en sera beaucoup plus attristé que de la mort de son fils.

Madame de Maintenon a raconté qu'à la mort du Grand Dauphin, comme Louis XIV se lamentait sur l'injuste disparition de tant de ses proches, considérant qu'il s'agissait là d'une affaire entre Dieu et lui, elle lui fit remarquer que « le Roi était si habitué à ce que l'on vécût pour lui, qu'il n'imaginait pas que l'on pût mourir pour soi ».

« Repose en paix, brave Louis de France », sache trouver un peu de réconfort auprès de tes semblables, les Ivan, les Mustafa, les Don Carlos et les Alexis, tous ces princes héritiers, qui vécurent sous le joug de trop grands rois, auxquels ils ne succédèrent jamais !

Nous venons de le voir, le Grand Dauphin n'aimait pas apprendre. Il n'en reçut pas moins, en 1668, le tout premier exemplaire d'un ouvrage qui lui fut dédié et dont la lecture dut lui sembler moins rébarbative que les auteurs latins dont on prétendait lui imposer l'étude. Il s'agit des *Fables* de La Fontaine. Cette anecdote nous offre une transition toute trouvée pour évoquer maintenant ce grand fabuliste qu'il nous faudra hélas ranger dans la même boîte que le Roi-Soleil. Ainsi donc, La Fontaine aurait été un mauvais père ? Pas un mauvais père, non. Pas un père, tout court !

De son épouse Marie Héricart, La Fontaine n'eut qu'un seul et unique enfant, Charles, baptisé le 30 octobre 1653.

Lorsqu'il fait baptiser son fils, c'est son ami Maucroix, chanoine de la cathédrale de Reims, qu'il choisit comme parrain. « Jamais parrain ne prit son rôle plus au sérieux. […] Il ne fut pas le second père du petit Charles… il fut son père. Heureusement, car La Fontaine sembla toujours ignorer sa paternité[1]. »

1. Jean Orieux, *La Fontaine*.

D'une certaine manière, La Fontaine est le pire de tous les pères que nous avons passés en revue jusqu'à présent ! Voilà qui nous met mal à l'aise et nous peine un peu bien sûr, car nous l'aimons notre La Fontaine, et nous avons du mal à comprendre comment ce grand poète, sensible aux petitesses et aux grandeurs humaines, ce doux rêveur, put se montrer aussi indifférent au sort de son fils unique.

Il est vrai qu'il formait avec Marie Héricart, épousée en novembre 1647, un ménage bien mal assorti. Il fallait s'y attendre d'ailleurs, car La Fontaine n'était pas du tout fait pour le mariage et si son père ne l'avait pas poussé à épouser Marie pour sa dot, jamais il ne se serait marié. La Fontaine avait alors vingt-six ans, Marie quatorze. Que faire de cette donzelle, lui qui ne se sentait pas l'âme d'un précepteur et fréquentait déjà assidûment des tendrons autrement plus aguerris aux choses de l'amour que ne pouvait l'être une jeune vierge à peine sortie de l'enfance ? Au demeurant, de ces pigeons fraîchement mariés, le plus âgé des deux n'était pas forcément le plus mûr. Bien au contraire ! La Fontaine était immature et restera toute sa vie un adolescent. Même à cinquante ans, il en avait toujours dix-sept !

S'il s'était écouté, jamais il n'aurait eu ni femme ni enfant. Il n'a rien d'un « père au foyer », voudrait pouvoir vivre à sa guise, aller où bon lui semble, sans avoir à se soucier des normes établies. Lui n'aime que rêvasser, paresser, traînailler… Il est d'une distraction pathologique, a toujours la tête ailleurs. Sa femme dit même, à qui veut l'entendre, qu'il « rêve tellement, qu'il est parfois trois semaines sans se savoir marié », écrit Tallemant des Réaux. Dans ces conditions, ses relations avec sa femme vont rapidement dégénérer. Dans *La Coupe enchantée*, le poète écrit : « Deux ans de paradis s'étant passés ainsi, l'enfer des enfers vint ensuite. »

Sa femme le fatigue ! Elle lui fait scène de ménage sur scène de ménage, alors que lui n'aime rien tant que le silence. La naissance de leur fils ne les rapprochera pas, puisqu'aux yeux de La Fontaine, cet événement n'a strictement aucune importance, et n'en aura jamais. Après avoir casé femme et enfant chez l'un de ses oncles, il reprend donc de plus belle ses incessantes allées et venues entre Château-Thierry, Reims et Paris.

Mais au-delà de l'incompatibilité de leurs caractères respectifs, c'est l'infidélité congénitale de La Fontaine qui va ruiner son mariage. Il aime bien trop les femmes pour n'en aimer qu'une seule et s'enflamme telle une brindille lorsqu'il en rencontre une nouvelle. Un vrai Casanova, un siècle avant la lettre ! Marie le prendra sur le fait avec une autre, sous son propre toit !

Tout en défendant le caractère sacré du mariage dans ses écrits, La Fontaine se sait parfaitement incapable d'en respecter les contraintes. Dans *Les Aveux indiscrets*, il écrit : « Le vœu de l'hymen doit être respecté […] Je donne ici de bons conseils, sans doute. Les ai-je pris pour moi ? Hélas non. » Et, de fait, la séparation de biens des époux est prononcée en 1658.

De la part d'un homme qui s'était déjà si peu soucié de son fils étant marié, on ne pouvait guère s'attendre à ce qu'il s'en occupât davantage une fois rendu au célibat.

Élevé par Maucroix, Charles de La Fontaine est un jeune homme quelconque. Il n'est pas très doué. Sur les supplications de son tuteur, on lui déniche un petit emploi à la Cour des Aides de Troyes. On a dit que La Fontaine l'aurait soutenu dans quelque affaire. Mais toutes les anecdotes, vraies ou fausses, qui circulèrent sur La Fontaine et son fils en disent assez long sur la vérité de leur relation, ou plutôt sur leur absence totale de relation. Un jour, La Fontaine se trouve chez l'un de ses amis, un nommé Dupin. Au moment de le quitter, La Fontaine croise sur le pas de la porte un jeune homme que Dupin accueille en lui disant : « Monsieur, allez dans mon appartement, je reconduis monsieur votre père. » La Fontaine le salua, puis demanda ensuite à Dupin qui était ce monsieur. À quoi l'autre répond : Quoi, vous ne reconnaissez pas monsieur votre fils ? La Fontaine un peu confus aurait répondu : « Je crois l'avoir vu quelque part. » La chose aurait très bien pu se passer ainsi. La Fontaine était maladivement distrait et avait par moments d'étranges absences.

On racontait aussi cette autre anecdote qui, disait-on, venait d'un témoin oculaire. Elle a été reprise par le *Dictionnaire encyclopédique d'anecdotes modernes et anciennes* d'Edmond Duérard, où elle figure à la lettre « P », comme « Père insouciant » : « Se trouvant un jour dans une maison où était ce jeune homme qu'il n'avait pas vu depuis fort longtemps, il ne le reconnut point, et témoigna cependant à la compagnie qu'il lui trouvait de l'esprit et de l'amabilité. Quand on lui eut dit que c'était son fils, il répondit froidement : "Ah, j'en suis bien aise."»

Un détail pèche dans cette petite histoire, c'est qu'il est hautement improbable que quiconque ait jamais trouvé de l'esprit au pauvre Charles de La Fontaine ! Toutefois, ces deux anecdotes en disent assez long sur une réalité indubitable : il n'y eut aucun lien entre La Fontaine et son fils.

Même s'il figure à juste titre dans les «Pères indignes», force est de reconnaître que c'est à ses défauts (ou à ses qualités) de rêveur invétéré, de poète tête en l'air, que nous devons l'œuvre de La Fontaine. Sans doute la grande erreur de son père fut-elle de l'avoir obligé à se marier, d'avoir cru qu'il pourrait être un père de famille responsable, d'avoir voulu faire de lui une fourmi, quand il ne pouvait être que cigale !

Après Louis XIV et La Fontaine, venons-en au personnage célèbre auquel revient, à nos yeux, le pompon du père indigne. Après le triste exemple que nous venons de voir, notre lecteur doit se demander ce que ce nouveau père a bien pu faire de si grave ? Eh bien, il eut entre 1747 et 1755, de sa compagne, une jeune lingère nommée Thérèse Levasseur, cinq enfants qu'il abandonna tous à l'Assistance publique ! Son nom va surprendre plus d'un lecteur, car il passe pour le plus grand humaniste du siècle des Lumières : il s'agit du célèbre philosophe Jean-Jacques Rousseau (1712-1778). L'abandon de ses enfants suffirait largement à justifier sa place dans nos pères indignes, mais Rousseau fit pire encore. Non content d'avoir placé toute sa progéniture aux Enfants trouvés, il n'hésitera pas à écrire un volumineux traité d'éducation, intitulé *L'Émile*, dans lequel il explique très doctement comment on doit élever ses enfants ! Ce livre fut diffusé et lu dans l'Europe entière. Ses lecteurs savaient-ils qu'ils avaient en main l'ouvrage d'un affabulateur qui n'avait qu'une connaissance théorique d'un art d'être parent qu'il prétendait enseigner aux autres ?

Jean-Jacques Rousseau et Thérèse Levasseur, lingère analphabète, vont vivre ensemble durant trente-trois ans. Elle est à la fois sa servante, sa maîtresse et sa femme. Il la considère comme une simplette, écrit d'elle qu'elle est « bornée et stupide en apparence », mais il s'empresse d'ajouter qu'elle est aussi d'excellent conseil, sensée et affectueuse. La vérité c'est qu'il lui est totalement inféodé, et que son emprise sur lui ne fera que croître avec les années. « Elle est méchante, querelleuse, bavarde, mais elle a sur cet homme l'empire d'une nourrice sur son enfant », disait Hume de Thérèse Levasseur.

Pendant huit ans, chaque fois que Thérèse donnera naissance à un nouveau-né, Rousseau ira le déposer aux Enfants trouvés. Dans les *Confessions*, il raconte qu'il prend cette décision avec la mère de Thérèse, et qu'il le fait sans aucun état d'âme : « Je m'y déterminai gaillardement, sans le moindre scrupule et le seul que j'eus à vaincre, fut celui de Thérèse, qui n'obéit qu'en pleurant. » À cette époque, les abandons d'enfants sont très fréquents et il est possible de laisser son nouveau-né dans des « tours d'abandon », sortes d'habitacles pivotant à la manière d'un tourniquet. Bien souvent, un ruban, une lettre, un médaillon, un objet cousu dans les langes permettra le jour venu d'identifier le nourrisson. La plupart du temps, ce sont des familles trop pauvres pour garder ces enfants qui s'en défont à contrecœur. Était-ce le cas de Rousseau ? C'est en tout cas ce qu'il prétendra par la suite, pour se justifier : « Oui, Madame, j'ai mis mes enfants aux Enfants trouvés [écrit-il à Madame de Francueil en avril 1751] J'ai chargé de leur entretien l'établissement fait pour cela. Si ma misère et mes maux m'ôtent le pouvoir de remplir un soin si cher, c'est un malheur dont il faut me plaindre, non pas un crime à me reprocher. […] il vaut mieux qu'ils soient orphelins que d'avoir pour père un fripon. » Cette déclaration est vraiment incroyable. Pour ne pas devenir un « fripon », Rousseau accepte de devenir un père indigne et sans doute même un parricide, car il ne peut pas ignorer que la grande majorité des enfants déposés aux Enfants trouvés y meurt très rapidement. Dans sa lettre, il ajoute que s'il n'avait pas abandonné ses enfants, sa mère les aurait gâtés et sa famille en aurait fait des monstres. « J'en frémis encore d'y penser. » Abandonner ses cinq enfants parce que l'on a peur que sa femme les gâte, avouez que l'argument est un peu faiblard !

En 1762, donc sept ans après la naissance de son dernier enfant, il publie *L'Émile ou l'éducation,* et naturellement quand on sait quelle sorte de père en est l'auteur, certains passages prennent un sel particulier. À propos de la mise en nourrice, Rousseau écrit : «Point de mère, point d'enfant.» Autrement dit, l'amour maternel est vital. Rousseau recommande chaleureusement aux mères d'allaiter elles-mêmes leur enfant et d'éviter les nourrices qu'il qualifie de «mères mercenaires». «Certaines nourrices, dit-il, vont même jusqu'à frapper les nourrissons qui pleurent trop longtemps.» Puis, plus loin, il ajoute : «C'est votre temps, ce sont vos soins, vos affections, c'est vous-même qu'il faut donner.» Et toujours dans le Livre I : «Celui qui ne peut remplir ses devoirs de père n'a point le droit de le devenir. Il n'y a ni pauvreté, ni travaux, ni respect humain qui le dispensent de nourrir ses enfants et de les élever lui-même.» Alors, ça c'est trop fort ! C'est vraiment, faites ce que je dis, ne faites pas ce que je fais !

Il va de soi que les contemporains de Rousseau furent aussi indignés que nous en apprenant ce qu'il avait fait, à commencer par Voltaire qui va l'accuser d'avoir «exposé les enfants à la porte d'un hôpital, en rejetant les soins qu'une personne charitable voulait avoir d'eux et en abjurant tous les sentiments de la nature». Un père dénaturé, voilà ce qu'il est ! Rousseau allait être véritablement persécuté après la publication de *L'Émile*, au point qu'il se sentit obligé de quitter Thérèse. Il n'eut de cesse par la suite que de tenter de justifier ses actes, mais son désarroi manifeste, la diversité et le désordre des arguments soulevés dans ses écrits, sont révélateurs de quelque mystère que bien des historiens se sont vainement attachés à élucider.

Rousseau sur le divan…

Depuis le XVIIIe siècle, la question de l'abandon de ses enfants par Rousseau n'a en effet jamais cessé d'être débattue. L'hypothèse la plus répandue est que le philosophe n'était pas le père de ces cinq enfants. Certains médecins, notamment, estiment qu'il était impuissant et n'avait donc pas pu avoir d'enfants. Si le philosophe s'accuse de les avoir abandonnés, c'est tout simplement pour accréditer l'idée qu'il en était effectivement le père et dissimuler ainsi son handicap. Ces enfants étaient en fait ceux que Thérèse aurait eus avec des amants de passage. Voilà pourquoi Rousseau s'en serait séparé le cœur léger. Françoise Bocquentin, dans son ouvrage intitulé *Jean-Jacques Rousseau, femme sans enfant* (L'Harmattan, 2003), remarque que, dans ses lettres à Madame de Francueil, Rousseau insiste lourdement sur le fait qu'il a des relations sexuelles avec Thérèse, histoire de bien montrer que les enfants sont de lui : « Leur mère, victime de mon zèle indiscret », et plus loin : « Depuis seize ans, j'ai vécu dans la plus grande intimité avec cette pauvre fille qui demeure avec moi. » Autre hypothèse : ces enfants n'auraient pas existé du tout ! Et, là encore, Rousseau s'accuserait d'avoir abandonné ces enfants imaginaires pour qu'on le croie capable d'en avoir. Mais si Rousseau se savait impuissant, ou s'il savait qu'il n'était pas leur père, ou bien que ces enfants n'existaient pas, pourquoi, alors qu'il se croit mourant, supplier Madame de Luxembourg de faire tout ce qu'il est en son pouvoir pour les retrouver ? « Depuis plusieurs années, le remords de cette négligence trouble mon repos. [...] S'il y avait moyen de retrouver cet enfant, ce serait faire le bonheur de sa tendre mère [...] Les idées, dont la faute a rempli mon esprit, ont contribué en grande partie à me faire méditer le *Traité de l'éducation.* »

En somme, ou bien *L'Émile* est une forme de catharsis, une façon pour le philosophe de se faire pardonner, de compenser, par la rédaction d'un traité d'éducation, l'abandon d'enfants qui étaient vraiment les siens. Ou bien ces enfants étaient ceux de Thérèse, Rousseau étant incapable d'en avoir, et *L'Émile* est l'expression de sa frustration. Enfin, ces enfants n'ont peut-être tout simplement pas existé et sont une « création littéraire » ? C'est à s'arracher les cheveux !

Quoi qu'il en soit, peut-être que Rousseau, ainsi qu'il le prétendait, n'aurait pas fait un bon père, en revanche, il est certain que Thérèse, dont les proches du philosophe s'accordent à dire qu'elle était une vraie mégère qui sombra dans l'alcool sur ses vieux jours, aurait fait une mère calamiteuse. En fait d'éducation, à en juger par sa dernière lettre, ce n'aurait pas non plus été brillant : « Mon cher ami qué le goies que ge ues deureu ceu voier deu voes cher nou vele ge vous a surre que mon nes pries neu te nes plus arien deu douleur deu neu paes vous voir. » On est loin de *La Nouvelle Héloïse* !

Avoir manqué de père peut mener à la catastrophe. Citons en guise de conclusion l'exemple de cinq enfants qui, comme les petits Rousseau, manquèrent cruellement de père. Il s'agit des petits Robespierre ! Leur mère disparaît en 1764, alors que Maximilien, l'aîné des cinq, n'a que six ans et que son père part courir l'aventure sur les routes d'Europe, laissant tomber ses enfants. Maximilien va passer des années cloîtré en internat et, à peine a-t-il terminé ses études qu'il doit s'occuper de ses quatre frères et sœurs. « Jamais il n'avait goûté les calmes douceurs de la vie de famille, écrit G. Lenotres[1], Aussi loin que se reportait sa mémoire aigrie, il ne gardait souvenir que d'amertume et d'humiliations. » Et en effet, ne faut-il pas chercher dans son enfance l'explication du caractère intraitable de l'incorruptible maître d'œuvre de la Terreur ?

Je demande Madame Récamier, fille de son mari ?

« D'autres furent plus belles, nulle ne fut plus séduisante, et cette puissance de séduction ne servit pas seulement à lui conquérir nombre d'adorateurs, mais aussi à les retenir comme autant de dévots, agenouillés au pied de leur divinité. »

La divinité dont il est question dans cette citation du Docteur Cabanes, extraite du *Cabinet secret de l'histoire*, n'est autre que la célèbre Madame Récamier, surnommée « la belle des belles », déesse

1. *Robespierre et la mère de Dieu.*

dont l'éclatante beauté faisait « retourner toutes les têtes », écrira l'historien Jules Bertaut.

Immortalisée par les plus grands peintres de son temps (Gros, Gérard ou David qui la représenta alanguie sur une méridienne), mais aussi par le merveilleux sculpteur Canova, Juliette Récamier, égérie parisienne sous le Consulat, grande dame de la Restauration, figure de la monarchie de Juillet, fut la plus belle femme de son temps et ne quitta jamais le devant de la scène pendant près de cinquante ans.

Son salon de la Chaussée d'Antin, puis de l'Abbaye-aux-Bois, après l'Empire, fut fréquenté par l'élite des artistes, écrivains, poètes et politiciens du moment ; ses amitiés furent célèbres et passionnantes. Elle fut aussi la tendre et fidèle amie de Chateaubriand et la liaison de ces deux monstres sacrés du siècle romantique demeure aujourd'hui encore une sorte d'institution littéraire nationale, comme celles de George Sand et Musset, Madame de Staël et Benjamin Constant, ou encore Honoré de Balzac et Madame Hanska.

Cependant sa vie reste un grand mystère. Ses biographes sont presque tous convaincus qu'elle était en réalité la fille biologique de son mari, Jacques Récamier. Voici là une situation familiale pour le moins originale qui ne pouvait échapper à notre bonne pioche !

Née à Lyon, le 3 décembre 1777, sous Louis XVI donc, Jeanne-Françoise Julie Adelaïde Bernard est fille, ou supposée telle, d'un notaire lyonnais. Elle mène une enfance heureuse, d'abord à Lyon, chez les sœurs chez qui elle reste pensionnaire jusqu'à l'âge de onze ans, puis à Paris. Elle appartient à une bourgeoisie aisée et cultivée puisqu'elle va recevoir des cours de La Harpe, précepteur suisse du tsar Alexandre, et du peintre Hubert Robert, artiste peintre renommé. Avec ça, elle chante et danse merveilleusement, joue du piano et de la harpe, et sera toujours à la pointe de la mode.

La jeune fille, qui se fait désormais appeler Juliette, n'a pas quinze ans quand un certain M. Récamier, banquier de son état, qui fréquentait assidûment le ménage Bernard à Lyon, demande sa main à ses parents. Assidûment est le mot juste puisque ce monsieur, après avoir accablé la maîtresse de maison de cadeaux, de fleurs et de bijoux, serait devenu son amant. Alors que son engouement pour Mme Bernard a été – du moins à Lyon – de notoriété publique, des années plus tard, il lui demande la main de sa fille unique, laquelle, si cela se trouve, est aussi la sienne, Mais le sait-il seulement ? Tout cela est bien un peu étrange, même s'il est probable qu'à ce stade de cet ouvrage notre lecteur ne s'étonne plus de rien !

La demande de Jacques Récamier est en tout cas bien accueillie.

Entre les futurs mariés, la différence d'âge est certes importante (ils sont âgés respectivement de quinze et quarante-deux ans), mais voilà qui est assez fréquent à l'époque et leur union semble un mariage de convenance tout ce qu'il y a de plus classique. À ceci près qu'une fois marié à Juliette

Bernard, M. Récamier ne posera jamais la main sur elle !

« Il ne réclama jamais les droits qu'il avait sur son épouse, et celle-ci sortit de ses bras vierge comme elle s'y était jetée », raconte Jules Bertaut. Son mari semble ne songer qu'à la chouchouter, un vrai papa gâteau. Il écrit : « Je n'en suis pas amoureux… elle n'est pas belle. » (Sur ce dernier point au moins, nous savons qu'il ment. Mais pour quelle raison ?) De son côté, Juliette fera sienne cette phrase de sa grande amie Madame de Staël, disant de son propre mari : « De tous les hommes que je n'aime pas, c'est celui que je préfère. »

De nombreux témoignages confirment que ce mariage ne fut jamais consommé. La nièce de Juliette Récamier, une certaine Mme Lenormand, qui était aussi sa fille adoptive, écrit : « Madame Récamier ne reçut de son mari que son nom. Il n'a jamais eu que des rapports paternels avec sa femme ». Voilà qui a le mérite d'être clair et soulève quelques questions, dont on voudra bien excuser la crudité, à commencer par celle-ci : si ce mariage est resté blanc, ne serait-ce pas parce que M. Récamier était impuissant ? Mais la réponse est non ! Il avait eu diverses « bonnes fortunes » avec d'autres femmes, avant son mariage, dont la mère de Juliette, des frasques nombreuses connues de son entourage.

Autre question : se savait-il le père de Juliette avant de l'épouser ? Et si oui, pourquoi ce mariage contre nature ? Pourquoi se condamner à une union dont on sait par avance qu'elle ne pourra être que platonique ?

Réponse de Jules Bertaut : Récamier, « suspect » selon le Comité de salut public, épouse Juliette en urgence, le 24 avril 1793, en pleine Terreur, trois mois après l'exécution du roi, car il craint pour sa propre vie. À tel point d'ailleurs qu'il va tous les jours assister à des exécutions, afin de s'habituer à l'idée d'être exécuté lui-même. Ne pouvant pas reconnaître Juliette comme sa fille, il en fait sa femme, pour qu'elle puisse hériter de sa fortune, si lui-même venait à disparaître. Une lettre de Récamier à l'un de ses parents a été conservée, dans laquelle il déclare qu'en se mariant il n'a pas agi sur un coup de tête, mais que sa décision est le règlement « d'une situation déjà ancienne ». Lettre du 22 février 1793 : « On pourra dire que mes sentiments pour la fille tiennent à ceux que j'ai eus pour la mère. » En fait, M. Récamier se comporte avec Juliette comme un père, tout simplement parce qu'il pense être son père !

Mais il existe une autre hypothèse, échafaudée par le célèbre Docteur Cabanes à la fin du XIXe siècle. Ce dernier soulève une question bien intéressante : si Juliette n'a pas de relations sexuelles avec son mari (qu'il soit ou non son père), pourquoi n'en a-t-elle pas non plus avec l'un ou l'autre de ses nombreux soupirants, pas même avec le beau prince Auguste, officier prussien dont elle sera éperdument amoureuse ? Tous ceux qui l'aiment semblent condamnés à l' « abnégation », écrit Cabanes, quand nous parlerions de nos jours plus volontiers d'abstinence. Réponse du même auteur : c'est une infirmité physique qui interdisait à Juliette et à M. Récamier de consommer leur mariage : «Quand on suppute le nombre de ceux qui subirent la fascination de cette incomparable coquette, sans qu'aucun pût se flatter de l'avoir subjuguée [entendez : «possédée»], faut-il croire à une délicatesse, à un tact exquis, plutôt qu'à une absence complète de sensation physique?» Et Cabanes de poser derechef la question : «La place de mari ne fut jamais occupée : la faute à qui? À l'époux très épris, mais respectueux? Ou à l'épouse?»

Selon Cabanes, c'est Mérimée qui fut le premier à évoquer l'impossibilité physiologique de Juliette Récamier à connaître les voluptés de la chair, et de citer à l'appui divers témoignages concordants. À quelqu'un qui la prenait pour une coquette, celui-ci répondit : «Ne la jugez pas défavorablement, elle est plus à plaindre qu'à blâmer; c'était un cas de force majeure.»

Dans la *Revue des deux Mondes* du 1er décembre 1859, Guizot écrit quant à lui : «Il a manqué à Madame Récamier deux choses qui seules peuvent remplir le cœur et la joie d'une femme : les joies de la famille et les transports de la passion. En faut-il chercher la cause dans les accidents de sa destinée ou dans le fonds même de sa nature?» Enfin, un certain Pons, secrétaire de Sainte-Beuve, est encore plus explicite : «La nature lui avait refusé de se donner tout entière, et aucun de ses admirateurs ne put franchir la barre qui défendait sa vertu.»

Le bon docteur Cabanes, après avoir comparé Juliette Récamier à Elisabeth d'Angleterre, la fameuse «Reine vierge», n'y va pas avec le dos de la cuillère et établit un diagnostic manquant singulièrement de poésie : selon lui, Juliette Récamier souffrait d'un défaut de conformation appelé « vaginisme », qui faisait d'elle une irrémédiable « asexuée ». Elle était ce que l'on appelait au XIXe siècle « une femme barrée ». Accès interdit aux messieurs !

Là encore, sa fille adoptive en témoigne indirectement : « Les affections, qui sont la véritable félicité et la vraie dignité de la femme, lui manquaient. Elle n'était ni épouse, ni mère et son cœur désert, avide de tendresse et de dévouement, cherchait un aliment à ce besoin d'aimer, dans les hommages d'une admiration passionnée, dont le langage plaisait à ses oreilles. »

En résumé, ne pouvant connaître la « véritable félicité », entendez félicité charnelle, elle trouvait un dérivatif dans l'« admiration passionnée » de ses soupirants dont la liste, aussi longue que prestigieuse, tient de l'annuaire téléphonique. Dans la *Revue hebdomadaire* (Paris, 1892), l'académicien Jules Lemaître nous en donne un aperçu : « Lucien Bonaparte lui écrivait des lettres enflammées de troubadour. Et l'histoire avec Lucien fut celle de beaucoup d'autres, avec des nuances ; l'histoire de La Harpe, d'Eugène de Beauharnais, de Gabriel Legouvé, de Bernadotte, de Moreau, des deux Montmorency, de Masséna qui ne quittera jamais le ruban qu'elle lui avait donné. L'histoire aussi de Prosper de Barante, de Benjamin Constant lui-même, de J.-J. Ampère, du peintre Gérard, de Canova, de Murat, de Junot, d'Auguste de Staël. Je n'en excepte que le bon Ballanche qui, lui, n'a jamais rien dû demander. »

Voilà pourquoi, aux yeux de certains de ses contemporains, Juliette Récamier passait pour une coquette – aujourd'hui on dirait une « allumeuse ». Elle se lançait dans plusieurs histoires successives ou simultanées qui n'aboutissaient jamais à rien. « Coquette née, dans toute la force du terme, elle promet tout pour ne rien donner, elle attire pour mieux repousser. » Mais comme elle console aussitôt ceux qu'elle blesse, s'empresse d'ajouter Bertaut, « ses soupirants la révèrent et ne lui en veulent pas le moins du monde », mis à part Benjamin Constant qui sera mortifié d'avoir été repoussé. Les admirateurs de Juliette sont regroupés autour d'elle « comme autour d'un trésor sur lequel nul ne peut mettre la main ». Tous en sont amoureux, mais elle ne cède à aucun d'eux. « Et ainsi, les désirs qu'inspire sa beauté ne la souillent ni ne la pervertissent, parce que les images qu'elle suscite dans l'esprit des hommes, elle ne les a pas elle-même dans l'esprit. » (Jules Lemaître)

Autre détail significatif évoqué par Cabanes, Juliette avait pris l'habitude de ne porter que des robes blanches. N'était-ce pas le signe de cette « virginité fatale » à laquelle la vouait son destin ?

Dans la biographie qu'il lui consacra dans les années trente, *Madame Récamier et ses amis*, Édouard Herriot ne partage pas l'avis de Cabanes et pense que, si Juliette résista longtemps à l'amour charnel, Chateaubriand fut sans doute son seul « vainqueur ». Plus récemment, Catherine Descours, est, quant à elle, revenue sur l'épineuse question de la nature exacte de la relation entre Juliette et

Jacques Récamier. Selon elle, Récamier n'était pas son père. Quand Juliette éperdument amoureuse de son prince prussien voudra épouser celui-ci, elle va demander non pas le divorce, mais l'annulation de son mariage. M. Récamier envisageant douloureusement qu'il soit fait publiquement allusion, à cette occasion, à la non-consommation de son mariage, lui écrivit qu'il regrettait d'avoir respecté « certaines répugnances » sans lesquelles un lien plus étroit n'eût pas permis cette pensée de séparation. À quoi elle-même, songeant alors au suicide, car elle voulait absolument épouser son Auguste, répondit : « Je regrette de ne pas avoir été pour vous tout ce que je devais. » On le voit, ces deux-là ne dialoguent pas ici comme père et fille, mais bien comme mari et femme. Catherine Descours remarque également qu'aucun document ne laisse à penser que les Bernard et leur entourage aient jamais envisagé que Juliette soit la fille de Récamier, et que, par ailleurs, selon elle, Récamier ne devint l'amant de Mme Bernard qu'après la naissance de Juliette, ne pouvant par conséquent pas être son père.

En 1807, Juliette Récamier est donc à deux doigts de quitter son mari pour le bel Auguste, prince de Prusse, qu'elle a rencontré le 4 avril de la même année. Leur rencontre et la brève liaison qui s'ensuit sont d'un romantisme échevelé. Les amoureux font de longues promenades en barque, au clair de lune, sur le lac de Genève et échangent par écrit leurs serments : « Je jure sur le salut de mon âme de conserver dans toute sa pureté mon sentiment pour le prince de Prusse», écrit de son côté Juliette à Auguste, le 28 octobre 1807. Les amants séjournent quelque temps au château de Coppet, chez Madame de Staël. Le prince, fou amoureux de Juliette, souhaite l'épouser et lui demande d'obtenir l'annulation de son mariage.

Quand Juliette en fait la demande à M. Récamier, celui-ci temporise. Il sait d'expérience que cette histoire n'aboutira pas. Juliette, comme d'habitude, va faire lanterner son soupirant, lui faire des promesses, gagner du temps, et puis rien ne se passera. Et de fait, le rêve prussien de Juliette volera en éclats. Crainte de faire trop de peine à un mari aimant? Incapacité à mener plus avant une aventure dont elle sait qu'elle finira par tourner court, parce qu'elle ne pourra pas se refuser éternellement à son prince charmant? Les promenades en barque, ça n'a qu'un temps! Quoi qu'il en soit, le prince désespéré ne l'oubliera jamais et se fera enterrer avec la bague qu'elle lui avait offerte.

Selon Catherine Descours, le fait même que Juliette ait accepté une proposition de mariage, constitue la preuve que le docteur Cabanes se trompe dans son diagnostic. Si elle n'avait pas pu avoir d'enfants, Juliette se serait-elle engagée à épouser son prince? Mais, n'en déplaise à cette auteure, le fait que Juliette ait renoncé à ce mariage n'apporte-t-il pas très exactement la preuve contraire? Après s'être enthousiasmée pour ce projet, pensant peut-être qu'Auguste renoncerait par amour pour elle à avoir des enfants, Juliette recula finalement, pour ne pas avoir à dévoiler une réalité moins romanesque qu'un fiévreux serment d'amour, gravé dans le marbre ? En cette année 1807, alors même qu'elle était supposée être la plus parfaitement heureuse, un Genevois nommé Gaudot, qui faisait son portrait, rapportait ces paroles : « Elle n'a jamais été heureuse, elle croit qu'elle ne le sera jamais. »

En tout cas, divorce et remariage tombent à l'eau et dans une lettre datée de 1812, Madame de Staël lui écrit « qu'elle peut encore porter la couronne blanche ». 1812 ? Juliette est donc toujours vierge à trente-cinq ans !

Par la suite, elle se séparera de son mari (ou père ?), dès que commencera sa liaison avec Chateaubriand. Eut-elle avec l'écrivain des relations plus sensuelles ? C'est, nous l'avons vu, ce que pensait Édouard Herriot. Mais avec Juliette les supputations ne s'arrêtent jamais. Car, tenez-vous bien, on a également prétendu qu'elle aurait eu une relation saphique avec sa grande amie, la magnifique Theresa Cabarrus, alias Madame Tallien ! Il est vrai que, plus qu'une profonde affection, leur correspondance dénote indéniablement un vrai sentiment amoureux. Que faut-il en penser ?

Que d'énigmes autour de Juliette ! Des énigmes qui n'auraient d'ailleurs pu exister sans sa volonté. Elle a entretenu le mystère, sa vie durant, et a voulu qu'il persiste après sa mort. Peu de gens ont à ce point contrôlé leur image. Ainsi, Juliette se faisait-elle rendre les lettres adressées par ses correspondants, ou exigeait d'eux qu'ils les brûlassent.

Quand elle devint une vieille dame quasiment aveugle, Chateaubriand lui rendait visite tous les jours à l'Abbaye-aux-Bois, dans les environs de l'actuel Bon Marché, à Paris. Il s'y rendait systématiquement à la même heure, de sorte qu'en le voyant sortir de chez lui, les habitants du quartier pouvaient régler leur montre : Il était 14 h 30 ! Un jour que sa jeune maîtresse, Hortense Allard, lui reprochait la constance de ces visites, Chateaubriand lui répondit : « Ma chère Hortense, vous me faites rire avec vos jalousies. Madame Récamier n'est pour moi ni un amour, ni une amitié : ce n'est qu'une habitude ! »

Juliette est-elle morte « immaculée » à soixante et onze ans ou finalement conquise par Chateaubriand, à tous les sens du terme ? Nous n'en saurons jamais rien. Fut-elle ou non la fille de son mari M. Récamier ? Voici en revanche une question qui pourrait être tranchée aisément. Il « suffirait » pour cela d'ouvrir la tombe du cimetière Montmartre où Juliette repose, à côté de son père Jean Bernard (1756-1828) et de son mari Jacques Récamier (1751-1830).

Au fait, dans cette tombe se trouve également celui que Lemaître appelait « le bon Ballanche », l'un des moins célèbres mais des plus fidèles soupirants de Juliette. Ce petit malin a grillé la politesse à tous les autres (y compris Chateaubriand qui repose tout seul sur son île, au large de Saint-Malo), et tient compagnie pour l'éternité à celle dont Jean d'Ormesson a si joliment dit qu'« elle faisait des reprises aux cœurs qu'elle avait elle-même déchirés ».

Mauvaise pioche

« Je ne vois pas assez Dieu pour l'aimer au-dessus de toutes choses, et mon prochain beaucoup trop pour l'aimer comme moi-même. »

Marquise de Créquis

Dans le premier chapitre de ce livre, nous nous sommes penchés sur la famille « Tontons flingueurs » dont tous les membres, de Clovis à Hugues Capet, s'entre-tuèrent pour le pouvoir, des siècles durant. Après eux, nous l'avons vu, les relations familiales de nos souverains ne furent pas moins agressives, ni plus harmonieuses, mais au moins en avait-on fini avec la décimation familiale systématique. Hélas, cette pratique était appelée à renaître et avec quelle ampleur !

Faisons un grand saut de neuf cent seize ans, à partir de la mort d'Hugues Capet. Cela nous amène en 1914. Or, que fut la Guerre de 14, sinon une gigantesque embrouille familiale reléguant loin derrière elle, en termes d'horreur, les étripages mérovingiens ? En 1914, les monarques des principaux pays belligérants n'appartiennent-ils pas à la même famille ? Le tsar de Russie, le Kaiser allemand et le roi d'Angleterre ne sont-ils pas les petits-fils de la reine Victoria et, par conséquent, des cousins germains ?

Au-delà de ce seul trio, presque tous les monarques européens sont alors plus ou moins apparentés et vont basculer, avec leurs peuples respectifs, dans la toute première guerre mondiale de l'histoire de l'humanité. Certes, ils ne s'écharpent pas à coups de couteaux empoisonnés, mais les deux balles qui viennent frapper l'un d'entre eux, l'archiduc François Ferdinand, assassiné le 28 juin 1914 à Sarajevo, vont faire dix millions de morts ! Frédégonde peut aller se rhabiller ! « Avec la mort de François Ferdinand, héritier de l'Empire austro-hongrois, l'Europe sombre dans une guerre meurtrière où l'ancienne solidarité entre monarques va céder la place à une lutte fratricide pour la défense des intérêts nationaux de chacun », écrit Henry Bogdan. Les liens familiaux de ces monarques ne suffiront pas à sauver la paix. Voilà pourquoi ils figurent dans la « Mauvaise pioche » de notre jeu des sept familles, qui, tout en nous permettant de boucler la boucle, entamée avec nos aïeux mérovingiens, constitue aussi la conclusion du présent ouvrage.

Dans l'Europe d'avant-guerre, les contacts personnels entre monarques jouent encore un grand rôle dans la diplomatie. On pratique ce que les Allemands appellent la « Jagdiplomatie », ou diplomatie de la chasse. Les souverains européens s'invitent mutuellement à chasser sur leurs terres et règlent en famille les bisbilles diplomatiques du moment, entre un faisan et un cerf abattus. Les rois pèsent encore dans les relations entre États, même dans les monarchies constitutionnelles où leur pouvoir est limité. Et, bien sûr, les liens entre souverains européens sont d'autant plus étroits que les principales maisons régnantes sont inextricablement apparentées. Il y a eu des mariages entre les familles Hohenzollern d'Allemagne, les Romanov de Russie et la famille royale d'Angleterre. Pour ne citer qu'eux, Nicolas II et Alexandra, sa femme d'origine allemande, sont apparentés à la fois avec George V d'Angleterre, le Kaiser Guillaume II d'Allemagne, le roi du Danemark et celui d'Espagne, mais aussi avec la reine Marie de Roumanie ! On retrouve une même imbrication familiale dans les monarchies moins importantes : ainsi, des princes allemands, deux Hohenzollern apparentés à Guillaume II, règnent sur la Roumanie et la Bulgarie. Lorsqu'il est devenu roi, Carol Ier de Roumanie a solennellement promis de ne jamais s'opposer à la politique du Kaiser. Mais que fera-t-il lorsque la guerre éclatera ? Car si, lui, s'est engage à suivre l'Allemagne, sa femme, elle, est une cousine de George V et de Nicolas II, et son fils a pour sa part épousé une Anglaise, elle-même cousine de Guillaume II !

Le roi des Belges Léopold II est lui aussi apparenté au Kaiser et son épouse est une Wittelsbach (famille autrichienne de l'impératrice Sissi). Cela ne l'empêchera pas de prendre le parti des Français, des Russes et des Anglais quand l'Allemagne violera la neutralité de son pays Séparée de sa famille par la guerre, la reine des Belges écrira : « Un rideau de fer est tombé entre ma famille et moi. » L'expression fera florès.

Que fera l'héritier du Montenegro en cas de guerre, lui qui a pour parrains Edouard VII, défunt roi d'Angleterre, et le Kaiser Guillaume II ? Quid du roi d'Espagne Alphonse XIII, directement lié à la reine Victoria par sa femme ? Quant à Constantin, roi des Hellènes, il sera dans de beaux draps ! Son père était un prince danois, sa mère une princesse russe. Sa femme est la petite-fille de la reine Victoria et la sœur de Guillaume II ! Pas fou, ou pour ne pas le devenir, lorsque la guerre éclatera, il déclarera la neutralité de la Grèce.

Comme dans n'importe quelle famille, toutes ces parentés entraînent évidemment de fréquents rassemblements, anniversaires, mariages, enterrements… Les deux dernières grandes réunions de famille, avant le déclenchement du cataclysme, se déroulent en mai et juin 1913. Le 24 mai, tout le gotha européen se retrouve au château royal de Berlin pour le mariage germano-britannique de l'unique fille du Kaiser Guillaume II avec le fils du duc de Cumberland. Le roi d'Angleterre George V est présent (il parle d'ailleurs anglais avec un accent allemand, car lui-même est un Saxe-Cobourg-Gotha, issu de la même maison princière de Haute-Franconie que le Kaiser). George V arrive à la gare de Berlin revêtu de l'uniforme de général prussien, tandis que son cousin Guillaume II, tout aussi attentionné, l'accueille vêtu de l'uniforme britannique des « royal dragoons ». Le jour de la noce, le tsar Nicolas II porte aussi l'uniforme prussien, en hommage à son hôte. Ainsi accoutrés, George V et Nicolas II se ressemblent comme deux gouttes d'eau. Tous deux s'entendent d'ailleurs très bien, alors qu'ils n'apprécient guère leur cousin Guillaume qu'ils trouvent arrogant. Guillaume passe pour le va-t-en guerre de la famille. Est-ce justifié? Arrêtons-nous un instant sur son étrange personnalité.

Héritier de l'Empire allemand, Guillaume II est né avec un bras gauche paralysé et plus court que l'autre, ce qui le complexe horriblement. Enfant, il souffrait aussi de torticolis très handicapants qui lui ont valu d'innombrables et douloureuses opérations. Sa mère ne s'intéressait pas du tout à lui et ne l'appelait que l' «estropié». «S'il n'avait pas ce bras, j'en serais si fière», disait-elle volontiers. Dans ces conditions, comment s'étonner qu'une fois adulte, Guillaume soit devenu un homme hautain, impérieux, qu'il ne se passionne que pour l'armée, et surtout pour la marine (il fait plusieurs stages dans la Royal Navy), qu'il porte l'uniforme en permanence – il en possède plus de deux cents, et en change jusqu'à dix fois par jour – et que, devant son bureau, il s'assied non pas sur une chaise mais sur un socle de bois en forme de selle de cheval!

Pour Henry Bogdan, auteur d'une biographie du Kaiser, «sa raideur était celle d'un homme obligé de s'affirmer pour cacher sa fragilité et sa timidité». Peut-être! Reste que c'est précisément cette fragilité et ces complexes qui seront à l'origine de sa jalousie et de son hostilité envers le Royaume-Uni, puissant empire colonial que ne serait jamais l'Allemagne. Il ne fait pas bon avoir un cousin jaloux!

Mais revenons-en à ces deux dernières réunions familiales précédant la tragédie mondiale. En mai 1913, toute la famille est donc réunie à Berlin. En plus des monarques déjà cités, on compte cinquante-deux grands-ducs, grandes-duchesses et princes des maisons régnantes. Les photos de ce mariage sont vraiment poignantes ; ce sont celles d'un monde voué à disparaître qui festoie avant l'affrontement et l'effondrement général. En juin suivant, nombre de ces têtes couronnées reviendront à Berlin pour célébrer la vingt-cinquième année d'accession au trône de Guillaume II. Un an plus tard, quasiment jour pour jour, cette belle harmonie familiale volera en éclats.

Avant-guerre, même s'il y avait eu un net refroidissement dans leurs relations après la mort de leur grand-mère, en 1901, George V avait affirmé à Guillaume II qu'il n'y aurait jamais de conflit entre eux… pas entre cousins ! Quand la tension commence à monter dangereusement entre les différents pays, les monarques restent jusqu'au bout en contact permanent pour tenter d'éviter la guerre.

En Russie, Nicolas II échange un nombre incalculable de dépêches avec son cousin Guillaume II : « J'espère que tu m'aideras dans mes efforts pour aplanir les difficultés qui peuvent encore surgir. Ton ami et cousin sincère et dévoué. » « Je te demande, au nom de notre vieille amitié, de faire tout ce que tu peux pour arrêter tes alliés avant qu'ils n'aillent trop loin. Nicky. »

Dans une dépêche du 18 juillet, Guillaume II lui répond : « La paix peut encore être sauvée par toi, si tu consens à arrêter les préparatifs militaires menaçant l'Allemagne et l'Autriche-Hongrie. » Au moment même où il adresse cette dépêche à son cousin, il fait préparer un ultimatum à la Russie ! Ces télégrammes n'auront aucune influence sur Nicolas II qui proclame la mobilisation générale le 30 juillet. Le mécanisme fatal est enclenché. Par le jeu des alliances – la Serbie étant liée à la Russie, elle-même liée à l'Angleterre et à la France –, la Russie va se retrouver en guerre contre l'Allemagne avec laquelle elle n'a pourtant aucun contentieux. En Russie, la tsarine Alexandra, qui est allemande, est anéantie.

La guerre s'installe dans les familles régnantes européennes en même temps qu'elle se porte sur le terrain. Cela donnera parfois lieu à des situations tragi-comiques : au moment du déclenchement des hostilités, la mère de Nicolas II, impératrice douairière, est en vacances en famille au Danemark. Alors qu'elle retourne à Moscou, elle passe par l'Allemagne. Mais désormais, c'est la guerre, il n'y a plus de famille qui vaille ! La vieille dame est donc reconduite à la frontière du Danemark. « L'impensable est arrivé, écrit Jean des Cars, les petits-fils de la reine Victoria sont en guerre les uns contre les autres [...]. Les liens de famille n'ont pas empêché les Balkans de mettre le feu à l'Europe. »

En 1917, la famille royale de Grande-Bretagne va aller jusqu'à changer son patronyme, jugé par trop germanique par l'opinion publique. Comment un souverain britannique peut-il porter un nom allemand, alors que chaque jour, des milliers de jeunes Anglais se font tuer sur les champs de bataille par des soldats allemands? Pour mettre un terme à cette polémique, George V renonce donc publiquement, le 17 juillet 1917, à tous ses noms et titres allemands. Désormais, le patronyme du roi ne sera plus Saxe-Cobourg-Gotha, mais Windsor, du nom de l'une des plus anciennes résidences royales. Dans la foulée de son roi, lord Battenberg devient lord Mountbatten. En rompant avec sa parentèle allemande, George V renie de façon spectaculaire le passé dynastique de sa famille, mais il n'a guère d'autre choix, à l'heure où son cousin Guillaume II est présenté par la propagande anglaise comme un monstre assoiffé de sang et où les Allemands sont devenus les ennemis jurés de son pays.

Un an après avoir désavoué ses racines allemandes, George V va « lâcher » sa famille russe, prise dans la tourmente de la révolution bolchevique. Craignant la contagion révolutionnaire, il refuse de donner asile à son cher cousin Nicolas II et à sa famille, alors que leurs vies sont gravement menacées. « J'ai honte pour Georgie et pour l'Angleterre », aurait dit Nicolas II, quand il apprit que son cousin préféré refusait de l'accueillir. Même s'il est vrai que dans le système anglais, c'est le Premier ministre et son cabinet, et non le roi, qui décident de la politique à tenir, dans cette affaire, c'est bien George V qui refuse de recueillir ses cousins, alors que le gouvernement britannique a préparé un plan d'exfiltration. Les Anglais se rattraperont plus tard en évacuant, sur leurs navires, depuis la Crimée, de nombreux membres de la famille impériale russe. Mais pour Nicolas II et les siens, il sera trop tard !

Malgré tout, force est de reconnaître qu'entre 1915 et 1917 toutes les tentatives sérieuses pour essayer de faire la paix émaneront soit du Vatican, soit des souverains européens qui tenteront d'utiliser leurs liens familiaux pour accélérer la fin de la guerre.

En 1915, l'ambassadeur allemand Bethmann-Hollweg prend contact avec le roi des Belges dont l'épouse Elisabeth, ainsi que nous l'avons déjà indiqué, est une Wittelsbach. L'idée ? Conclure une paix séparée avec la Belgique qui deviendrait un État vassal de l'Allemagne. Dans cette négociation, le représentant allemand sera le comte Toerring, époux de Sophie de Wittelsbach, sœur d'Elisabeth de Belgique. En 1917, Guillaume II tente également de conclure une paix séparée avec son cousin Nicolas II. Pour ce faire, il lui envoie le grand-duc Ludwig de Hesse, frère de la tsarine. Cette mission aussi se solde par un échec.

Enfin, la tentative de paix séparée, qui est restée dans toutes les mémoires, est celle dont fut à l'origine Charles Ier, empereur d'Autriche, successeur de François-Joseph et époux de l'impératrice Zita (Zita cousine germaine de la reine Elisabeth de Belgique, sœur de la tsarine Marie-Louise de Bulgarie, et belle-sœur de la grande duchesse du Luxembourg !). Dès son avènement, le

21 novembre 1916, Charles Ier est décidé à en finir au plus vite avec la guerre. Les hostilités durent depuis dix-huit mois, et ont déjà fait un million de morts. Lui-même a été traumatisé par ses tournées sur le front. De plus, non seulement il n'apprécie pas Guillaume II, dont il est pourtant l'allié dans cette guerre, mais les sentiments francophiles de Zita sont bien connus. Le 31 mars 1917, le couple impérial a une entrevue avec l'empereur et l'impératrice d'Allemagne. Zita supplie le Kaiser de ne pas détruire les cathédrales gothiques sur le territoire français et de ne pas bombarder la maison des rois des Belges.

De son côté, Charles Ier prépare un projet de paix séparée qu'il entend soumettre secrètement aux puissances de la Triple Entente (France, Russie, Angleterre). Pour que sa proposition leur parvienne, il va passer par ses beaux-frères, les princes Sixte et François-Xavier de Bourbon Parme, qui sont alors officiers dans l'armée belge et donc militairement ses adversaires. En Autriche, où ils se retrouvent clandestinement, Charles confie à ses beaux-frères une lettre destinée au président de la République française Raymond Poincaré. En mai 1917, Sixte et François-Xavier remettent à Poincaré cette lettre dans laquelle leur beau-frère Charles s'engage à soutenir les revendications de la France sur l'Alsace-Lorraine et à faire rétablir l'indépendance de la Belgique et de la Serbie.

Malheureusement, ces négociations tomberont à l'eau, à la fois par la faute du ministre autrichien des Affaires étrangères qui croit à une victoire militaire de son camp et, côté français, par la faute de Clemenceau qui est alors président de la commission des Affaires étrangères du Sénat et qui, souhaitant l'écrasement définitif des empires, torpille le projet en faisant publier dans le journal la lettre de Charles Ier. Charles, mis en porte à faux vis-à-vis de ses alliés allemands, ne peut que contester en être l'auteur.

Si l'entremise des souverains européens n'a pas eu les résultats escomptés pendant le conflit, en revanche après l'armistice de novembre 1918, alors que trois empires disparaissent corps et biens (Russie, Autriche-Hongrie, Empire allemand), les solidarités familiales vont à nouveau jouer à plein. Quand le Kaiser Guillaume II est obligé d'abdiquer et de quitter l'Allemagne, c'est Wilhelmine, la reine des Pays-Bas, qui lui offre l'hospitalité. Par la suite, sans l'intervention du roi des Belges Albert Ier, de Wilhelmine et surtout du roi d'Angleterre George V, Guillaume II aurait été livré aux Alliés pour être jugé. Il n'était pourtant pas facile pour George V de plaider la cause de son cousin, alors que le Premier ministre anglais réclamait qu'il soit pendu !

Pour les Windsor, la rupture avec leurs origines allemandes sera lourde de conséquences. Dans les années 1930, le prince de Galles, qui a très mal vécu ce reniement familial, prendra position pour un rapprochement anglo-allemand. Pire même, il approuvera publiquement le combat d'Hitler contre le communisme. Il recevra d'ailleurs chez lui régulièrement, l'un de ses cousins préférés, le jeune duc Karl de Saxe-Cobourg-Gotha, devenu officier supérieur chez les SS. Grâce à Karl, Ribbentrop, ambassadeur de l'Allemagne nazie à Londres, n'ignorera rien de ce qui se dit chez le futur roi d'Angleterre. Lorsque Edouard VIII sera poussé à abdiquer en décembre 1936, après moins d'un an sur le trône, ce sera moins pour éviter le scandale de sa liaison avec Wallis Simpson, que pour épargner à l'Angleterre un roi dont chacun connaît les sympathies pour le régime nazi. Quand Edouard annonce son prochain mariage avec Wallis, Dickie Mountbatten, son plus proche cousin, refuse d'être son témoin. Aucun membre de sa famille n'assiste à son mariage au château de Candé, le 3 juin 1937. En revanche, parmi les cadeaux de mariage se trouve une petite boîte en or gravée, cadeau d'Adolf Hitler ! Où donc se rendent les jeunes mariés en voyage de noces ? En Autriche ! À Vienne, Edouard déclare combien il est fier de son sang allemand et regrette la décision de son père de l'avoir renié publiquement. En Allemagne, où ils se rendent ensuite, Edouard et Wallis sont accueillis par des « *Heil* Windsor ! » et des « *Heil* Edouard ! ». Enfin, point d'orgue de cette lune de miel, les jeunes mariés rencontrent Hitler le 22 octobre 1938, au Nid d'aigle, à Berchtesgaden. Au bout d'une heure et demie d'entretien, le duc ressort convaincu du pacifisme d'Hitler…

Certes, Wallis et Edouard nous entraînent un peu loin de l'histoire de France. Mais leur liaison fut à l'origine d'une embrouille familiale trop extraordinaire pour résister à l'envie de l'évoquer brièvement. Et puis, n'est-ce pas en France que le couple maudit, *persona non grata* sur le sol anglais, vivra trente-six années d'exil ?

On s'en doute, au lendemain de la guerre, oncle Edouard et Tata Wallis ne sont pas invités au mariage d'Elisabeth (1947). D'ailleurs, aucun membre de la famille allemande n'est invité non plus. Idem, le 2 juin 1953 pour le couronnement d'Elisabeth dont le duc et la duchesse de Windsor regarderont la retransmission à la télévision, depuis leur maison de Neuilly-sur-Seine.

En revanche, lorsqu'Edouard meurt des suites d'un cancer, le 28 mai 1972, à l'âge de soixante-dix-sept ans, non seulement la reine Elisabeth décrète une période de deuil officiel, mais elle autorise l'inhumation de son oncle à Windsor, auprès des membres de sa famille, fait rendre à sa dépouille les honneurs militaires et, lors de la cérémonie des obsèques, fait asseoir Wallis Simpson auprès d'elle, manifestant ainsi cette suprême élégance que, par bonheur, nous avons parfois croisée au fil de ses pages. Il est vrai qu'elle se conformait ce faisant à la noble devise britannique que toute famille au monde gagnerait à faire sienne : « Honni soit qui mal y pense ! »

Pour avoir été incapables d'user de leur influence pour sauver la paix, les familles royales européennes figurent dans notre « Mauvaise pioche ». Mais cette dernière catégorie comporte encore une toute dernière « carte ».

En effet, les années 1900 ne sont pas seulement celles de la marche à la guerre, mais aussi celles où apparaît la psychanalyse, ce qui, du «point de vue familial», constitue un événement majeur. C'est justement en 1914 que Sigmund Freud publie un texte intitulé *Contribution à l'histoire du mouvement psychanalytique* dans lequel il se présente comme le véritable créateur de la psychanalyse. Chers Louis, Charles, Henri, Catherine, Marguerite, Gaston, Philippe, Victor, Émile, dont nous venons de croiser la route au fil des siècles, les mystérieuses et profondes souffrances qui vous rongèrent de l'intérieur portent désormais un nom. Ce sont des «troubles psychiques», accompagnés d'un cortège de notions jusqu'alors inconnues : «Inconscient», «refoulement», «acte manqué», «pulsions», «obsessions», «phobies», «psychoses»... Désormais, grâce au Docteur Freud, ces névroses, dûment identifiées et répertoriées, doivent pouvoir trouver une explication et une forme de soulagement par la «cure psychanalytique».

Mais, au fait, quelle fut la vie de famille de Freud, pour que celui-ci en vienne à renoncer à ses travaux sur le nerf auditif, la sexualité des anguilles ou la moelle épinière, pour se consacrer aux névroses de ses congénères? Harmonieuse ou chaotique, son expérience personnelle de la vie de famille n'a-t-elle pas forcément influencé ses conclusions? Un bref rappel biographique s'impose.

Jakob Freud, le père de Sigmund, s'est marié à seize ans et a eu deux enfants de ce premier mariage,

Emmanuel et Philippe. Veuf à trente-trois ans, il se marie une seconde fois, avec Rebecca. À nouveau veuf, il épouse une troisième femme, Amalia, deux fois plus jeune que lui : elle a vingt ans quand lui-même en a quarante. Le 6 mai 1856, un an après son mariage, Amalia accouche d'un fils prénommé Sigismond, alias Sigmund Freud. Au total, de ses trois mariages, Jakob aura dix enfants dont sept survivront. Lorsqu'elle donne naissance à Sigmund, Amalia est bien plus jeune qu'Emmanuel son beau-fils, et a exactement le même âge que Philippe, son second beau-fils (ces demi-frères de Sigmund sont en âge d'être son père).

Dans *Le Crépuscule d'une idole*, le philosophe Michel Onfray s'interroge sur la personnalité d'Amalia, la mère de Freud : « De qui cette femme est-elle la mère, l'épouse, la sœur, la femme, la compagne, la maîtresse ? Question plus triviale : avec qui couche-t-elle ? Avec Jakob, ce vieux monsieur ? Ou bien avec Philippe, ce jeune homme de son âge, mais qui se trouve être son beau-fils, demi-frère de Sigmund ? Ou bien encore, avec Emmanuel, son autre beau-fils, cette fois-ci franchement plus âgé qu'elle ? Gageons que pour un petit garçon, cette configuration familiale obscure peut générer des troubles identitaires. »

Théorisée par Freud, cette situation inhabituelle, vécue dans sa propre famille, débouche sur le complexe d'Œdipe : tout fils est amoureux de sa mère et souhaite donc inconsciemment la mort de son père qui est son rival. De son « père rival », Freud écrira par ailleurs : « Mon père est un pervers, responsable de l'hystérie de mon frère et de quelques-unes de mes jeunes sœurs. » Que faut-il en déduire, s'interroge Michel Onfray dont le freudisme n'est pas la tasse de thé : est-il possible que Jakob ait eu des relations incestueuses avec certains de ses enfants ?

Poursuivons. Selon l'analyse de Freud : « L'amour enfantin est démesuré, il réclame l'exclusivité, il ne se contente pas de portions. » De ce fait, tout enfant à naître est un rival potentiel pour l'enfant déjà né, qui voudrait le voir mort, ce dont il éprouve un sentiment de culpabilité. Mais ce sentiment de culpabilité n'est-il pas le fruit de la propre histoire familiale de Sigmund, puisque lui-même a perdu un petit frère, né un an après lui, et mort à sept mois ?

Sigmund aura par la suite plusieurs sœurs dont une prénommée Anna. Quand, à son tour, il aura des enfants, il donnera ce même prénom à sa petite dernière, la préférée de ses six enfants. Dans toute famille, il y a forcément un enfant préféré, décrète Freud qui appelle sa chouchoute « ma fille unique », devant tout le monde, alors qu'il a trois filles. Délicat de la part de celui qui prétend par sa théorie dénouer les embrouilles familiales !

Mais ce n'est pas tout, Freud nous réserve encore quelques surprises. Dans son ouvrage intitulé *Totem et tabou*, il écrit : « La belle-mère constitue, de fait, pour le gendre une tentation d'inceste, comme par ailleurs, il arrive assez souvent qu'un homme tombe manifestement d'abord amoureux de sa future belle-mère avant que son inclination ne se porte sur la fille de celle-ci. » Messieurs mes lecteurs qui êtes mariés, gare au rouleau à pâtisserie car, si l'on en croit Freud, vous avez tous été amoureux de vos mères, puis de vos belles-mères avant de l'être de vos épouses. Là encore, Freud s'inspire-t-il de son cas personnel ? L'un ou l'autre de ses demi-frères aînés furent-ils amoureux de sa mère ? Lui-même fut-il amoureux de sa belle-mère avant de rencontrer sa femme Martha ? Michel Onfray n'y va pas par quatre chemins : selon lui, il est évident que Freud était lui-même complètement névrosé et que c'est sa propre histoire familiale qui explique son obsession de l'inceste, de la jalousie et de l'exclusivité.

Mais nous n'en avons pas encore tout à fait terminé avec l'étrange vie familiale de Sigmund. À Vienne, les Freud habitent un appartement de dix-sept pièces où ils hébergent Minna, la sœur de Martha Freud. Dans cet immense appartement, la chambre de Minna est mitoyenne de la chambre du ménage Freud, et Minna ne peut y accéder qu'en passant par celle des Freud. Normal, écrit Michel Onfray, puisque Minna était la maîtresse de Sigmund ! Elle répond « Bonjour, c'est Mme Freud », lorsqu'elle décroche le téléphone. Quand Freud part avec elle en voyage en Suisse, sans sa femme, il la fait passer pour son épouse. Il lui arrivera de voyager plus d'un mois avec sa belle-sœur pendant que sa femme malade séjourne en sanatorium.

Certes, certains freudiens contestent formellement l'hypothèse d'une relation adultère entre Freud et Minna, ne voyant en elle qu'une «compagne intellectuelle». Pourtant, elle aurait avoué à Jung, ami et collègue de Freud, que Sigmund était amoureux d'elle et que leurs rapports étaient extrêmement intimes!

Cerise sur le gâteau de cette vie de famille pour le moins complexe, Anna Freud, la petite dernière de Freud et sa chouchoute, devient psychanalyste comme son papa. Il se trouve qu'elle est homosexuelle, mais d'un genre particulier : une «homosexuelle homophobe», parce que son père, qui l'a analysée, lui a fait prendre en horreur sa propre homosexualité. Pas banal. Malgré cela, Anna tombe amoureuse d'une certaine Dorothy, mère de quatre enfants, dont le mari est également analysé par Freud, tout comme Dorothy à qui Freud conseille de divorcer. Du coup, le mari de Dorothy, désespéré, se suicide en se jetant par la fenêtre.

Anna s'installe avec Dorothy dont elle analysera les quatre enfants. Cela n'empêchera pas l'un des fils de Dorothy de se suicider à son tour aux barbituriques. Ce devait pourtant être réconfortant d'être analysé par la «*girl friend*» de sa mère, à l'origine de la défenestration de son père?!

Ajoutons pour l'anecdote que Freud refusera de se rendre aux obsèques de sa propre mère et écrira qu'il n'éprouve de cette mort ni douleur ni regret. Lui-même, au moment de mourir, aura ces dernières paroles prononcées en présence de sa femme Martha : «Le destin a été bon de m'octroyer la présence d'une telle femme; je parle d'Anna, bien sûr...» Cinquante-trois ans de mariage pour s'entendre dire ça!

Pour ceux de nos lecteurs qui envisageraient d'entreprendre une analyse, il n'est pas forcément inutile de savoir que Freud aurait pu figurer dans chacune des sept familles évoquées dans ce livre. Fils d'un père que lui-même qualifiait de pervers, frère jaloux de son petit frère mort en bas âge, père chouchoutant ostensiblement sa fille lesbienne homophobe, et peut-être même mari infidèle couchant avec sa belle-sœur... Il y a du Régent chez Sigmund! En tout cas, quelle famille!

En conclusion; à la prochaine baisse de morale liée à vos démêlés familiaux, avant d'entamer une psychanalyse, lisez d'abord des livres d'histoire. Cela vous aidera à relativiser votre situation, au regard de celles, bien plus cornéliennes, que traversèrent avant vous tant de personnages célèbres. Peut-être arriverez-vous même à en rire, ce qui reste la meilleure des thérapies!

Bibliographie

Histoire de la Rome antique, Lucien Jerphagnon, Tallandier, 1987.

L'Empire romain, Éric D. Nelson, Marabout, 2008.

De César à Charlemagne, Marcel Brion, Fayard, 1950.

Charlemagne, G. Buzzi, Dargaud, 1971.

Ivan le terrible, Henri Troyat, Flammarion, 1993.

Louis XI, Paul Murray Kendall, Fayard.

Agnès Sorel, la première favorite française, Françoise Kermina, Perrin, 2005.

Charles VIII fils de Louis XI, Histoire des rois de France, Ivan Gobry, Pygmalion, 2012.

Dictionnaire encyclopédique d'anecdotes modernes et anciennes, tomes 1 et 2, Édmond Duérard, Dorbon-Aîné, 1926.

Henri II, Didier le Fur, Tallandier, 2009.

François Ier roi de chimères, Franck Ferrand, Flammarion, 2014.

*François Ier*, André Castelot, Mémoire de l'histoire, 2000.

Frédéric II. Essai de Psychologie adlérienne, DR Schachter http://www.google.fr

Saint Louis, Jean Richard, Fayard, 1987.

Saint Louis et son siècle, Gérard Sivéry, Tallandier, 1983.

Saint Louis, un roi de justice, Jean de Beer, Payot, 1984.

Saint Louis roi de France, duc de Lévis Mirepoix, Albin Michel, 1970.

La Reine Blanche, Régine Pernoud, Albin Michel, 1972.

Catherine de Médicis, Jean Orieux, Flammarion, 1986.

Catherine de Médicis, Yvan Cloulas, Fayard, 1979.

Charles IX, Emmanuel Bourassin, Arthaud, 1986.

Testament de Catherine de Médicis, Archives royales de Chenonceaux..., par M. l'abbé C. Chevalier, 4 vol., Paris : J. Techener, 1862.

La triple vie de la reine Margot, Jean Castarède, France Empire, 2011.

Don Carlos et Philippe II (3e édition), Cte Charles de Moüy, 1888.

Marie de Médicis. Histoire des reines de France, Philippe Delorme, éditions France Loisirs, 1999.

Louis XIII, Pierre Chevalier, Perrin, 1994.

Gaston d'Orléans, prince de la liberté, Jean-Marie Constant, Perrin, 2013.

Louis XVIII, Pierre Lafue, Les éditions de France, 1944, réédition France Empire, 2012.

Les rois de France. Louis XVIII, Pierre Lafue, Les éditions de France, 1944.

Les Bourbons (1518-1830), A. de Maricourt, M. de Betranfosse, éditions Émile Paul frères, 1936.

Louis XVI, Jean-Christian Petitfils, Perrin, 2007.

Le secret de Madame Royale, André Castelot, SFELT, 1949.

L'assassinat d'Henri IV, Jean-Christian Petitfils, Perrin, 2009.

L'étrange mort de Henri IV, *ou les jeux de l'amour et de la guerre*, Philippe Erlanger, Le livre contemporain, 1957.

Les grands amants, Claude Dufresne, Bartillat, 2001.
Les battements de cœur de l'histoire, André Castelot, Presse Pocket, 1964.
Moi Victor Hugo. Télérama Hors série dirigé par Pierre Lepape, 2002.
Victor Hugo, mon amour, Anthéa Sogno.
Victor Hugo. Les grands de tous les temps, Dargaud, 1971.
Victor Hugo l'Universel, Maurice Stein, La Documentation française, 2010.
Émile Zola, Romi, Paris Villages, n°3, 1985.
Le roman de Jeanne. À l'ombre de Zola, Isabelle de la Motte, Belfond, 2009.
Madame Zola, Evelyne Bloch-Dano, Le Livre de Poche, 2002.
Monsieur Thiers, Duc de Castries, Librairie Académique Perrin, 1983.
Vie de Monsieur Thiers, Monographie imprimée, Francis Franck, 1877.
La vie à Paris 1880-1885, Jules Claretie, Victor Havard éditeur, 1885.
Les présidents de la République française et leur famille, Michel Sementéry, éditions Christian, 1982.
Adolphe Thiers, Pierre Guiral, Fayard, 1986.
Juliette Récamier, l'Art de la séduction, Catherine Descours, Perrin, 2013.
Madame Récamier, Jules Bertaut, Grasset, 1947.
Le Cabinet Secret de L'histoire. « Le mystère de Madame Récamier », Docteur Cabanes, Albin Michel, 1925.
Madame Récamier, La Revue hebdomadaire, Jules Lemaître, Plon, 1892.
Les sœurs de Nesle maîtresses de Louis XV, *Arnolphe Masas,* magazine « Versailles de l'ancien régime à nos jours », 2013.

Mesdemoiselles de Nesle et la jeunesse de Louis XV, M. Capefigue, Amyot éditeur, 1864.

La Princesse Palatine. Une princesse allemande à la Cour de Louis XIV, 10-18, 1962.

L'Émile, J-J Rousseau, extraits, Larousse, 2008.

Louis XIV, Jean-Christian Petitfils, Perrin, 1999.

La Fontaine, ou la vie est un conte, Jean Orieux, Flammarion, 1992.

La vérité sur la tragédie des Romanov, Marc Ferro, Poche, 2013.

La saga des Windsor, Jean des Cars, Perrin, 2011.

Le sceptre et le sang, Jean des Cars, Perrin, 2014.

Les Bourbons-Parme. Marie-Thérèse de BP, Michel de Maule, 2014.

Le Kaiser Guillaume II, dernier empereur d'Allemagne, Henry Bogdan, Tallandier, 2014.

Le crépuscule d'une idole, L'affabulation freudienne, Michel Onfray, Grasset, 2013.

Remerciements

Remerciements à Laurent Laffont, bien plus qu'un éditeur, un frère, à mes précieuses complices chez J.-C. Lattès Brigitte Bérenger et Anne Pidoux, à Karim Friha pour sa contribution à la couverture de ce livre, sans oublier Vercingétorix et Frédégonde qui furent à la source de mon inspiration et Raoul Ier (890-936), seul de nos rois de France depuis Hugues Capet à porter un prénom un peu original.

Table

COMPOSITION DATAMATICS
CET OUVRAGE A ÉTÉ ACHEVÉ D'IMPRIMER
PAR CPI BUSSIÈRE À SAINT-AMAND-MONTROND
EN MARS 2015

JC Lattès s'engage pour l'environnement en réduisant l'empreinte carbone de ses livres. Celle de cet exemplaire est de : 870 g éq. CO_2
Rendez-vous sur www.jclattes-durable.fr

PAPIER À BASE DE FIBRES CERTIFIÉES

N° d'édition : 01 – N° d'impression : 2015345
Dépôt légal : avril 2015
Imprimé en France